数学采珍

林向阳 著

中国商务出版社
·北京·

图书在版编目（CIP）数据

数学采珍 / 林向阳著． --北京：中国商务出版社，2023.9

ISBN 978-7-5103-4860-0

Ⅰ.①数… Ⅱ.①林… Ⅲ.①中学数学课—教学研究—高中 Ⅳ.①G633.602

中国国家版本馆 CIP 数据核字（2023）第 191623 号

数学采珍
SHUXUE CAIZHEN

林向阳 著

出　　版：	中国商务出版社		
地　　址：	北京市东城区安外东后巷 28 号	邮　编：	100710
责任部门：	外语事业部（010-64283818）		
责任编辑：	李自满		
直销客服：	010-64283818		
总　发　行：	中国商务出版社发行部（010-64208388　64515150）		
网购零售：	中国商务出版社淘宝店（010-64286917）		
网　　址：	http://www.cctpress.com		
网　　店：	https://shop595663922.taobao.com		
邮　　箱：	347675974@qq.com		
排　　版：	冯旱雨		
印　　刷：	天津雅泽印刷有限公司		
开　　本：	710 毫米×1000 毫米　1/16		
印　　张：	18.25	字　数：	308 千字
版　　次：	2023 年 9 月第 1 版	印　次：	2023 年 9 月第 1 次印刷
书　　号：	ISBN 978-7-5103-4860-0		
定　　价：	79.00 元		

凡所购本版图书如有印装质量问题，请与本社印制部联系（电话：010-64248236）

版权所有 盗版必究（盗版侵权举报可发邮件到本社邮箱：cctp@cctpress.com）

前　言

"是故学然后知不足，教然后知困。知不足，然后能自反也；知困，然后能自强也。故曰教学相长也。"——《礼记·学记》

数学教学是学生学和教师教的有机统一，是学生成长和教师发展的最好舞台，是一个不断发展的系统工程。在数学教学过程中，可以感受到数学的思想、精神以及它们的形成和发展，熏陶着老师和学生成为有理性精神的数学人；可以让学生感受数学的价值，欣赏数学的美，培养学生的必备品格和关键能力，发展核心素养；可以让教师感受到教学活动的意义，让生命更有价值，让生活更加出彩。数学教学的每一个环节、每一个节点都蕴含着丰富的宝藏，都值得我们去研究、去总结、去采撷，采撷归来话收获，让教学充满创意。

越是熠熠生辉的理论，越是需要朴实无华的实践来践行。总是需要去开拓，来自基层教师的教学实践弥足珍贵，是大家最希望看到的。在教学中，笔者有时忙着烦琐的工作，忘了记录教学中的感悟，当时以为是普通的小事无须记录，回望发现教学生涯是由点滴小事串起来的，每一件小事都如同发光的珍珠，需要我们随时记录，认真反思。为那个新课标落地生花的注脚，为那个课堂教学的魂牵梦萦，为那个"教—学—评"的师生合一，为那个大单元的困惑探索，为那个数学文化的趣味融合，为那个后知后觉的些许领悟，为被教学情怀照亮的每一个瞬间，本书提供了一些实践探索的案例，蕴藏着解决问题的金钥匙。

本书共分为七个章节：

第一章：课堂教学采珍。这一部分将帮助你实现学为主体、教为主导，更好地吸引你的学生，你将发现一些可以添加到你自己课堂上的精彩片段；还将启发你跳出传统思维的框架，从而更有创意地思考自己的课堂。

第二章：单元教学采珍。探索大单元教学，推进教学方式变革，是推动课程方案落地、推进课程教学改革的关键。这一部分关于大单元教学的探索，是一次勇敢的尝试，能够激发你更多创造性的想法。

第三章：教学评价采珍。从评价形式、评价语言、评价主体等多方面探索了教学评价，为你提供了一些如何进行评价的方法，以便更好地"以评促教""以评促学"。

第四章：数学日记采珍。通过数学日记，突出对学生成长历程的评价，体现评价的真实性和情境感，给每个学生的数学学习留下美好的"足迹"。

第五章：应用意识采珍。这一部分将告诉你如何运用所学的知识解决实际问题，方法多种多样，每一种方法都蕴含着数学的智慧。

第六章：数学故事采珍。数学生活化、数学故事化是我们每一位数学教师的一种追求。生活里的数学、童话中的数学，是数学好玩、数学有趣的真正体现。

第七章：数学探究采珍。"教师成为研究者"，在这里逐渐成为现实。从教育教学中的小事情、小问题开始，给你提供教师教学研究的营养快餐，以便你成为更具深度的有数学味的教师。

笔者写作这本书，希望它能够为教师走上更专业之路，做一名更卓越教师助一臂之力。

目 录

第一章 课堂教学采珍 ………………………………………… 1

第一节 课堂建构 …………………………………………… 1

建构小学数学"三六五"课堂教学模式 ……………………… 1

教学模式的生命力 ……………………………………………… 11

关注"三六五"教学模式展示汇报的策略 ………………… 14

对小学数学建构有效课堂的认识 …………………………… 18

让"五项教育"在课堂闪光 ………………………………… 23

第二节 素养发展 …………………………………………… 28

小学数学课堂教学中猜想能力的培养 ……………………… 28

灵活运用教材,培养学生的猜想能力 ……………………… 31

运用多媒体教学培养学生的创新素质 ……………………… 33

第三节 课例分析 …………………………………………… 37

让空间观念在观察和操作中得到培养

——以《长方体的认识》为例 ……………………… 37

课堂教学的"四度"追求

——以《分数除法(一)》为例 ……………………… 46

操作让思维灵动起来

——以《角的初步认识》为例 ……………………… 53

探索要让学生做主

——以《年 月 日》为例 …………………………… 59

第四节 教学片段 …………………………………………… 63

创新在折纸中迸出火花

——一道判断题的讲评片段与反思 ………………… 63

数学教学生活化

——《圆的认识》教学片段及思考 ………………… 67

1

第五节　课堂引入 ························· 69
　　精彩课堂引入集锦 ······················· 69
第六节　教学反思 ························· 73
　　关于将生活融于数学的教学反思 ················ 73
　　磨课研课中的收获与成长 ···················· 77

第二章　单元教学采珍 ····················· 82

第一节　大单元教学研究 ····················· 82
　《解决问题》大单元教学研究
　　——青岛版小学数学三年级下册第四单元绿色生态园 ······· 82
第二节　大单元学历案研究 ···················· 90
　单元整体研究
　　——繁忙的工地"线和角" ··················· 90
　单元课时研究
　　——线段、射线、直线 ···················· 93

第三章　教学评价采珍 ····················· 104

　小学数学课堂教学评价形式 ···················· 104
　数学教学评价语言的探索 ····················· 107
　课堂教学评价主体多元化的探索 ·················· 111
　小学数学学生自我评价的现状与对策 ················ 116
　"期待效应"在数学作业中的生成 ················· 120
　细细评错误　错误也出彩 ····················· 123

第四章　数学日记采珍 ····················· 128

　小学生写数学日记的实验研究 ··················· 128

第五章　应用意识采珍 ····················· 143

第一节　小学数学与高考 ····················· 143
　小学思维方法与高考 ······················· 143
　用分解的方法 ·························· 146
第二节　应用的智慧 ······················· 148
　突破各种常规的方法 ······················· 148
　错中求解的方法 ························· 151

用分组的方法 ………………………………………………… 153
　　用"口诀"的方法……………………………………………… 155
　　特殊情况考虑的方法 ………………………………………… 158
　　用分解质因数的方法 ………………………………………… 159
　　抓住不变量的方法 …………………………………………… 161
　　巧借字母的方法 ……………………………………………… 164
　　平方和与平方差 ……………………………………………… 167
　　余数在生活中的妙用 ………………………………………… 169
  第三节　发散的思维 …………………………………………… 170
　　分拆单位分数的方法 ………………………………………… 170
　　分数大小巧比较的方法 ……………………………………… 173
　　解盈亏问题的方法 …………………………………………… 174
　　灵活假设的方法 ……………………………………………… 176
　　巧妙凑数的方法 ……………………………………………… 177
　　巧用三角板的方法 …………………………………………… 179
　　分数、份数与比例的方法 …………………………………… 180
　　"比多比少"分数问题的多种方法 …………………………… 181
　　多种思路的一题十法 ………………………………………… 183
　　画出一个线段图得到的四种方法 …………………………… 185
　　多种规律的一种填法 ………………………………………… 187
　　一个问题的四种思路八种方法 ……………………………… 188
　　检验的不同方法 ……………………………………………… 191
　　多种方法的一个算式 ………………………………………… 192

第六章　数学故事采珍 …………………………………………… 194

  第一节　生活里的数学 ………………………………………… 194
　　安排活动室 …………………………………………………… 194
　　怎样装石雕 …………………………………………………… 196
　　巧测树高 ……………………………………………………… 197
　　查找次品 ……………………………………………………… 198
　　分摊车费 ……………………………………………………… 200
　　哥儿俩同时到达 ……………………………………………… 201
　　紧急调运计算机 ……………………………………………… 202

抓阄的"学问"……………………………………………………… 203
隔多长时间发一次车 ……………………………………………… 204
阶梯教室里的参赛选手 …………………………………………… 205
捆扎啤酒中的数学 ………………………………………………… 207
老师，这样算不对 ………………………………………………… 209
玩"抢报 30 游戏"无敌手 ………………………………………… 212
选票中的数学 ……………………………………………………… 214
赚了还是赔了 ……………………………………………………… 215

第二节　童话中的数学 ………………………………………………… 216
蜗牛爬树比赛 ……………………………………………………… 216
小老鼠偷油喝 ……………………………………………………… 217
投掷比赛的记分出现了问题 ……………………………………… 219
智当小猴王 ………………………………………………………… 221
小熊找错 …………………………………………………………… 222
龟兔赛跑新传 ……………………………………………………… 223
小马过河新编 ……………………………………………………… 225
掷骰子 ……………………………………………………………… 226
悟空分桃 …………………………………………………………… 228

第七章　数学探究采珍 ………………………………………………… 230

第一节　探讨与争鸣 …………………………………………………… 230
解开"困惑" ……………………………………………………… 230
关于"左、右"教学的一些体会 ………………………………… 234
关于"探索题"的探索 …………………………………………… 235
我对《怎么会有这么多的歧义问题呢？》文中问题的看法 …… 236
谁偷走了张大娘的两个鸡蛋 ……………………………………… 238
也谈"关于小数乘法中积的位数问题" ………………………… 240
书上的方法为什么不学呢 ………………………………………… 242
再谈看法 …………………………………………………………… 244
这样解答连除应用题也行 ………………………………………… 246
最小的一位数是"0"还是"1" ………………………………… 248
不能这样拼正方形 ………………………………………………… 249
对一筐苹果至少有多少个的争议 ………………………………… 250

说"$\frac{0}{12}$"不是分数不妥 ………………………… 252
这道题有解 ………………………………………… 256
第二节 作业探索 …………………………………… 257
小学数学特色作业探索实践 ……………………… 257
第三节 匠心独运 …………………………………… 262
多种方法找单位"1"的量 ………………………… 262
简单的分数乘除法解决问题三步曲 ……………… 263
填复合型数阵图三步曲 …………………………… 264
不用计算巧判断 …………………………………… 265
第四节 数学文化 …………………………………… 266
诗词名句与算式谜 ………………………………… 266
谚语中的数学 ……………………………………… 271
"2008"趣谈 ………………………………………… 276

参考文献 ………………………………………………… 281

第一章　课堂教学采珍

第一节　课堂建构

建构小学数学"三六五"课堂教学模式

当前，很多课堂教学效率低下，满堂灌，灌满堂，耗时多，收效少，课内损失课下补的情况经常出现。整个课堂缺少活性，教师缺少灵性，学生缺少个性。出现这种状况的原因有三个方面：一是教师准备不充分，对学生缺乏信心，又不敢放手，唯恐教学任务完不成。二是学生自主学习与合作学习的能力差。三是缺少一种有效的课堂教学模式。而《义务教育数学课程标准》（2022年版）（以下简称《课程标准》）指出："学生的学习应是一个主动的过程，认真听讲、独立思考、动手实践、自主探索、合作交流等是学习数学的重要方式。"建构主义也认为，学习不是学习者被动地接受知识，而是积极地建构知识的过程。这样的学习是建立在尊重学生的不同个性与经验的基础上的，是一种引发学生内部动机的学习，而不是从外部进行灌输的学习。由此可见，学习应该强调学生的自主性、主动性和积极性，充分体现学生的主体地位。那么，怎样才能促进学生积极地思考、深刻地理解课程内容，从而建构高效的数学课堂呢？笔者认为，利用"三六五"教学模式来指导数学教学，是非常有效的做法。

一、环节清晰，易于操作的"三六五"教学模式

从2008年开始，笔者所在的台儿庄区教育系统便坚持不懈地向河南省永威学校学习和实施"三六五"教学模式，并取得了很好的成效。"三六五"教学模式，以河南省沁阳市永威学校蔡林森校长的"先学后教，当堂训练"思想为依托，将每节课分为"三个阶段""六个环节"，并适时渗透"五项教育"。另有三个辅助环节：感知情境、了解目标、明确任务。

| 数学采珍 |

其中，三个阶段、六个环节分别是第一阶段的"先学"，包括"个人自学、汇报交流"两个环节；第二阶段的"后教"，包括"诊断自测、质疑总结"两个环节；第三阶段的"训练达标"，包括"堂清训练、日清作业"两个环节。三个阶段可以用"学、教、练"来概括。五项教育则是：信念信心教育、习惯规范教育、自主合作教育、诚信效率教育、感恩爱心教育。

在具体的应用中，老师可以根据课型、教材、学情灵活运用该模式，也可以适当删减一些教学环节，下图是该模式的操作流程。

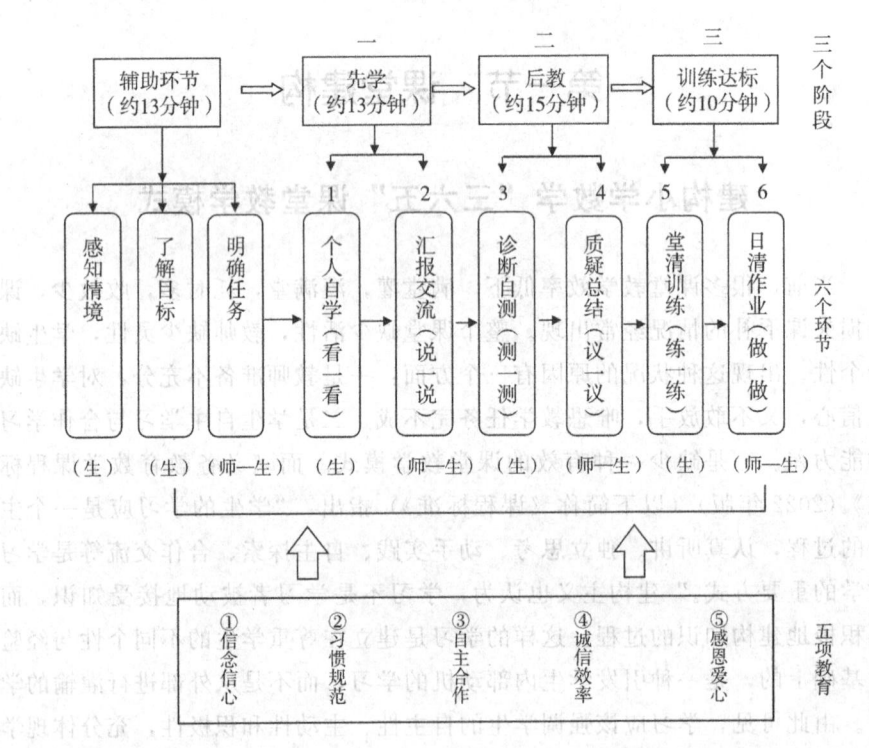

```
                    一              二            三
 辅助环节    →   先学     →   后教    →   训练达标       三个
（约13分钟）    （约13分钟）  （约15分钟）  （约10分钟）     阶段
     ↓            ↓             ↓            ↓
  ┌─┬─┬─┐      ┌─┬─┐        ┌─┬─┐       ┌─┬─┐
  │1│2│3│      │1│2│        │3│4│       │5│6│
  │感│了│明│    │个│汇│      │诊│质│     │堂│日│
  │知│解│确│    │人│报│      │断│疑│     │清│清│      六个
  │情│目│任│    │自│交│      │自│总│     │训│作│      环节
  │境│标│务│    │学│流│      │测│总│     │练│业│
  │  │  │  │    │（│（│      │（│（│     │（│（│
  │  │  │  │    │看│说│      │测│议│     │练│做│
  │  │  │  │    │一│一│      │一│一│     │一│一│
  │  │  │  │    │看│说│      │测│议│     │练│做│
  │  │  │  │    │）│）│      │）│）│     │）│）│
  └─┴─┴─┘      └─┴─┘        └─┴─┘       └─┴─┘
  (生)(生)(师—生) (生)(师—生)   (生)(师—生)  (生)(师—生)

           ↑                    ↑
  ┌────────────────────────────────────┐
  │ ①   ②    ③    ④    ⑤              │
  │ 信   习    自    诚    感            │ 五项
  │ 念   惯    主    信    恩            │ 教育
  │ 信   规    合    效    爱            │
  │ 心   范    作    率    心            │
  └────────────────────────────────────┘
```

图中，辅助环节（明确任务）包括：情境目标：感知情境——→了解目标；明确学习任务。六个环节又可详细表示为：个人自学（看一看）：教师组织教学，学生自主学习；汇报交流（说一说）：组内交流——→班内汇报——→概括提升；诊断自测（测一测）：检测练习——→公布答案——→学生互改——→表扬评价——→互助纠错；质疑总结（议一议）：展错——→讨论——→评价——→总结；堂清训练（练一练）：学生当堂完成作业，做好"堂清"；日清作业（做一做）。这六个环节是"三六五"教学模式的基本程序。教师在应用时，切忌生搬硬套，必须领会其中的精神实质并灵活运用，做到"因课而异"。例如，较简单的课时可采用"一学一教"，复杂的、内容多的课时可以采取

"两学两教"。在各个环节之间，教师还可以讲一两句鼓动性的过渡语，承上启下，缓解学生的紧张情绪。同时，各个环节中也要适当渗透评价内容，做到"教—学—评"的有机结合，调动学生学习的积极性，激励学生当堂达标。

总的来说，该模式易操作、好用、管用、实用，应用得好，我们甚至可以把课堂变成"和谐课堂""自主课堂""合作课堂""科技课堂""高效课堂""五育课堂"的统一体。

二、特点显明，体现高效的"三六五"教学模式

"三六五"课堂教学模式体现了"以学生的发展为本"和"以学定教"的思想观点，有利于调动学生学习的积极性和主动性，有利于挖掘学生自主学习的潜力，有利于培养学生的创新意识、实践能力和良好的习惯。具有以下几个特点：

（一）学生主体的参与性

学生积极地参与学习过程是"三六五"教学模式最主要的特征。没有学生的积极参与，就没有学生的自主探究学习。"三六五"教学主张教师必须尊重学生，重视学生的兴趣爱好，尽可能地把学习的主动权交给学生，从而调动其学习的积极性、主动性和创造性，充分发挥学生的主体作用。在教学中，教师要始终鼓励学生自主地操作、尝试、交流、讨论、质疑、解惑，把学的时间还给学生，把问的权利交给学生，把讲的机会让给学生，把做的过程放给学生，尽可能多地给予学生自主地、创造性地学习的时间和空间，从而形成一种生动活泼、团结紧张的学习局面。

（二）师生关系的和谐性

心理学家指出：胆怯和过分的自我批评的心理状态是妨碍创造的最危险的敌人，而勇敢和自信是创造个性中最重要的特征。在运用"三六五"教学模式的教学中，首先，教师做到转变观念，以学习活动的组织者、引导者、参与者的角色参与到学生的学习活动之中，从而营造宽松、和谐的课堂氛围，给学生心理上的安全感。其次，教师做到充分尊重和信任学生，把他们看成知识的主动探索者，创设和谐的氛围，帮助学生树立自信心，促进学生积极主动地学习。最后，教师做到尊重学生的异见、宽容学生的误见、鼓励学生的创见。擅于持赞赏的态度正确地评价学生，对学生有缺点的回答，教师要在肯定学生成绩的基础上引导学生完善，激发学生强烈的求知欲，从而使学生积极地学习、主动地探索、大胆地创新。

（三）课堂教学的有效性

"教育的新理论扎根在课堂，课改的新理念发生在课堂，教师的真功夫体现在课堂，教学的真效益生成在课堂。""三六五"课堂教学的核心是：学在前，教在后，以学定教，顺学而教，当堂达标。它的有效性体现在以下几个方面。有效果：当堂达标，完成学习任务；有效率：让学生紧张而兴奋，使学生思维活跃，效率高；有效益：注意学生学科素养的系统培养，注意"五项教育"，将知识、能力和核心素养发展有机结合。

三、课堂实践，绽放精彩的"三六五"教学模式

下面以笔者在枣庄市台儿庄区课堂教学改革公开课活动中执教的北师版小学数学四年级下册《电视广告——小数四则混合运算》一课为例，谈一谈模式的运用过程和体会。

（一）明确任务

兴趣是最好的老师，是学习的最大动力。因此，教师引导学生生动活泼、积极主动地学习，一方面做到创设情境，激发学生学习的兴趣；另一方面做到引导学生回忆认知结构中已有的知识和经验，让已有的知识和经验在探索新知的过程中起铺垫作用，促进知识正迁移。教师创设的教学情境做到简洁化，不必重复学生原有的生活或活动，仅是唤起学生原有的活动经验，使学生感受到数学的应用价值和学习的必要性。学习目标做到准确、具体，包括知识与技能、过程与方法、情感态度价值观三个方面。教师重点出示知识与技能目标。知识与技能目标做到有可测量性。出示的目标做到让学生听得懂、记得住、做得到。出示的"学习任务"体现"四个明确"，即明确"时间、内容、方法、要求"。做到把学生自学内容提炼成问题，把问题的答案要点化，要点的表述条理化。笔者教学《电视广告——小数四则混合运算》时，此环节设计如下：

1. 感知情境

师：同学们，准备好了吗？准备好了，上课！

师：同学们，我们知道精明的商家为了推销自己的产品，采用最多的宣传方式就是做广告，今天这节课咱们一起来学习《电视广告——小数四则混合运算》。

2. 了解目标

师：本节课要达到以下目标：

（课件出示）学习目标：（1）掌握小数连除和乘除混合运算的运算顺序。

（2）会计算小数四则混合运算。

指名学生读学习目标。

3. 明确任务

师：要达到这节课的学习目标，离不开你们的努力，有信心吗？

生：有！

师：那好！请大家打开书翻到71页，请"学习任务"来帮助我们。

（课件出示）学习任务：认真看课本第71页"试一试"上面的内容，重点看方框以内部分，并在书上写答。思考：1. 课本中的两种方法各是先算什么？后算什么？2. 小数连除和乘除混合运算的运算顺序是怎样的？3. 小数四则混合运算的运算顺序和整数一样吗？

（5分钟后，看谁会做与例题相似的题）

一生读学习任务。

【思考】此教学环节，用一句话创设教学情境，直奔课题和教学目标，过渡自然，省时有效。在"学习任务"的设计中做到了"四个明确"，即明确时间——5分钟；明确内容——课本第71页"试一试"上面的内容；明确学习方法——认真看、重点看、思考；明确要求——思考的三个问题，做与例题相似的题。

（二）看一看

苏霍姆林斯基说："在人的心灵深处，都有一种根深蒂固的需要，这就是希望自己是一个发现者、研究者、探索者，而在儿童的精神世界中，这种需要特别强烈。"学生解决问题的过程就是自主学习的过程，通过"看一看"引导学生自主学习，让学生主动建构自己的认知结构。"看一看"做到让学生课上自学，自主探究。笔者教学《电视广告——小数四则混合运算》时，做法如下：

师：自学竞赛现在开始，比一比谁看书时坐姿最端正，看得最认真。

（学生独立看书，师巡视）

【思考】学生在"学习任务"的指导下自主学习，自学时重点部分标注，不会的、困惑的记下来，这时学生会进入一种深度学习的状态，变"要我学"为"我要学"。

（三）说一说

"说一说"就是学生在班内汇报自学成果。学生汇报时做到面向全体，使用数学语言，声音洪亮。教师当主持人，采取"兵教兵"的形式，分享学生学习成果，遇到学生无法解决的问题，教师精讲点拨（讲学生不会的）。笔者教学《电视广告——小数四则混合运算》时，做法如下：

师：看懂的请举手，看完的请把手放下！

师：谁来说一说课本中第一种方法的计算过程。

（课件出示）第一种方法

生1：第一种方法先算两周一共播多少秒，用 $14×30$，再用一共付的人民币35.7万元除以两周一共播多少秒，就得到平均每秒多少元。还有要补充的吗？

生2：第一种方法先算小括号里面的 $14×30=420$（秒），再用 $35.7÷420=0.085$（万元），最后把0.085万元换算成850元。

师：他们说得清楚明了，好极了！同学们看，乘除混合运算的运算顺序是怎样的？

生3：先算小括号里面的，再算括号外面的。

师：谁来说一说课本中第二种方法的计算过程。

（课件出示）第二种方法

生4：第二种方法先算一天付多少元钱，因为一周7天，两周就有14天，所以用 $35.7÷14$，再算每秒应付多少元，用得数除以30。还有要补充的吗？

生5：第二种方法先算前面的 $35.7÷14=2.55$（万元），再用 $2.55÷30=0.085$（万元），因为万元和元之间的进率是10000，所以小数点向右移动四位得850元。

师：这位同学说出了单位换算的算理，大家听明白了吗？

生：听明白了。

师：小数连除的运算顺序是怎样的？

生6：从前往后算。

生7：从左往右依次计算。

师：对比一下，这两种方法有什么区别？

生8：第一种方法先求两周一共播多少秒，第二种方法先求一天付多少元钱。

生9：第一种方法是乘除混合运算，有小括号的先算小括号里面的，第二种方法是连除，从左往右依次计算。

师：由此我们可以看出：小数四则混合运算的运算顺序和整数一样吗？

生：一样。

（师板书：小数四则混合运算的运算顺序和整数一样。）

【思考】在说一说时，一是关注层次性，先说第一种方法，再说第二种方法，然后在两种方法对比中产生思维碰撞，提升运算顺序，找出知识生长点。二是关注学习主体的多元性，在本片段教学中，讲解、质疑、释疑的学生有很多人。三是关注教师的精彩点拨，教师简洁的几句话，句句具有针对性，句句具有启发性，不说不必要的话语。

（四）考一考

"考一考"就是教师出示与例题类似的题（题目不要多，做到精选和侧重不同类型），让学生板演，教师设计好板演的位置，以便于学生更正，其他同学在练习本上做。教师巡视，注意发现学生做题过程中的错误，根据学生做题错误二次课堂备课（预备讲解学生易错点）。教学《电视广告——小数四则混合运算》时，做法如下：

师：学会的请举手。（生举手，师目光巡视）敢不敢接受挑战？

生：敢！

师：那好！请看：

（课件出示）$5.2÷6.5+26×0.37$　　　$9.4×[0.96÷(5.4÷0.9)]$

两位学生上台板演，其余同学自己做。

【思考】 针对性强的训练有利于检测学生的学习情况，哪些学会了，哪些没有学会，哪些似会似不会，只有练习过了，才能做着做着就会了、就形成技能了。

（五）议一议

学生根据板演，如果出现不一样的情况，用不同的粉笔更正，更正时注意圈化。教师根据学生板演的对错和更正情况，有针对性地引导学生讨论，教师结合学生讨论，沟通各个练习题的内在联系，强调注意事项，概括小结学习内容。教学《电视广告——小数四则混合运算》时，做法如下：

1. 更正

师：下面的同学做完后检查一下自己做的，检查后再看黑板上同学做的，有不一样的可以举手。

师：请生1上台更正。

师：还有没有？

（学生上台更正，更正时用不同颜色的粉笔）

2. 议一议

师：先看第一题，同意用白粉笔做题对的请举手。

（生举手，都同意）

师追问1：这题是怎样做的？

(生说做题过程)

师追问2：这题的运算顺序是什么？

生：这题是加、乘、除混合运算，要先算乘除、后算加法。

师追问3：这题的乘、除法能同时计算吗？

生：能。

师：我们再来看第二题。同意用白粉笔做题对的请举手。

(生没有举手的，都不同意对)

师追问1：错了，错在哪里？

生（板演的同学）：我看错小数点了，5.4÷0.9应该得6，我得0.6了，太马虎了！

师：这位同学能找出自己的错误，并改正过来，真了不起！

师：同意用绿粉笔更正对的请举手。

(生没有举手的，都不同意对)

师追问2：错了，错在哪里？

生：他先算9.4×0.96了，中括号外面的应该最后算。

师：同意用红粉笔更正对的请举手。

(生举手，都同意对)

师追问3：带有中括号的算式，谁能说一说它的运算顺序？

生：带有中括号的算式，先算小括号里面的，再算中括号里面的，最后算中括号外面的。

师追问：我们看这2道题，谁能说一说小数四则混合运算的运算顺序？

(生说运算顺序)

3. 师评

师：我们看左面的做题情况，可以得多少分？

生：100分！

师：我们看右面的做题情况，可以得多少分？

生：100分！

师：右面三位同学共同得100分。

师：我们再来看他们做的题，谁最认真，最规范，得"☆"？

(评价得"☆"情况)

师：现在批改一下自己做的。(生批改)

师：全对的请举手。对一个的请举手。

师：想一想，这节课你学会了什么？(生说)

【思考】这一环节，注意了评价形式的多样性，有语言评价——这位同学能找出自己的错误，并改正过来，真了不起！有分数评价——100分，这个100分既可以一人得100分，也可以几人共同得100分。有规范评价——我们再来看他们做的题，谁最认真，最规范，得"☆"。通过评价激励学生积极、紧张地学习。

（六）练一练

"练一练"就是当堂达标。围绕教学目标设计多层次、多形式的练习题，通过练习最终达到使学生所学知识融入已有知识体系中去，形成知识网络，设计必做题和选做题，供不同水平的学生练习。教学《电视广告——小数四则混合运算》时，做法如下：

师：这节课的内容谁掌握了，请举手！现在就来做作业，看谁作业做得又对又快。

（课件出示）课堂作业：作业：课本72页第1题。练习：课本72页第2题。选做：课本71页第2题。

（学生做作业，教师巡视）

【思考】"练一练"尽量要当堂完成、当堂批改、当堂统计正确率，这样有利于了解学生的学习情况，有利于教师根据学情而教。

四、教学反思，点燃智慧的"三六五"教学模式

教育部印发的《基础教育改革纲要（试行）》在教学过程中指出："教师在教学过程中应与学生积极互动、共同发展，要处理好传授知识与培养能力的关系，注重培养学生的独立性和自主性，引导学生质疑、调查、探究，在实践中学习，促进学生在教师指导下主动地、富有个性地学习。"依此教学理念，教师运用"三六五"课堂教学模式进行教学，尊重学生的人格，关注学生的个体差异，满足不同学生的学习需要，创设能引导学生主动参与的教育环境，激发学生的学习积极性，注重学生的独立性和自主性，引导学生研讨、交流、质疑、探究，培养学生掌握和运用知识的态度和能力，使每个学生都能得到充分的发展。

（一）全过程学生自学

《义务教育数学课程标准》（2022年版）指出："改变单一讲授式教学方式，注重启发式、探究式、参与式、互动式等。"这就要求教师在课堂上给学生提供充分从事数学活动的机会，必须在时间上有保证。学生有了充足的学习时间，才能充分发挥潜能，尽快学会学习。"三六五"课堂教学模式中，

一节课40分钟，学生的活动时间有$\frac{3}{4}$，教师的时间只有$\frac{1}{4}$。汇报展示交流中学生的活动多而广，老师的点拨少而精，把课堂交给学生，让学生成为"数学学习的主人"。另外，在课堂上变"教师讲明"为"学生自悟"，知识由学生自己探索和领会，规律由学生自己发现和概括，困难由学生自己克服和解决，技能技巧由学生自己练习和掌握。学生在自主学习的过程中，注意力高度集中，大脑中的信息在不断地进行组合和加工，智慧的火花不断地迸发，创造性思维、探索精神和学习的良好习惯都得到了培养。

（二）信息交流多向化

"三六五"课堂教学的信息交流主要是教师与学生之间、学生与学生之间的多向交流：1. 学生独立看书后，学生说一说，说得不到位的其他学生补充；学生板演后，其他学生更正，这些都是学生与学生之间的交流。2. 老师在"说一说"时，设计有顺序的问题，引导学生，这是老师与学生之间的交流。3. "议一议"时，组织学生针对出现的问题展开集体评议，进一步完善认知结构，这是全班网状大交流。通过多向交流，充分发挥了师生间的相互作用，学生的合作意识和交流能力得到了培养。

（三）学生像教师一样讲

数学课上的汇报交流不仅表现于"说"和"各种意见的堆砌"，而是要引导学生对于数学知识本身的思考。通过汇报交流，层次低的学生能悟出别人的方法比自己的方法简便、巧妙在哪里，层次高的学生能悟出各种方法的本质联系，全体学生能概括出解决问题的一般方法和规律，这样的汇报交流能够发展学生数学思考的能力，体现出数学课的与众不同。"三六五"教学模式要求学生要像老师一样讲。汇报讲解时，首先，应讲究学生汇报方式的多样性，可以到讲台汇报，也可以在座位上起立讲解；可以汇报问题的一部分，也可以就前一同学的汇报给予补充；可以看着书讲解，也可以脱离课本按照自己的学习过程讲解汇报。其次，学生汇报要讲究有序、清晰、简洁明了。最后，汇报交流时教师要精讲点拨。教师的讲解应该是学生不会的、学生思维混乱的。教师的讲解一般分五种类型：补充讲解、更正讲解、点评讲解、归纳总结讲解、拓展延伸讲解。这样，学生像教师一样讲解汇报交流，教师像主持人一样精彩点拨，"说一说"环节就会起到事半功倍的效果。

（四）"后教"说难也不难

"议一议"环节属于"三六五"课堂教学模式中的"后教"部分，此模式难在"后教"。"教学有法，但无定法。""后教"即使难也有一定的方法可循。笔者在实践中获得的方法为：1. 教师预设有针对性地追问问题。如本案例在"议一议"环节就预设了7个追问小问题，在追问中引导学生提炼总结、概括升华。2. 掌握追问策略。如果对，就问"是怎样做的？"如果错，就问"错在哪里？"然后紧跟一个提升追问。3. "议一议"时要一类一类讨论。本案例"议一议"分为"不带括号的四则运算"和"带括号的四则运算"两类分别给予讨论。4. 一类一类讨论时，要由个别到一般。本案例每一类讨论都是先讨论个别情况——板演的题目和学生的更正，再讨论一般情况——这一类题的运算顺序，最后再把各类汇总、对比，概括出小数四则混合运算的运算顺序。

课堂是我们教学的主阵地，我们在教学中要做到皮亚杰所认为的"人的学习过程是一个主动的过程，传统的灌输式的教学方式是不符合人的学习和认知发展规律的，对认知进行自主建构才是学习的有效方式"。这样，我们才能最大限度地建构高效数学课堂，达到"课未始，兴已浓；课正行，兴愈浓；课已毕，兴犹浓"的境界。

教学模式的生命力

"物竞天泽，适者生存"这是大自然的生存法则，也是教学模式需要遵守的法则，教学模式只有符合学生成长发展的特点、遵循教育教学规律才会有生命力。河南省永威学校蔡林森校长说："'先学后教'教学模式还大有文章可做，要进行创新。"我们的"三六五"课堂教学模式也是如此。

一、灵活运用模式适应不同课型

小学数学课分为概念课、操作课、计算课、解决问题课、统计与概率课等，每一种课型都可以运用"三六五"教学模式，原因是"三六五"教学模式中的"六个环节"不只是六个框框，它还是可以灵活运用的，还是可以创新的。结合学科特点加以灵活运用，这样我们的"三六五"课堂教学模式就可以适应不同课型了。

（一）加几个字就可以创造奇迹

例如，学习《异分母分数加减法》一课，在备课时，"自学指导"原来是"看例5、例6、思考……6分钟后，比谁会做与例题类似的题"。经过研究教材，在"看例5、例6"后加几个字，变成"看例5、例6中去分母的那一步"，这样把看的范围大大缩小了，突出了重难点，就可以把"6分钟后"改为"3分钟后"。3分钟后，让学困生上台来做，重点关注去分母那一步，好生上台更正，更正后讨论，讨论后开始做作业。做作业时还有20多分钟，效率非常高。这样的教学不叫备课叫比智慧。

（二）加一个环节就可以解决问题

"三六五"教学模式的"六个环节"为："个人自学—汇报交流—诊断自测—质疑总结—堂清训练—日清作业"，有时教师根据学习知识的难易程度灵活运用，学生自主看完教材（个人自学）后直接出题检测（诊断自测），让学困生上台板演，其余学生在下面做。例如，笔者教学《用含有字母的式子表示数量》一课，在备课时，笔者自认为本课教学知识点较简单，打算省略"汇报交流"环节，找两个学困生去上台板演（课前就提前了解学情，找班级两个比较弱的学生）。上课时，学生看书，看书后，让两个课前了解到的较弱的学生上台板演，结果这两位学生一点不会，笔者又在课堂上另外找人上台补充板演。为什么第一轮上台的两位学生都没有做出来？课后进行了研讨，原因是教材内容学生自学起来有难度，仅用"自学指导"指导学生看书，学生不能深入理解，这就需要灵活地使用模式，学生"个人自学"之后再加一个"三六五"课堂教学模式所提倡的"汇报交流"，有针对性地让学生说说在自学中遇到的问题，教师指导点拨。解决了学生的困惑，点明了学习的重难点，再让学生"考一考"板演，问题就解决了。

二、根据学情选择适合的"后教"

"三六五"课堂教学模式最容易出彩的是"后教"部分，备课时教师要给出详尽的"后教"预设：预设学习中学生会出现的问题，预设应该怎样进行讨论交流，预设学生的学习状态。只有备课时把"后教"备细了，才能把"后教"教活了。

例如，笔者在教学《方程的意义》一课，"考一考"时第一题有6道式题：下边哪些式子是方程？

$35+65=100$　　$x-14>72$

$y+24$　　$5x+32=47$

$28<16+14$　　$6(a+2)=42$

学生做题后进行后教，笔者当时由于时间充足，就一题一题讲评，在讲评第1题$35+65=100$时，一连设计了三个追问问题："这个式子为什么不是方程？""谁来说说什么是方程？""方程要具备哪几个条件？"笔者认为，这样既可以让学生理解方程的意义，又可以一开始就让学生明确方程要具备的两个条件，有利于下一步的判断。而河南省永威学校蔡林森校长听完笔者执教的这节课后，在评课时给出了全新的"后教"设计：一类一类讨论，把是方程的归为一类，不是方程的归为一类。第一步：把后面两个是方程的归为一类一起说：为什么是方程？第二步：把前几个不是方程的归为一类一起说：为什么不是方程？第三步：自己举例，每人举一个方程的例子。这样既节约了时间，又做到了后教灵活多变，还能让学生在举例中体验方程的意义。

可见，一节好课要有一个创新点、闪光点和与众不同点，才能让人听后不忘，让自己教后回味无穷。"后教"部分适合学情了，把握好了，完全可以做到这一点。

三、天才在于积累

"三六五"课堂教学模式难在"后教"，为什么后教"难"呢？一是因为学生是活的，每一个学生都有自己的学习方法，在学习中暴露出各种各样的问题，很多问题都在老师的意料之外。二是因为老师在课堂上要根据学情"二次备课"，在短短的几分钟之内备出如何后教，如何以学定教，如何正确解决学生出现的问题，这就能够反映出老师的智慧，就能看出老师是不是天才教师。天才来自哪儿呢？列宁说"天才在于积累。"我们要天天使用"三六五"教学模式进行上课，每上一节课学生都会在"后教"中出现各种各样的问题，老师都会动脑思考。"后教"既教学生，也教老师，老师在教学中还要善于反思，反思每一类问题应怎样"后教"，每一种类型的课应怎样"后教"，每一种学情应怎样"后教"，久而久之就会积累丰富的"后教"经验，教师"后教"起来就能够得心应手，成为一位天才型的课改教师。

四、教师"偷懒"的课堂好高效

在推行"三六五"课堂教学模式改革之前的课堂，老师滔滔不绝地讲，讲得满头大汗，学生端端正正地听，有些学生听得漫不经心。老师主要精力放在了"讲"上，每一位学生是否参与了进来就没有过多的精力来照顾，老师虽然付出很多，却很难面向全体，很难达到教学效果最优化。推行"三六五"课堂教学模式改革之后，老师在课堂上多次"偷懒"，却能收到很好的效果，好效果也带来了"三六五"课堂教学模式旺盛的生命力。第一次"偷懒"，先让学生看书自学，学生看书自学时老师看学生，学生学得紧张，老师"看"得轻松，对那些不认真看书自学的学生老师给予提示。第二次"偷懒"，看书之后汇报交流，让学生讲、学生质疑、学生释疑，学生讲解得多而又有层次性，辩论得面红耳赤，老师只是精讲几句，点拨一下，小结概括，学生学得激烈，老师讲得轻松加愉快。第三次"偷懒"，后进生上台板演、其余学生上台针对板演更正。接着，对台上板演、更正情况进行讨论，老师只要有针对性地"追问"几个问题，让学生回答就可以了。第四次"偷懒"，"当堂达标"环节，最后10分钟左右学生做题，争取当堂达标，老师只要充当"监考"就可以了，老师可以说是"偷懒"至极。需要说明的是，老师虽然在课堂上"偷懒"，但是功夫在课外，课外需做到教师精心备课；功夫在老师心中，心中做到时时装着学生，时时在课堂上"二次备课"，引导每一位学生都参与到学习之中来。

例如，笔者在教学北师版义务教育课程标准实验教科书小学数学五年级下册《分数乘法（二）——整数乘分数》时，学生看书自学，学生"说一说"汇报，学生上台板演，学生针对错题讨论，我只问了两个问题：一是"整数乘分数表示什么？"二是"整数乘分数的计算方法是什么，你是怎么得到的？"小结了三次，说了三句话，第一次是整数乘分数的意义，第二次是整数乘分数的计算方法，第三次是整数乘分数应注意的问题。整堂课教师非常"偷懒"，说的话不超过10分钟，学生学习的时间超过了30分钟，学生做题正确率达98%以上，充分体现了"把时间还给学生"，收到了非常好的学习效果。

"平凡的事，坚持做好就是不平凡。简单的事，坚持做好就是不简单。"课堂教学模式改革，重在细节、贵在坚持、成败在落实。我们只要脚踏实地搞课改、勤积累、多思考、早行动、多创新，用激情点燃激情，用汗水换取成功，"三六五"课堂教学模式就会焕发出强大的生命力。

关注"三六五"教学模式展示汇报的策略

在具体的教学实践中，"三六五"课堂教学模式的"汇报交流"（说一说）环节常常出现以下问题：学生说得乱而无序，找不到重点、难点、新知识点；学生说得层次浅，说不到地方去；学生说得太多，浪费了太多的课堂学习时间；学生说时老师不知道干什么，有时乱插言，干扰了学生的思维，有时一言不发，任学生自由说，起不到教师的主导作用。所以"汇报交流"环节成了"三六五"课堂教学模式应用中的一个难点，此难点如何解决，怎样才能充分发挥"汇报交流"环节的有效性呢？我困扰着，思考着，探索着。此时学校举行了"天天赛课评课"活动，即学校开设的各门学科由教导处统一安排随教学进度"天天赛课评课"，空堂老师到赛课室听课，听课后立即评课，笔者带着对"汇报交流"环节的思考参加了学校的赛课活动，在听课、评课学习反思中，找到了一些解决问题的策略，现在谈一谈与大家共享。

策略一："四步汇报法"，详细说说新知识点

"三六五"教学模式要求学生当堂看书，当堂预习。学生按照"自学指导"的要求，在教师的指导下自学，即"看一看"环节。学生在看书预习中，非常容易的、一看就会的就没有必要再汇报了；和本节课的重点内容相陪衬的内容，也没有必要详细汇报了，发挥好它的陪衬作用就可以了。为此，笔者研究出了四步汇报法：第一步只汇报新知识点，第二步学生质疑，第三步教师追问：问教师不放心的和学生出现的问题，第四步对比自学知识，提炼升华。这样既可以突出学习重点，又能节省时间，起到"简约不简单"的作用。

例如，在赛课活动中，笔者听孙老师讲北师版五年级数学上册《分数的大小》一课，板书课题，出示学习目标后，出示"自学指导"：认真看课本53页内容，重点看方框中三种比较的方法，思考：（1）比较 $\frac{1}{4}$ 和 $\frac{2}{9}$ 的大小的各种方法，分别是怎样比较的？（2）什么是通分？说一说是怎样通分的？4分钟后，比一比谁能把例题讲清楚。

学生在"自学指导"的指导下，看书后，进入"说一说"环节汇报展示。

师：哪位同学上台汇报一下你的自学收获？

生1（上讲台边讲解边板书）：我想汇报的是化成同分母分数再进行比较，这种方法。$\frac{1}{4}=\frac{9}{36}$，$\frac{2}{9}=\frac{8}{36}$，$\frac{9}{36}>\frac{8}{36}$ 所以 $\frac{1}{4}>\frac{2}{9}$。大家还有什么疑问吗？

生2：$\frac{1}{4}$ 是怎样变成 $\frac{9}{36}$ 的？$\frac{2}{9}$ 是怎样变成 $\frac{8}{36}$ 的？

生1：分母4和9的最小公倍数是36；变 $\frac{1}{4}$ 时，分母乘9，分子也乘9，变成 $\frac{9}{36}$；变 $\frac{2}{9}$ 时，分母乘4，分子也乘4，变成 $\frac{8}{36}$。

生3：72也是4和9的公倍数，为什么你不用？

生1：因为36是4和9的最小公倍数，72不是最小公倍数，用最小的简单。

师：生1先把分母不同的分数化成分母相同的分数，然后再进行比较，

| 数学采珍 |

几位同学质疑之后,把过程说得很清晰,现在谁能说一说什么是通分?

生4:把分母不相同的分数化成和原来分数相等,并且分母相同的分数,这个过程叫作通分。谁还有什么疑问吗?

生5:你能具体说说吗?

生4(指板书):你看,$\frac{1}{4}$和$\frac{2}{9}$这两个分数,一个分母是4,一个分母是9,分母不相同,都化成分母是36,分母相同了,这就是通分。

生6:我还想补充一下,通分前后分数的大小不变。

(生说通分过程,师用彩笔圈通分部分)

师:你为什么不选择第一种方法和第三种方法来汇报呢?

生1:第一种方法画图比较太麻烦了,第三种方法把分子化相同了,我不知道是不是通分。

师:我们对比黑板上板书的第二种方法说一说,第三种方法是不是通分?

生7:第三种方法不是通分,通分是把分母化相同,分数大小不变,而第三种方法是把分子化相同了,分子化相同不是通分。

师:大家同意吗?

生:同意。

师:我们知道了什么是通分和怎样通分,敢不敢接受挑战?

本片段学生汇报展示——"说一说"时,运用了四步汇报法,第一步,选三种方法中的第二种详细汇报,因为第二种是新知识点和重点——通分。第一种画图太麻烦了,第三种虽是一种比较方法,但是主要是起到陪衬强化通分概念的作用;第二步,学生在倾听时,遇到不明白的就质疑,学生释疑,学生补充;第三步,教师追问,怎样进行通分?为进一步汇报过渡,教师圈通分过程,明确通分的步骤,把通分和比较大小区分开来,通分是为比较大小服务的;第四步,把第二种方法和第三种方法加以对比,在对比中提升了通分的概念——通分是把分母化相同,不是把分子化相同。明确了通分的优势——通分比较分数大小简便,画图麻烦,同时又起到了优化比较方法的作用。

策略二:依照问题汇报法,有序说说多个知识点

当要学习的内容知识点比较多、比较琐碎时,可以采用"依照问题汇报法",即在"自学指导"中,教师精心设计几个思考性比较强的问题,学生自学后,依照这几个问题一一汇报,教师适当点拨。

例如，听季老师教学北师版六年级上册《生活中的比》一课，这一课的内容比较多，有比的意义、比的写法、比的读法、比各部分的名称、求比值的方法、比与分数、除法的关系等，每一个知识点都是新知，这时，季老师设计的"自学指导"为：认真看课本第48—51页的内容，重点看探究活动、认一认、想一想和说一说中的内容，思考：（1）哪几张图片与图A比较像？长得最像的长方形的长和宽存在什么样的关系？（2）速度与单价的意义是什么？（3）什么叫比？怎样写比？（4）你认识比各部分的名称吗？怎样求比值？（5）比与分数、除法各有什么关系？5分钟后比比谁能讲清楚以上问题。

学生自学课本5分钟后，上台按照上面5个问题的顺序依次汇报讲解，第一个学生讲解前面3个问题，学生质疑，师生释疑；第二个学生讲解第四个问题；第三个学生讲解第五个问题，学生质疑，教师点拨。这样的汇报讲解，层次清晰，把课本中琐碎的知识加以梳理，形成脉络。学生有了"自学指导"中的问题作为讲解拐棍，不仅知道怎样自学，而且知道怎样汇报。

策略三：借助教材叙述法，逐步说说解决问题的过程

一些解决问题的课型，教材就是按照"问题情境—建立模型—解释与应用"的叙述方式编排的，即创设一个学生熟悉的问题情境，帮助学生通过观察、实践、探索、思考、交流，逐步建立这一问题的数学模型，然后运用这一模型去解释一些现象或解决一些问题，这些新知识的学习过程是循序渐进、环环相扣的，无法割裂。这样的课型，学生自学后汇报时，可以运用"借助教材叙述法"，即按照教材解决问题的过程，一步一步汇报，学生全部汇报后再质疑、释疑，教师点拨、讲解。

例如，我听贺老师教学北师版小学数学五年级上册《数学与交通—相遇》一课时，学生看书自学后，一位学生上讲台，运用"借助教材叙述法"，边讲解汇报边板书，先画线段图，理解题意，估计两人在哪个地方相遇，指着线段图说出等量关系："面包车行驶的路程＋小轿车行驶的路程＝50千米"，再根据等量关系列方程解决相遇问题。解：设经过X小时两车相遇，列方程为：$60X+40X=50$。这完全是一个完整的解决问题的过程，这位学生汇报后学生质疑："你怎么估计出它们的相遇地点在李村附近的？""$60X$表示什么意思？""$40X$表示什么意思？""你为什么这样列方程？"在解决学生的问题中，教师适当点拨，从而掌握列方程解决问题的方法。

这样的汇报，减轻了学生上台像老师一样讲解的压力，只要看懂看明白教材，汇报变成了一件轻松的事，从而增进学生学习的自信心，并且，这样的汇报，还有利于学生逐步掌握基本的数学知识和方法，形成良好的数学思维习惯，提高解决问题的能力。

策略四：不说不讲，此地无声胜有声

"三六五"课堂教学模式中的"六个环节"在小学数学教学中具体细化为"看一看——说一说——测一测——议一议——练一练——做一做"。对于一些新知简单，学生一看就懂的知识点，完全可以不要"说一说"这个环节，学生经过"看一看"环节后，直接出题"测一测"，这样就为"测一测""议一议""练一练"三个环节节省了时间，提高了学习效率，需要强调的新知在"议一议"环节再加以解决。

例如，听田老师教学北师版五年级上册第四单元《折纸——异分母分数加减法》一课时，学生看书自学后，老师没有让学生说一说汇报展示，而是直接出题"测一测"：$\frac{3}{4}+\frac{5}{8}$，$\frac{9}{10}-\frac{1}{6}$，学生上台板演，学生用不同颜色的笔更正，在"议一议"时，教师追问："怎样计算分母不同的分数加减法？""计算结果要注意什么？"学生在老师的追问中轻轻松松掌握了知识，做题正确率非常高。有12分钟"练一练"的时间，学生当堂完成了作业。

由此可见，有些课，在运用"三六五"教学模式进行教学时，不要"说一说"环节，学生也能学会、学好，这就要求我们把"说一说"环节灵活运用，根据所学知识，该要则要，不该要则不要，既发挥"说一说"的展示作用，也要学会大胆舍弃，舍弃之后留有余地，那才会魅力十足。

《义务教育数学课程标准》（2022年版）在"课程目标"中要求学生："会用数学的语言表达现实世界。""逐步养成用数学语言表达与交流的习惯，形成跨学科的应用意识与实践能力。"在"三六五"教学模式的汇报交流环节，能充分地达到新课标对学生的要求。学生展示汇报是师生之间、生生之间多元主体的交流互动，是立体的、网状的、丰富多彩的、难以把握的，以上四种策略只是一个初步探究，不同的课型、不同的课堂、不同的学生、不同的老师采用的策略应该不同，只有我们在实践中多运用、多反思，掌握多种汇报展示的策略，教师才能轻松调控课堂，学生才能汇报出精彩。

对小学数学建构有效课堂的认识

建构有效的小学数学课堂教学是我们深化课堂教学改革的目标之一，它有助于激发学生学习数学的兴趣，能够培养学生的数学核心素养，能够促进教学质量的提升。怎样才能建构小学数学有效课堂呢？下面谈一谈一些做法。

一、创设情境，激发兴趣促有效

建构主义要求教师在进行教学之前，充分了解学生的个性及认知水平，同时要求教师创设一定的情境，激发学生的兴趣，使学生能够自主地学习和探索。这就说明，建构主义学习理论强调"情境"的重要作用，认为学习是与一定情境相联系的，在实际有意义的情境下进行学习，可以使学生利用自己原有认识结构中的有关经验，去同化和顺应当前所学到的新知识。因此，教师在教学活动中，应有意识地创设问题情境，激发学生探索的欲望，引导他们体验解决问题的愉快，促进他们创造性思维的发挥。情境不能为创设而创设，它必须含有足够的信息量，能引起学生新旧观念的冲突进而引发观念转变和结构重组；它必须是一种真实的学习环境，为学生的认知需求及活动做好准备；它必须留给学生广阔的思维和想象空间，发展他们的思维能力和创新意识。

例如，笔者在教学《数一数》时的一个教学片段。

师：同学们，老师今天最喜欢的就是你们，你们都是老师的好学生，可是我还不知道今天到底有多少个好学生来和老师一起上课呢，你们有什么办法知道吗？

（一位同学立刻站起来，一边用手指点一边数：1、2、3、……、29、30，一共有30个）

师：哦！我懂了，你是用数一数的办法知道的。（板书课题：数一数）你的办法真不错，下面请每个好学生都数一数，看看是不是30个。

（学生自由数，老师观察学生数数情况）

师：好，小朋友大都是一个一个地数，刚才我还发现了这个小朋友有不同的数法，来，你数给大家看，好吗？

生：一双、两双、……、十五双，一共十五双就是30个。

师：好！这个小朋友是一双一双地数，也就是两个两个地数，太好了！小朋友们，数一数的方法很多，以后我们还会学到更多的数法。

师：小朋友们，老师可得要给你们道歉了，我太小看你们了。在上课之前，我猜想你们最多能数到10，要么10都数不到，没想到你们这么小竟然能数到30了，太对不起了！

一名学生（激动地）：我还能数到100呢！

学生（七嘴八舌地）：我也能，我也能。

学生：我还知道一千、一万、一亿呢！

师（故作惊讶地）：是吗？太了不起了，对了，以后我们还将学习这些更大的数。

布鲁纳认为："学习者在一定的问题情境中，经历对学习材料的亲身体验和发展过程，才是学习者最有价值的东西。"这一教学片段，课一开始，教师就为学生创设了一个现实的问题情境，学生、教师和情境完全融为一体。学生亲身体验了数的价值和数的不同方法，学生的个性得到了充分的发挥，学生实实在在地感受到了氛围的自由和轻松，从而对身边与本课教学有关的事物产生了好奇心，积极主动地参与到生动的数学活动中来，在不知不觉中师生成了朋友，共同走进了"数一数"的知识海洋。

二、协作会话，交流互动促有效

雅斯贝尔斯说，真正的教育应该是人与人的主体间的灵与肉的交流活动，而不是理智知识和认知的堆积。所以，我们在教学时，教师要向下看，做学生的朋友，甚至是亲密无间的朋友，学生要自主解决复杂情境中的真实问题，并与他人合作，交流，相互评价和自我反思。从而创建一个轻松愉快的学习环境，使学生在与他人经验交流的过程中，经过磋商与和解来建构新知识。

例如，笔者在教学《用乘法计算解决问题》时，先出示情境：有3头大象，每头大象运2根木头。学生提出问题"一共运多少根木头？"先让学生独立思考解决方法，再把想法与同桌交流，交流后汇报：

生1：2加2加2等于6根。

师：为什么用加法计算呢？

生1：求一共多少根木头就是要把3头大象运的木头合起来。

师：说得真好，还有不同的解决方法吗？

生2：还可以用乘法计算，算式是2乘3等于6根。

师：你为什么用乘法计算呢？

生2：因为有3头大象，每头大象都是运2根木头。

生3：因为每头大象运的木头都是一样多，可以用加法计算，也可以用乘法计算。

生4：因为求一共运多少根木头，其实就是求3个2根是多少，所以可以用乘法计算。

师：哦！3个2根，来，我们一起数数看。

师生齐数：1个2根，2个2根，3个2根。

师：哦，我明白了，求一共运多少根木头其实就是求 3 个 2 相加的和是多少，所以可以用乘法计算来解决。

本教学片段在学生已有独立解决问题能力的基础上，大胆放手，先同桌交流，再全班交流，师生之间，生生之间充分互动，交流自己解决问题的想法。在问题的解决中，老师不只是满足于结论的获得，而是非常注重问题解决的过程，让学生充分地表达自己的想法，展示自己的思维活动。在这样一个有效的协作互动的学习环境中，学生与教师，学生与学生之间共同研究、智慧分享和相互启发，加速了学生建构知识的过程。

三、意义建构，感受体验促有效

建构主义认为，学生要想完成对所学知识的意义建构，达到对事物及其关系的深刻理解，最好的方法就是到真实的情境中去感受和体验，而不是仅仅聆听别人的介绍和讲解。在数学学习中，如果学生能够全身心地去感受和体验，他们获得的知识将是独到而深刻的，将会大大提升数学课堂的有效性。

例如，笔者在教学《海鸥回来了——20 以内数的认识》时，学生数出了沙滩上有 11 只海鸥之后：

师：11 是一个新朋友，为了更好地认识 11，我们先来认识一个新的计数单位：十。（板书）

（师出示 10 根小棒）

师：大家可别小瞧它，它的作用可大了！数一数，有几根小棒？（10 根）10 根小棒就是 10 个一。我们可以把 10 根小棒捆成一捆（边说边捆），也就是 1 个十，10 个一就是 1 个十。（齐读）

师：在你的学具袋中，能找到 1 个十吗？

（生拿出一捆）

师：认识了这位好朋友，我们就可以和 11 交朋友了。下面我们就来摆出 11 根小棒，但是不能随便摆，要让别人一眼就能看出来是 11 根小棒。如果遇到问题，可以同位商量商量。

（学生动手摆小棒，师巡视）

汇报：

生 1：一根一根摆。

生 2：数出 10 根放在一起，再拿出 1 根，合起来是 11。

生 3：我先拿出 1 捆小棒，是 1 个十，再拿出一根小棒，是 1 个一，合起来是 11。

师：这三种方法都对，你觉得哪种方法比较好？

生：第三种。（鼓掌）

师：你能像生3一样用摆小棒的方法表示出11吗？

（生摆）

师：我们一起说一说，1捆是1个十，一根是1个一，1个十，1个一，合起来是11。

师：同学们真棒！用摆小棒的方法，先摆1捆，再摆1根表示出了11，并且让大家一眼可以看出来是11根小棒。不过把10根小棒捆起来也是一件麻烦事，想不想找到一种更简便的方法？下面老师为大家隆重推出一位在数学上非常受欢迎的好朋友，它的名字叫作计数器。

（教师出示、板书并介绍计数器）

师：认识了这位新朋友，想一想，怎样在计数器上拨出11呢？谁来说说你打算怎样拨？

生拨，师贴图，然后根据学生的汇报画珠子。方法：我先在"十"上面拨了一颗珠子，表示1个十，然后在"个"上面拨了一颗珠子，表示1个一，合起来是11。

师：同学们，你们真是心灵手巧的好孩子！通过自己的努力，不但用摆小棒的方法表示出了11，而且用计数器拨出了11，了不起！希望你们继续努力哦！

师：下面我们来观察一下，我们在用摆小棒的方法表示11时，先摆1捆表示1个十，再摆一根表示1个一；在拨计数器时，先在十位拨一颗珠子表示1个十，然后在个位拨一颗珠子表示1个一，所以，11里面有1个十和1个一。（板书，齐读）

本教学片段以活动为主要教学载体，通过活动激发学生的自主性，让学生充分地感知和体验，凡是学生能动手操作的就让学生动手操作——捆小棒，摆小棒，在计数器上拨出11；凡是学生能动口的就让学生动口——汇报摆出的11，说11的组成；凡是学生能观察的就让学生观察——观察摆出的11，观察拨出的11；凡是学生能动脑的就让学生动脑——想一想，怎样在计数器上拨出11。这样，让学生最大限度地参与学习过程，使他们在参与学习活动中亲身感受和体验成功的愉悦，完成对新知的意义建构。

四、多元评价，适度适时促有效

多元智能理论在实践过程中，提出了独特的、有利于学生智能发展的评价体系与方法。其虽然强调对学生过程性评价，即结合学生进行的实践活动和具体场景及时给予评价，但应强调的是，在进行这样评价的时候，一定要掌握一个适度、适时的原则。评价的适度原则是指教师对学生智能进行评价的次数要适当，以能够及时促进学生智能发展为标准；同时，适度原则也指在对学生进行评价的时候，一定要实事求是，不能过度批评，也不能过度表扬，只有客观的评价才能帮助学生正确地认识自己。评价的适时原则是指老师在实施评价的时候要掌握时候和时机，一般情况下，教师不要过早做出评论，因为过早地做评论会让学生过早地停止思考，从而限制了学生思维空间的拓展。在课堂教学中，注意了评价的适时、适度原则，就能激发每个人潜在的智能，充分发展每个人的个性，从而提高课堂教学的有效性。

例如，笔者在教学"29＋7"时，有一个成绩不是很好的学生上黑板得出了等于26的结果，引来了其他同学的嘲笑，这个学生低下了头，笔者赶紧对着其他学生摇了摇手，示意他们不要笑，微笑地看着这个做错题的学生道："瞧，他知道个位9加7是16，可是在具体相加的时候……"做错题的学生着急地小声说："我忘记加进位了！"笔者连忙接着说："听，他知道问题出在哪儿了，只要细心，就不会出错了！"这样的一个评价，使这位同学的作业第一次全对。

这一教学片段，笔者运用了评价的适度原则，不过度批评，也不过度表扬，及时抓住学生做错题中的优点进行评价，进而找出问题所在，激发了学生的学习热情，促进了学生的发展。

让"五项教育"在课堂闪光

我们应该看到，虽然新课程改革到目前已推进了十余年时间，但课堂教学中全方位育人的工作仍然相对滞后。课堂是育人的摇篮，能否发挥数学课堂的育人功能，考量着每一个教师的课改智慧。我们以"五项教育"为抓手，把育人落实在课堂教学中。让高效课堂以"育人"为本，突出"育人"的核心价值。充分落实《国家中长期教育改革和发展规划纲要（2010—2020）》提出的"关心每个学生，促进每个学生主动地、生动活泼地发展，尊重教育规律和学生身心发展规律，为每个学生提供适合的教育"的要求。经过几年的探索实践，取得了初步成效。

一、五项教育，让课堂回归育人的原点

按照联合国教科文组织倡导的学会求知、学会做事、学会共处、学会做人的教育理念，"三六五"课堂教学融合了对学生进行"五项教育"的内容，

使学生树立远大的理想、必胜的信心、良好的习惯、自主合作的意识、孝敬父母、感恩社会和遵纪守法的良好情操，有利于学生形成良好的学风，促进学生成长、成才、成人、成功。

（一）习惯养成教育

行为形成习惯，习惯决定品质，品质决定命运。叶圣陶先生指出："教育往简单方面说，只须一句话，就是养成良好的习惯。"积极的、良好的习惯对人的个性品质的形成和发展都有积极的影响。

1. 老师方面

教师在课堂上做到以下几点：语言规范习惯。教学中一律使用普通话，注意使用专业术语和文明语言，语言要精练，杜绝随意性语言；板书规范习惯。板书使用正楷字，板书设计合理、简练、醒目；"二次备课"习惯。充分了解学情，以学定教，及时进行"二次备课"，确定"讲什么"和"怎样讲"；科学安排时间习惯。珍惜课堂的每一分每一秒，科学合理安排好"三个阶段""六个环节"的时间比例，合理利用时间进行"五项教育"。

2. 学生方面

学生在课堂上养成以下良好习惯：认真倾听的习惯。按照倾听"四字诀"去做：一用眼看，二用耳听，三用脑想，四要管好自己的手。集中精力的习惯。做每件事情都要聚精会神，不能三心二意，完成一件事情后再去做另外一件事。大胆质疑的习惯。要求学生善于思考，善于发现问题和提出问题，大胆质疑、释疑，养成质疑的习惯。踊跃发言的习惯。展示时勇于发表自己的见解，声音洪亮，使用普通话。独立完成作业的习惯。学生做到认真、独立、当堂完成课堂作业，及时纠正自己的错误。

例如，从四年级一位男同学的习惯养成案例，可以得到一些启示：原来他成绩不理想，学习习惯不好。一次正上着数学课，他和同学闹别扭，老师批评了他，他一怒之下跑到老师的办公室，打碎玻璃后逃走了，老师很是苦恼。实施"五项教育"后，老师首先和他谈心，让他明确课堂习惯要求。并适时创造机会展示他的闪光点。当他坐不住的时候，老师说："请全班同学都坐好！"看到该同学也坐好后，老师便高兴地说："看，他坐得多好！"当他不集中精力听讲的时候，老师就走到他跟前，拍拍他的肩膀，整理他的文具，该同学知道这是老师给他传递的暗号，他就心领神会地专心听讲了。经过一学期的教育，他逐渐养成了良好的学习习惯，由"落后生"变成了"优秀生"。"习惯养成教育"如春风拂面，培养了学生，激活了课堂。

（二）自主合作教育

"三六五"课堂教学模式是全过程的自主合作学习。"辅助环节""看一看""测一测""练一练"这四个环节是自主学习阶段；"说一说""议一议"这两个环节是合作学习阶段，它集中体现了自主合作教育。课堂上，先让学生自主学习（先学——看书、检测），暴露出疑难问题，个人不能解决，就需要老师、同学的帮助。在这种情况下，再让学生合作学习（后教——展示汇报、更正和讨论），这时，就有了合作的必要性，也有了合作的内容（自主学习中出现的疑难问题）、合作的目的（解决存在的疑难问题）、合作的方式（汇报、更正和讨论）、合作的人（做对的学生帮助做错的学生，懂的学生教不懂的学生）。这样的合作学习，提高了课堂教学效率，培养了学生的自主学习能力与合作学习能力。同时，科学组建合作学习小组，组内成员强弱搭配结成"一帮一"的学习对子，从学习任务和课堂纪律等方面进行帮扶。以小组评价为主，实施"捆绑式"评价，从作业、课堂发言、行为习惯等方面实行"积分"制，小组中每个成员的得与失均代表着整个小组的得与失，小组成员互帮、互学、互补、互促，形成了"组内成员合作、组间成员竞争"的良性竞争氛围，有效地增强了学生的团队意识与合作意识。

（三）信念信心教育

美国思想家爱默生说："自信是成功的第一秘诀。"在教学中，要积极运用赏识教育，善于捕捉学生的闪光点给予放大，及时表扬和鼓励。

例如，开学近半个月了，三年级一位男生竟没有举手回答过一次问题。实施"五项教育"后，笔者指名让他发言，得到表扬后，他却坐在那儿低声哭泣。笔者很纳闷儿，通过进一步了解，才知道是因为他长期以来一直胆小、羞怯、不自信，怕发言错了同学和老师笑话他。笔者对他说："你能站起来，并且能讲出来，像老师一样，非常棒！没有什么可怕的！"后来笔者特意关注他，只要发现他会的问题就让他回答，经历"哭——犹豫——慢慢地举手——主动举手——站起来举手"系列变化，他自信起来，在课堂上敢于表现自己了，成绩也越来越优秀。

在"三六五"的课堂上，看到更多的是"学优生"的帮扶、"中等生"的发言、"学困生"的展示，不同层次的学生都得到了锻炼，成功也伴随着不同层次的学生，他们的自信心越来越强。

（四）感恩孝心教育

"谁言寸草心，报得三春晖。"感恩尽孝是中华民族传统美德。学校遵循既"尊师爱生"又"尊生爱师"的原则，教师做到"务必把学生当成自己的孩子来教育"，关心他们的生活，关心他们的学习，关心他们的喜怒哀乐。在教学中进行感恩孝心教育，主要包括以下几个方面：

1. 感恩祖国

在教学中，利用"人民的数学家"华罗庚等名人的爱国故事激发学生的爱国之心。

2. 感恩父母

利用"练习题"中有关父母的情境内容，让学生们去体会父母劳动的辛苦，产生感恩之情。

3. 感恩师长

通过关爱学生让他们产生尊师之心。例如，有位学生从来没有笑过，老师很关注她，让她担任小组长，她激动地笑着对老师说"谢谢老师"。一个小小的赏识，换来了学生对教师的感激之情。

4. 感恩同伴

发现身边帮助过自己的人，先感激他们，他们有困难时再及时帮助他们，处理好同学之间的关系，形成和谐的课堂氛围。

（五）道德法制教育

道德与法制教育是一种塑造人的精神与心灵的工程。立足课堂，加强未成年人思想道德建设，使学生从小树立道德意识和法制观念。首先与课堂行为规范教育相结合。教育学生要自觉遵守各项规章制度，做个好学生。其次与课堂教学内容相结合。例如，数学课学习"节约用水"内容时，通过运算，得出一年流失的水量，用数据告诉学生节约用水的重要性，养成节约的美德。

二、全力推进，让措施保障育人的支点

坚定信心，攻坚克难，积极采取措施落实"五项教育"。

（一）改善课堂育人条件

学校努力改善育人条件，建设一个高标准的赛课室、两个高标准的科学实验室、两个科学仪器室和一个科学探究室，被评为市实验室及实验教学示范学校。同时，为教师配备了手提电脑，在校园内安装无线上网设备，实现校园网班班通。

（二）学习课堂育人经验

一是外出学习先进经验。学校每学期派出教师100余人次，赴北京、上海、南京等地学习培训，学习课堂育人之道。二是积极开展同伴互助活动。实施"城乡教师双向轮岗锻炼"活动，促进教师快速成长。三是开展送课下乡活动。学校每学期均开展送课下乡活动，多门课程同步开展。在送课中，

既提高了教师的业务水平，又交流了课堂育人经验。

（三）加强四级育人备课

一是独立备课，做到有育人内容。二是集体备课，讨论育人方法。三是"二次备课"，在课堂上及时调整育人思路。四是教后反思再修改备课，课后反思育人得失，在不断改进中进步。

（四）规范育人课堂

首先，制定课堂育人制度。学校制定"巡课"制度，坚持推门听课，加强"常态课"育人情况管理。制定"五项教育"落实制度，要求教师每节课都要有机渗透"五项教育"。其次，确立典型"育人示范课"。举行首席教师观摩课和优秀教师示范课活动，借鉴他们的育人之长。最后，举行赛课节节评活动。学校制订赛课方案，安排赛课进程，让赛课成为习惯。评课时采用"三个一"评课法：即至少找到一个课堂育人亮点，至少提出一个存在问题，至少提出一个改进建议。有效的措施，促进了"五项教育"在课堂教学中的落实。

三、收获成功，让成果形成育人的亮点

"三六五"课堂教学模式中的"五项教育"，把教书和育人融为一体，促进了教师的专业成长，为学生的可持续发展和终身学习奠定了基础。主要表现在以下几个方面：

（一）学生的变化

学生养成了良好的学习习惯，自学能力增强了，自信心提升了。对同学、对老师、对父母常怀感激之情、感恩之心，关心学校、班级、同学的学生越来越多，做好事的同学越来越多。很多同学合作举行小课题研究和社区服务活动，踊跃参加爱心一日捐活动，父亲节和母亲节积极为父母做贺卡。近年来，学生作品有多篇在省市级以上刊物发表或获奖。

（二）教师的变化

首先，教师观念转变了，教师心中装着学生，每节课都考虑如何把育人和学科特点有机结合，把构建高效课堂放在了心上。其次，三维教学目标落实了。传统课堂教学只注重传授知识，实施"五项教育"后，让情感、态度价值观教学目标得到了落实。

（三）学校的变化

一是办学思想的变化。学校形成了"为国家的前途命运负责，为学生的终身发展奠基"的办学宗旨，深入推行素质教育。二是学校取得了可喜的荣誉。学校先后获得市孝心教育先进学校、省规范化学校、省素质教育先进单位、全国青少年普法教育先进学校等多项荣誉。三是学校的影响力逐步提升。自 2010 年，学校五次在山东省素质教育论坛中发言，育人特色经验受到了与会领导、专家的高度赞赏。

第二节　素养发展

小学数学课堂教学中猜想能力的培养

猜想是人们在揭示问题实质、探索客观规律、寻找命题结论时，凭借自己的想象，进行估计、推测的一种思维方式。它是一种难度较大的跳跃式的创造性思维。每个人都有猜想的潜能，关键在于如何开发和培养。牛顿有句名言："没有大胆的猜想，就不可能有伟大的发明和发现。"《义务教育数学课程标准》（2022 年版）指出："利用观察、猜测、实验、计算、推理、验证、数据分析、直观想象等方法分析问题和解决问题。"可见，培养学生的猜想能力，已成为当前小学数学教学的重要任务之一。课堂教学中蕴藏了培养学生猜想能力的诸多因素，在教学中，教师从学生的生活经验和知识背景出发，向他们提供充分猜想和交流的机会，帮助他们在真正理解和掌握基本的数学知识、数学思想和数学方法的过程中发展猜想能力。下面谈一谈笔者在课堂教学中，培养学生的猜想能力的几点做法。

一、引入新课，诱发猜想

新课的引入在教学中起着承上启下的作用，是一节课中联结新旧知识的重要环节。教师在钻研教材，研究学生的知识、技能、心理特点等因素的基础上，挖掘教材中的智力因素与非智力因素，经过特意设计，营造出新课引入的猜想情境氛围，架起感性材料与理性思考之间、合理猜想与数学发现之间的桥梁，使学生感兴趣、情绪兴奋——想猜，放开胆量、要冒险——敢猜，有知识可依——能猜。为学生的猜想提供广阔的空间，进而实现数学的"再创造"。

例如，《比的基本性质》一课教学的引入。教师先出示三组练习：①24÷20＝(24×＿＿)÷(20×＿＿) ②$\frac{6}{8}=\frac{6÷(\quad)}{8÷(\quad)}$ ③5∶8＝$\frac{(\quad)}{(\quad)}$＝(　)÷(　)。学生解答之后。

师：做这三组题的依据分别是什么？

生1：①的依据是"商不变的性质"，②的依据是"分数的基本性质"，③的依据是比与分数以及整数除法的关系。

师：比与分数以及整数除法的关系如此密切，这时你会产生怎样的猜想？

生2：比也有性质，我叫它"比不变的性质"。

生3：比的性质和"商不变的性质"以及"分数的基本性质"应该非常类似，我叫它"比的基本性质"。

师：大家猜得很准确，比确实有性质，数学家把它命名为"比的基本性质"，我们这节课就学习"比的基本性质"。

当学生发现自己的猜想正确时，便能感受到探索知识的情趣，享受到成功的快乐，能以极大的热情投入新课的学习之中去。

二、探索新知，鼓励猜想

新知的探索是课堂教学的中心环节，学生知识的获得、能力的形成、思维的发展、智力的开发，这一环节起着关键性的作用。教师在教学时，做到灵活开发新知中的猜想因素，鼓励学生大胆地猜想，引导学生对自己的猜想进行验证，学生猜想正确的及时表扬，使学生体验成功、乐于猜想；学生猜想错误的也不责怪，用信任的眼光和口气启发、点拨他们，使其朝着正确的方向进行猜想，鼓励他们再试一试。这样新知的探索和学生的猜想有机地结合了起来，学生在猜想中解决了问题，在探索中培养了猜想能力。

例如，教学《3的倍数的特征》一课。

师：我们已经学习了2和5的倍数的特征，大家猜一猜，3的倍数的特征是什么？

生1：个位上是0、3、6、9的数，是3的倍数。

生2：如果个位上的数是3的倍数，这个数就是3的倍数。

师：他们猜想得对不对呢？请根据下面一列数验证。出示：

70　283　66　259

通过验证，学生意识到原先的猜想是错误的，心中充满疑惑，顿时探求新知的强烈愿望油然而生。这时教师抓住契机，出示第二列数：

9　12　15　96　99　114　837　378　783　2016

师：大家试算一下，这些数是否是3的倍数？

学生算后回答：这些数都是3的倍数。

师：一个数是否是3的倍数不能只看个位，那么，究竟与什么有关，具有什么特征呢？大家再猜想一下！

生3：与这个数中数字的排列顺序无关，像837、378、783三个数都是3的倍数，可能与各位上的数的乘积有关。

生4：可能与各位上的数大数减小数所得的差有关。

生5：可能与各位上的数的和有关。

生6：可能与后两位数有关。

师：同学们的猜想真丰富，现在自行对自己的猜想进行验证。

学生在验证中得出了3的倍数的特征：一个数各个数位上数的和是3的倍数，这个数就是3的倍数。

在这个教学过程中，学生猜想——验证、再猜想——再验证，以主人公的姿态参与新知形成的全过程，经历了满怀欲望、痛苦、茫然、激励、充实和喜悦的猜想过程，把探究新知与培养猜想能力融为一体，最大限度地促进了学生的发展。

三、设计练习，激发猜想

练习是学生掌握知识、形成技能、发展智力的重要手段，也是培养学生猜想能力的重要阵地。在练习中，教师注意练习设计的巧妙性，精心加工有利于猜想的材料，创设猜想的思维空间，让学生在猜想中进行练习，使知识得以巩固、拓展和应用的同时提高学生的猜想能力。

例如，在练习"分数乘法解决问题"时可以设计这样一道猜想题：有两根同样长的钢管，第一根用去 $\frac{3}{10}$ 米，第二根用去 $\frac{3}{10}$。哪一根剩下的部分长一些？

师：没计算之前，我们先猜想一下"哪一根剩下的部分长一些？"

生1：无法比较。

生2：第一根剩下的部分长一些。

生3：第二根剩下的部分长一些。

生4：第一根与第二根剩下的部分一样长。

师：谁猜想得对呢，请为自己的猜想寻找理由。

（学生各小组合作完成）

生2：我猜想得对，当钢管的长度大于1米时，第二根钢管用去的比 $\frac{3}{10}$ 米多，那么它剩下的就比第一根短。

生3：我猜想得对，当钢管的长度小于1米时，第二根钢管用去的比 $\frac{3}{10}$ 米少，那么它剩下的就比第一根长。

生4：我猜想得对，当钢管的长度等于1米时，第二根钢管用去的部分就是 $\frac{3}{10}$ 米，两根钢管用去的一样多，那么它们剩下的也就一样长。

师：通过猜想和为猜想寻找理由，我们又可以发现什么？

生5：我们可以发现这题有多种答案。

生6：单位"1"的量的多少不同，第二根钢管用去的米数就不同，单位"1"的作用真大。

师：同学们不仅能在各种不同的情况下解决问题，而且注意了单位"1"的作用，真了不起！

在这一练习中教师诱导学生发散思维、大胆猜想，学生敢于尝试和冒险，说出了各种各样的自己的想法，学生的猜想能力得到了自主的发展。

总之，就像大教育家波利亚所说："在数学教学中必须有猜想的地位。"我们要重视并鼓励学生大胆地猜想，为创新插上猜想的翅膀，寓猜想能力的培养于平时的教学之中。

灵活运用教材，培养学生的猜想能力

教材为学生的猜想能力的培养提供了众多的机会，我国著名的教育家叶圣陶先生说过："教材只能作为教课的依据，要教的好，使学生受益，还要靠教师的善于运用。"教学中，教师要灵活运用教材中的猜想因素，启发学生进行猜想，培养学生的猜想能力。

一、运用教材中新知前面的"复习"，鼓励学生猜想

教材中新知前面的"复习"是学习新知的基础，是新旧知识的承接点，是学生知识迁移的铺垫。教师如果巧妙运用，就可以为学生的猜想提供广阔的空间。

例如，人教版九年义务教育六年制小学数学第八册，学习总量与两个变量有关系并随着两个变量的变化而变化的连除解决问题之前，出示"复习"题：每台织布机每小时织4米布，5台8小时可以织多少米布？先让学生解答，解答后鼓励学生猜想：你能根据"复习"题猜出我们将要学习什么新知识吗？学生此时思维活跃，大胆猜测：1.可能是每台织布机每小时织4米布，10台10小时可以织多少米布？2.可能是把复习题的题意倒过来：5台织布机8小时织160米布，求每台每小时可以织多少米布？（正是所要学习的新知识）3.可能是每台织布机每小时织4米布，照这样计算，8台织布机比5台织布机每小时可以多织多少米布？……学生在猜想中，既理解了这类连乘解决问题的数量关系、连除解决问题与连乘解决问题的相互关系，又主动参与学习活动，时时迸发出创造的火花。

二、运用教材中的"空白点"，启发学生猜想

教材中的"空白点"，在主题内容的省略之处，是主题内容的延续，是主题知识的重要组成部分。有的是不得不"空"，不"空"就无穷无尽；有的是可"空"可不"空"，不过"空"了就简洁明了，不"空"就烦琐无味；有的是教材故意留"空"，是教材为学生所留的启发之地。这些"空白点"，学生既熟悉又不能马上解决，如果教师巧妙运用，启发猜想，就会对学生产生诱导，激励学生动脑，为学生的思维插上猜想的翅膀。

例如，人教版九年义务教育六年制小学数学第十册第 54 页有"2、4、6、8、10……是偶数，1、3、5、7、9……是奇数"两个概念。这两个概念之中各有一个"空白点"，笔者利用这两个"空白点"启发学生猜想：这两个省略号所省略的内容是什么？是否相同？为什么？如果在 10 的后面接着写下去，能写得完吗？在这一系列的猜想中，学生对"偶数""奇数"这两个概念有了更深刻的理解，同时建立了"无限"的表象。

三、运用教材中的"提示语"，引导学生猜想

教材中的"提示语"通常写在新知的计算、操作之后，在学生对新知有了一定的感性认识基础之上，再进入教材的"提示"情境。如果教师适时点拨，引导学生猜想，就能缩短解决问题的时间，获得数学的新发现。

例如，人教版九年义务教育六年制小学数学第八册第 60 页例 3：观察下面每组的两个算式，它们有什么样的关系？

(15×4)×10　○　15×(4×10)

(125×8)×5　○　125×(8×5)

学生计算、观察知道圆圈左右两边具有相等的关系后，教师可利用例题下面的"提示语"：从上面的例子可以发现什么规律？引导学生进行猜想，使学生在观察、猜想中掌握乘法结合律："三个数相乘，先把前两个数相乘，再同第三个数相乘；或者先把后两个数相乘，再同第一个数相乘，结果不变。"

四、运用教材中的"想一想"，激发学生猜想

教材中的"想一想"，有的是使学生把前面的知识进行总结概括，有的是使学生把前面的知识继续延伸，有的是使学生把思路重新整理、再思考，产生尽可能多、尽可能新的想法。如果教师就在此时引导学生发散思维、大胆猜想，学生定会敢于尝试和冒险，说出各种各样的自己的想法，学生的猜想能力会得到自主的发展。

例如，人教版九年义务教育六年制小学数学第六册第 104 页例 2 的"想

一想"：这道题除了用一种解法检验另一种解法之外，还可以怎样检验？学生自学时，教师做到善于激发学生猜想动机，启发学生从不同角度进行猜想。通过猜想拓宽了解题思路，在多种检验中寻找最优检验方法，从而培养学生灵活检验的能力和猜想能力。

总之，数学教材既是教师的教学依据，也是学生学习数学知识的依据。教学中，希望教师做到善于发现教材中的猜想因素，鼓励学生敢于猜想，为学生的猜想创设情境，培养学生的猜想能力。

运用多媒体教学培养学生的创新素质

20世纪90年代以来，以多媒体为核心的信息技术，给教育教学的改革发展点亮了一盏"阿拉丁神灯"。把多媒体技术引入学校课堂教学是实现教育现代化的一个重要内容。用多媒体辅助教学，运用图、文、声、像、景并茂的特点，通过形象生动的画面、声像同步的情境、言简意赅的解说、悦耳动听的音乐、及时有效的反馈，为学生思考、探索、发现和创新提供最大的空间，为创新教育的实现提供更加理想的操作平台。而创新教育强调的是培养具有创新素质的人才，那么，灵活运用多媒体辅助教学，不失为培养学生创新素质的一种行之有效的途径。下面谈一谈笔者的一些体会。

一、运用多媒体创设教学情境，培养创新意识

多媒体技术集音、像、动画于一体，生动形象，在吸引学生的注意力与创设教学情境方面，具有其他教学手段所不可比拟的优势。运用多媒体辅助教学，可以营造良好的学习氛围，创设优美的教学情境，激发学生的学习动机，挖掘学生的学习潜力，培养学生的创新意识。

（一）创设问题情境，让学生能够从不同方面去思考，去寻找解决问题的途径

例如，在教学"长方形周长公式"的推导过程中，应用多媒体教学软件，屏幕上出现："应该用几根3厘米长和5厘米长的小棒，才能搭成一个长方形？为什么？"先让学生思考周长的求法和算式，开拓思路。再用多媒体课件展示，随着画面不断的闪烁，展示了三种不同算式的活动过程：①$5+3+5+3=16$（厘米）；②$5\times2+3\times2=16$（厘米）；③$(5+3)\times2=16$（厘米）。从中得到启示，归纳出长方形周长的计算公式。这样的启发，促进学生参与教学活动，加深对知识的理解和掌握，培养了学生的创新意识，提高了教学效率。

（二）创设故事情境，激发学生主动参与的积极性，寓学于乐

例如，教学《8加几》一课时，运用多媒体教学软件，设计制作了动画片："小动物数学竞赛"的故事情境。即小花狗自夸是数学的小天才，数学题难不倒它，小猴子一听，立即出题考考它。这时屏幕呈现一个有10个格子的空牙刷盒，接着画面变成盒里放有8把牙刷，盒外有3把。当小猴子提出共有几把牙刷？怎样列式？得什么？前两个的确难不倒小花狗，而后一个问题却把小花狗给难住了。这时引入新课内容。在巩固练习时，又出现了"小动物找家"，"英语歌曲《十个印第安人》"等画面，激发学生主动参与教学活动。进一步发挥学生主体作用，通过讨论、合作学习、相互解答，使整堂课处于层层推进的进程之中，学生情趣交融，由"被动型"学习变为"主动型"学习，诱发了学生的创新欲望，激发了学生的创新意识。

二、运用多媒体呈现思维过程，培养创新思维

创新思维的核心是创造性思维，是指在强烈的创新意识支配下，将大脑中已有的感性和理性知识信息，按科学的思路，借助于想象和直觉，以突发性飞跃的形式所完成的思维活动过程。我们利用多媒体计算机呈现生动形象的感性材料来再现数学知识的发生发展过程，最终着眼于发展学生学习的潜能，使每个学生都获得更加强有力的认识手段，这样学生的思维活跃，有利于培养学生的创造性思维。

（一）鼓励猜测想象，培养思维的直觉性

思维的直觉性是指未经逐步分析，迅速对问题的答案作出合理的猜测，联想或突然领悟的思维，常常借助直觉来完成发现、发明和创造。在教学过程中，经常会碰到一些学生突如其来的而又说不出理由的答案。这是学生思维的直觉性萌发和表达的一种体现，教师应该灵活运用多媒体计算机，培养学生创新思维的直觉性。

例如，在《圆柱体的体积练习》一课中，有这样一道题："一圆柱的侧面积为414.48平方厘米，底面半径为6厘米，求这个圆柱体的体积。"一位同学的列式为$414.48 \div 2 \times 6$。但是，他却说不出解题的道理。笔者知道他已经无意中动用了直觉思维，在这个创造性的火花闪现的时候，只有多媒体才能更好地完成这位同学思维过程的呈现。笔者利用多媒体技术将圆柱进行切割、分解，再拼合成一个近似的长方体（如下图）。显然，这个长方体的底面积已变成$\frac{1}{2}S$侧，高为R，因此，用$\frac{1}{2}S$侧$\times R$的方法是合理的。这样就使学生不能用言语表达的思维过程，具体、直观、高效地表现出来。

（二）鼓励学生创新，培养思维的发散性

大凡创新，总是不满足于原有状态，不依常规，用新方法或途径去分析和解决问题。在教学中，教师应鼓励学生不满足于问题的唯一正确答案，引导学生就同一问题从不同角度出发进行思考，从而大胆创新，提出新的方法，开创不同方面的思维能力，一个人对所给定的问题产生可供选择的解决方案的种类越是不同，他解决那个特定问题的灵活性也就越大，就越能培养学生创新思维的发散性，多媒体具有设备一体化、信息表征多元化的特征，对完成鼓励学生创新，培养学生思维的发散性这一任务，具有得天独厚的优势。

例如，在教学"8"这个数的概念时，课堂中学生四个一组围坐一桌，教室当中放一张长桌，桌上放着 7 套餐具，教师先让学生选出 7 人到桌边"就餐"。接着来了个"饥饿者"，7 个小朋友请"饥饿者"入席，在餐桌上多加了套餐具。这时教师问学生："现在有几把椅子，几套餐具，几个人？"答案是 8，于是得出 7＋1＝8。教师接着讲了"8"的写法，并问："8"像什么？学生说"8"就像雪人、像蛇、像高速公路上的交叉点等。随着学生的举例，多媒体闪现图像，多个学生不仅说了答案而且说了几个答案，这样，学生的思维是发散的，并且发散得很广。接着教师把上面的活动抽象一步，多媒体上出现了 8 人围桌而坐的动画。（如下图）

此后，教师再引导学生利用多媒体设计出其他就座方案，然后请同学把方案的算式写下来。（学生设计的动画及算式如下。）

$3＋3＋1＋1＝8$

$$4+4=8$$

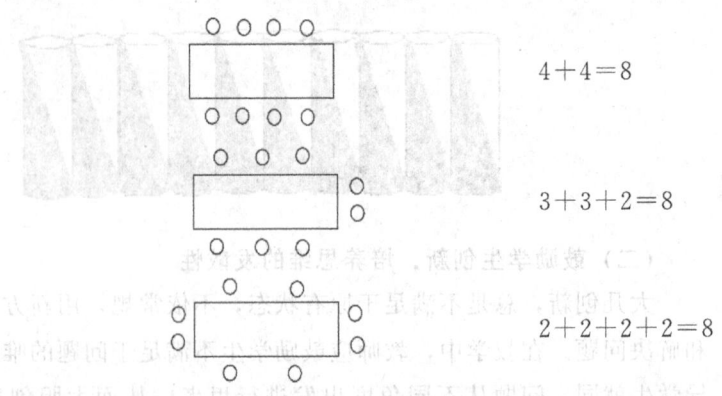

$$3+3+2=8$$

$$2+2+2+2=8$$

这样,通过多媒体动画不同方案的设计,生动再现了学生的不同思路,让大家看到了自己的创造成果,学生既学习了8的组成和8以内的加法,又发展了创新思维的发散性。

三、运用多媒体常中出"奇",培养学生的创新能力

创新能力是一种综合素质,是善于选择、重组、应用信息,能独立解决问题的应变能力和创新能力。教师合理运用多媒体,选择有用的相关信息,无疑会调动学生原有的认识结构,在常规知识中独辟蹊径,出现奇思妙想,从而推动其形成解决问题的新方法,培养学生的创新能力。

例如,在教学"圆环的面积"这部分知识时,有这样一道题:下图涂色部分是环形,内圆半径是10厘米,外圆半径是15厘米,它的面积是多少平方厘米?教师先引导学生理解一般方法,先求出外圆面积,再求出内圆面积,最后求出两个圆面积的差,列式为 $3.14 \times 15^2 - 3.14 \times 10^2 = 392.5$(平方厘米)。然后教师提出圆环面积能用其他方法算出来吗?这时教师利用多媒体把圆环展开,展开成一个梯形。(如下图)

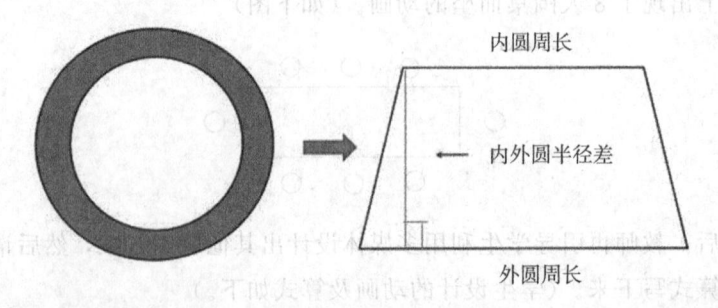

接着引导学生进行讨论,讨论中学生各抒己见,让学生打破思维定式,常中出奇,从不同的侧面、不同角度、不同途径进行思考。这时学生积极思考,勇于创新,利用外圆半径求出其周长作为梯形的下底长,用内圆半径求

出其周长作为梯形的上底长，外圆与内圆半径差为梯形的高，这样求出的梯形面积也是圆环的面积。列式为：(2×3.14×15+2×3.14×10)×(15-10)÷2=392.5（平方厘米），在此基础上，有的同学又想到，用割补的方法，把圆环展开拼成长方形，用多媒体演示如下图：

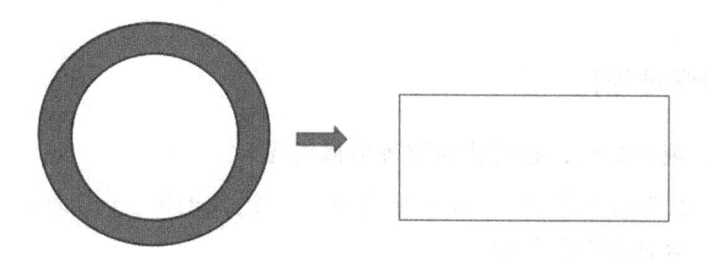

长方形的长是外圆周长与内圆周长的和除以2，宽为外圆半径和内圆半径的差，这样求长方形的面积也是圆环面积，列式为(2×3.14×15+2×3.14×10)÷2×(15-10)=392.5（平方厘米）。生动、逼真的画面，有趣的问题，学生产生了不满足感，增强了继续探索的欲望，使学生的思路向多、奇、新的方向发展，使学生能有效地打开思维的闸门，综合运用所学知识，产生创新行为。

实践证明，应用多媒体辅助数学教学是一种高效率的现代化教学手段，它可以为学生提供和创设直观形象的材料和场景，激发学生多种感官积极参与到学习活动中来，让学生在学习中始终保持兴奋、愉悦、渴求上进的状态，从而培养学生的创新意识、创新思维和创造能力，促进学生创新素质的高效发展。

第三节　课例分析

让空间观念在观察和操作中得到培养
——以《长方体的认识》为例

空间观念，主要是指对空间物体或图形的形状、大小及位置关系的认识。空间观念有助于理解现实生活中空间物体的形态与结构，是形成空间想象力的经验基础，是数学课程要培养的学生核心素养之一。空间观念的培养是一个长期的经验积累的过程，小学数学"图形与几何"领域是培养学生空间观念的重要阵地。《义务教育数学课程标准》（2022年版）指出："借助现实生活中的实物,引导学生通过观察、操作等活动,认识长方体、正方体、圆柱、圆锥等立体图形的特征,沟通立体图形之间的联系,增强空间想象力。"由此可知,观察和操作是培养学生空间观念的重要学习路径。笔者在教学青岛版教材小学数学五年级下册《长方体的认识》时,进行了如下尝试。

【教学过程】

一、观察变化,在转化中培养空间观念

师:数学离不开想象,请大胆想象,一个点向同一个方向运动一段距离,它的运动轨迹是什么?

生:一条线段。

(教师课件动画出示:● ⇨ ｜,学生观察)

师:一条线段向同一个方向运动一段距离,它的运动轨迹是什么?

生:一个长方形。

(教师课件动画出示:｜→■,学生观察)

师:这个面向同一个方向运动一段距离,它的运动轨迹是什么?

生:立体图形、长方体。

(教师课件动画出示:■→■,学生观察)

师:这个立体图形是长方体,长方体和点、线、面有关,长方体在生活中随处可见,说一说,你在哪里见到过长方体?

生:冰箱、粉笔盒。

师:大家都有一双善于发现的眼睛,请认真观察这些生活中的长方体(课件出示情境图):

师：你能提出什么数学问题？

生：长方体有哪些特点？

师：今天这节课我们就来认识"长方体"。（板书课题：长方体的认识）

【思考】长方体的认识是学生学习其他立体图形的基础，它从平面图形过渡到立体图形，对于学生空间观念的发展是一个质的飞跃，学生在空间方面的认识从二维发展到了三维。虽然说长方体在学生的身边随处可见，但是要发现它的特征，还是不怎么容易的，特别是对于那些构建空间观念能力薄弱的学生来说，是比较难理解的。因此，课一开始，借助学生已有的经验，在想象中由点到线到面再到体，通过课件展示由一维转化到二维，由二维转化到三维，通过动画吸引学生观察，平面图形一旦转化成立体图形，平面图形就可以帮助学生刻画立体图形，在这一过程中，转化就成了培养空间观念的一个路径，在教学中，可以设计丰富的转化活动，将平面图形通过平移得到立体图形，让学生边观察边想象，从而培养空间观念。接着，在观察生活中的长方体的学习过程中，体会到身边处处有数学，感受图形学习的价值，提高数学学习的兴趣和学好数学的自信心。

二、观察模型，在探究中培养空间观念

首先，教师出示探究指导（一）：每个小组在学具筐中，任意选择两个长方体模型，仔细观察、比较。思考：它们有什么相同点？（5分钟后看谁能够有条理地汇报清楚）

师：下面请同学们根据"探究指导"开始观察、探究，各小组边观察边整理发现，把发现写在卡片上，然后分一分类。

（学生观察、探究，教师巡视了解学情）

然后分类展示：

师：哪个小组愿意展示你们的发现？（一组学生上台）

师：给同学们说一说，你们在研究长方体特征的时候，把它分成了几类？

生：三类。

师：按照分类说给大家听一听。

（生说观察发现的特征，师把学生的发现贴到黑板上）

师：分三类，分别是什么？

生：分别是面、边、点。

（师先板书"面"）

师板书"棱"之前提问：请你在学具上指一指这条"边"。生指。

师：这条边是两个面相交的线段，两个面相交的线有个新名字，叫作"棱"，板书"棱"。

师板书"顶点"之前提问：请你在学具上指一指这个"点"。生指。

师：这个点是三条棱相交的点，它也有个新名字，叫作"顶点"。

师：这个小组特别会学习，请掌声鼓励！请大家仔细看一看，有不同的请上台补充展示。（生上台补充展示）

接着，探究面的特征。

师：老师就听你们的，咱们就从这三个方面来研究长方体，先来看"面"。（师指下面学生通过观察发现贴在黑板上的卡片）

| 六个面。 | 每个面都是长方形。 | 对面的面积相等。 |

师（指学生发现的特征）：这"六个面"谁来数一数？

生拿着长方体学具数。

师：他转着有序数出了六个面，能不能像老师这样用"上面"这样的词语再来数一遍。

生用"上面""下面"等词语边说边数。

师：他又有序地数了出来，你喜欢哪种方法？

生：用数学语言有序地数。

师：说得真好！用数学语言有序地数能够更清晰！根据长方体的面的位置，我们说前面和后面相对，左面和哪个面相对？

生：右面。

师：上面和哪个面相对？

生：上面和下面相对。

师：长方体有几组相对的面？

生：三组。

师：说一说，有哪三组相对的面？

生：上面和下面相对，左面和右面相对，前面和后面相对。

师：数学是一门严谨的学科，我们接着来看下一个观察发现的"每个面都是长方形"。说一说，哪几个面是长方形？

生：上面是长方形，下面是长方形，左面是长方形，右面是长方形，前面是长方形，后面是长方形。

师：他的思维很有条理，还有不同的看法吗？

生：有两个面是正方形，在相对的位置上。

师：通过这几个同学的合作说周全了，长方体的面是长方形，有时有两

个相对的面是正方形。(板书：面是长方形，有时有两个相对的面是正方形)

师：谁来解释这一条发现的"对面的面积相等"？

生1：上面和下面相等，左面和右面相等，前面和后面相等。

生2（指学具）：因为上面长方形的长和下面长方形的长相等，上面长方形的宽和下面长方形的宽相等，所有上面和下面相等。

师：他的思路很严谨，用长方形的特点推理出了相对的面相等。大家说的相对的面相等是指什么相等？

生：面积相等。

师：相对的面的面积相等，形状呢？

生：形状相同。

师：面积相等，形状相同，就说明它们"完全相同"，也就是说"长方体相对的面完全相同"。板书：相对的面完全相同。

师生小结：我们对面的几个特征进行了研究，现在来梳理一下。请看大屏幕。(师播放课件，得出结论：长方体有6个面，它们是长方形，有时有两个相对的面是正方形，相对的面完全相同)

师：大家很善于观察，如果从一个方向观察一个长方体，最多能同时看到几个面？

学生观察如右图的长方体。

生：最多能同时看到三个面。

【思考】观察是我们直接用自己的眼睛、耳朵等各种感觉器官从外部世界获得信息，并把它变为认识的过程。俄国著名的生理学家巴浦洛夫在他的实验室里贴上"观察、观察、再观察"作为座右铭，可见观察的重要性。上述教学中，在"探究指导"的指导下，让学生明确观察的对象、观察的内容、观察的时间、观察的要求等"四个明确"，让学生带着问题去观察，边观察边思考。观察后，采用分类汇报的方法，先把长方形的特征分三类："面、边、点"，再引导学生用数学语言表述。

关于"面"的探究，先通过观察发现有"6个面"，再数"6个面"，再用数学语言有序地数"6个面"，然后理解相对的面、最后知道长方体有三组相对的面，层层递进、步步深入。对"面"这一特征的探究按照"看看——数数——分析——总结"的顺序进行，这一特征的获得，经历了观察、发现、汇报、补充、深思、提炼的过程。这样，突出了重难点、借助观察和操作，通过生生、师生间质疑补充并不断地修改、完善，最终形成概念，让长方体通过面"立"了起来，发展了空间观念。

三、两次操作，在拼搭中培养空间观念

首先，师出示"探究指导（二）"：在学具袋中，选择合适的小棒，用三通头连接，每个小组搭一个长方体，观察搭成的长方体框架。思考：（1）一共用了几根小棒？按照长度分成了几组？每组几根？（2）长度相等的小棒放在了什么位置？（4分钟后看谁能够有条理地汇报清楚）

然后，学生用学具操作，教师巡视了解学情。

接着，探究"棱"的特征。

师：谁来说一说在拼搭的过程中有什么发现？

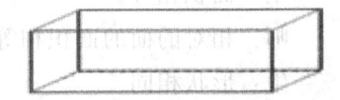

生展示拼搭的作品（如右图）。

生：用了三组小棒，蓝色的4根一组，红色的4根一组，绿色的4根一组。一共用了12根小棒。

师：12条棱，分成了蓝、红、绿3组，谁来数一数？

生指着学具边数边说。

师：他数得有序，说得有条理。长度相等的4根小棒放到了什么位置？

生（拿着学具指）：放在了相对的位置。

师：也就是说相对的四条棱的长度相等。

师生小结：我们来梳理一下，请看大屏幕。（师播放课件，得出结论：长方体有12条棱，可以分成3组，相对的4条棱的长度相等）

再探究"顶点"的特征。

师：我们接着研究顶点，长方体的顶点其实指的是用小棒拼搭长方体的什么位置？

生：顶点是三通头的位置。

师：谁能拿着长方体框架数一数？

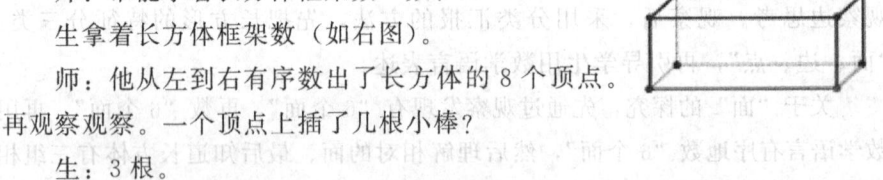

生拿着长方体框架数（如右图）。

师：他从左到右有序数出了长方体的8个顶点。再观察观察。一个顶点上插了几根小棒？

生：3根。

最后，探究"长、宽、高"的特征。

师：真善于观察，再来看这个长方体。（师出示其中一组学生拼搭成的长9厘米、宽4厘米、高6厘米的长方体框架。如下图）这个长方体的12条棱中分别有几个9厘米、几个4厘米、几个6厘米？

42

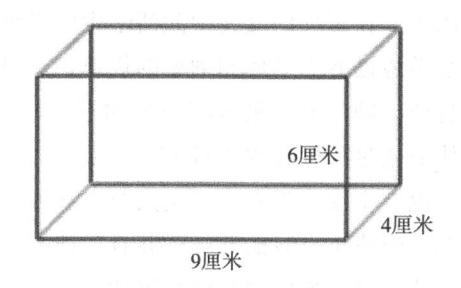

生：分别有 4 个 9 厘米、4 个 4 厘米、4 个 6 厘米。

师：如果退掉一些棱，还能想象出退掉的棱中一条棱是几厘米吗？

师引导学生操作：利用拼搭成的框架先退掉几个 4 厘米（是宽的）。

生：退掉的一条棱是 4 厘米。

师：你是怎么知道的？

生：相对的 4 条棱的长度相等，保留的一条长 4 厘米，那么退掉的三条棱，其中的一条棱的长度都是 4 厘米。

师再引导学生操作：再退掉几个 9 厘米（是长的）。

生：刚退掉的一条棱是 9 厘米，因为相对的 4 条棱的长度相等，保留的一条长 9 厘米，那么退掉的三条棱，其中的一条棱的长度都是 9 厘米。

师再引导学生操作：最后，退掉几个 6 厘米（是高的）。

生：刚退掉的一条棱是 6 厘米，因为相对的 4 条棱的长度相等，保留的一条长 6 厘米，那么退掉的三条棱，其中的一条棱的长度都是 6 厘米。

师（师指着退后的拼搭，如下图）：同学们，这就是长方体的长、宽、高，而且还相交于一点，所以说，相较于一个顶点的三条棱的长度，分别叫作长方体的长、宽、高。

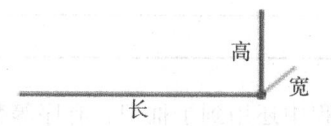

师：要想确定长方体的大小，要知道什么？

生：要知道长、宽、高。

师：至少要知道几组长、宽、高？

生：至少要知道一组长、宽、高。因为相对的四条棱的长度相等。

【思考】上述教学，经历了两次操作，第一次是小组通过合作拼搭成一个长方体，这一次是由图形的一部分到图形的整体，从正方向认识图形，建立表象。第二次是从长方体框架中去掉棱，这一次是由图形的整体到一部分,从反方向认识图形,在正反的交替中激活学生的思维,建立清晰的几何表象。这一片段的教学遵循着由具体到抽象的规律,通过操作,借助拼搭成的长方体框架认识特征。师生努力展开了三重对话,一是人与操作的对话,即学生说在拼长方体框架过程中发现的特征。二是人与他者的对话,有师问生答,有生讲生听,也有生展示生看。三是人与自我的对话,生拿着长方体框架边数边说边思考,形成了自我的共鸣。并且,通过"追问"引导学生深刻思考。如在学习"棱"时,追问"长度相等的4根小棒放到了什么位置?"使学生思维活跃、深入思考,进而得出"相对的棱的长度相等"。课堂的自由度大、操作的探究深、知识延展度广,让彼此间产生深刻的共鸣,让课堂产生了巨大的生命活力,让空间观念得到了充分发展。

四、观察梳理,在归纳中培养空间观念

师:通过上面的学习,我们知道了长方体的一些特征,仔细观察这个长方体(如下图),谁来说一说。

生说师课件出示(通过把下面的表格补充完整加以梳理)。

名称		长方体
面	个数	
	形状	
棱	条数	
	长度	
顶点	个数	

师:我们在学习过程中还用到了推理、有序等数学思想方法。

师:其实,我国古代对长方体就有了深入研究,请看微课(播放微课:《九章算术》是我国古代数学名著,它共收有246个数学问题,分为九章,在第五章"商宫"中利用有关长方体的知识解决了很多问题,它在几何学中的研究比西方早一千多年。古希腊数学家欧几里得所著《几何原本》第十一卷"立体几何"中定义,立体有:长、宽、高)。

师:看了之后有什么感想?

生:我国古代的人们真聪明,感到自豪,要好好学习,天天向上。

师：我们可以把本节课学习的知识整理成思维导图，请看：

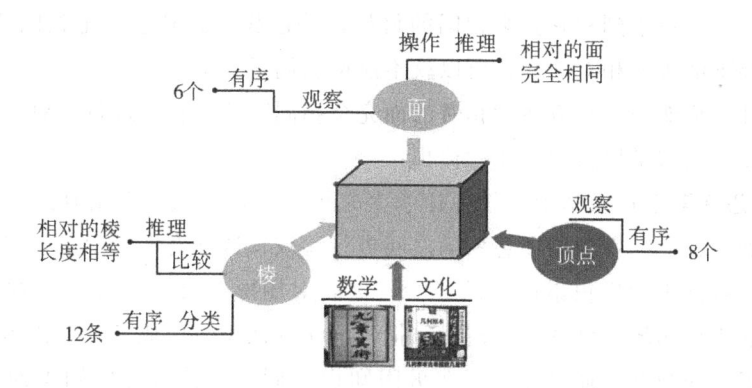

【思考】 上述教学，通过观察，对学习内容中规律性的东西归纳总结，一是构建面、棱、顶点等方面的知识性体系，增强了空间想象能力；二是梳理数学思想方法，拓宽了培养空间观念的路径；三是渗透数学文化，传播了数学中的优秀传统文化，了解了古代对空间观念的培养。这一过程的观察归纳，具有针对性，针对长方体整体性的认知；具有实效性，及时对学习知识升华；具有新颖性，把本节课的知识用"思维导图"的形式制成了一个长方体，在观察"思维导图"的过程中形成了立体的认知。

五、先想后做，在想象中培养空间观念

师出示练习题：运用提供的活动材料（如下图），你能先想一想选取哪几个合适的材料可以拼成一个长方体，再做一做，验证你的想法吗？

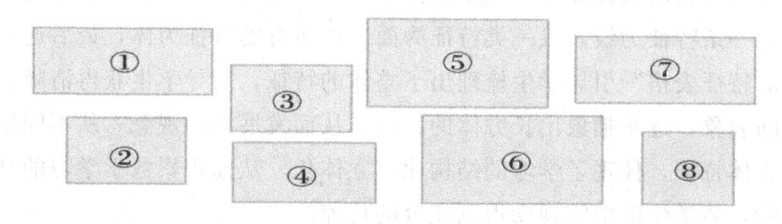

学生想、做。

生：我先想选①⑦、②③、⑤⑥这六个长方形材料可以拼成一个长方体，我又用这些长方形材料做一做，正好做成了一个长方体，说明我的想法正确。

师：你是怎么想的？

生：我想①⑦完全相同、②③完全相同、⑤⑥完全相同，长方体相对的面完全相同，所以我就选它们了。

师：你为什么不选④和⑧呢？

生：④找不到和它完全相同的材料，⑧也找不到和它完全相同的材料，它们都不能拼成相对的面，所以就不能选它们了。

师：你能根据长方体"相对的面完全相同"这一特征进行想象、推理加以判断，能够学以致用，非常棒！

【思考】上述教学中，教师让学生先想一想，尝试着做出判断，然后再做一做，在实际看到的和想象的之间进行比较，这样有助于学生积累想象的经验，有助于学生积累操作的经验，提高对图形各部分特征之间的分析能力，在想象图形、做图形的同时，把碎片化的认识建构成了一个整体，进而发展了空间观念。通过练习，在巩固知识的同时，让长方体知识回归到实际，引导学生把知识转化为解决实际问题的能力。可以评价学生的空间观念培养得怎么样了，是否当堂达到了教学目标，做到了"教—学—评"的一致性；可以准确反馈信息，便于教师及时了解学情。

【案例评析】

《义务教育数学课程标准》（2022年版）指出："积累观察和思考的经验，逐步形成空间观念。"由此可见，空间观念的培养是一个循序渐进、由低到高的发展过程。在教学时，我们要重视鼓励学生主动参与，动手实践，充分发挥学生的主体作用，充分发挥观察、操作的作用，调动学生的多种感官，在亲历中丰富表象，在思考中丰富认知，例如，"长方体的认识"教学，让学生充分利用长方体学具观察、操作，以一条特征一部分的学习为"点"，以完善一条特征为线，以一类特征为面，以所有的特征为体，最后通过"长方体的特征表格"引导学生梳理出了整体的特征，引导学生获得清晰、深刻的空间表象，逐步抽象出长方体的特征，从而发展空间观念。从不同层面学习长方体特征，体现了学习的结构化、立体化，从而积累数学学习的基本活动经验，使学生的空间观念得到充分的培养。

课堂教学的"四度"追求
——以《分数除法（一）》为例

法国启蒙思想家卢梭提出"教育即生长"，生长的课堂应着眼于学生的主体发展，课堂教学做到了有力度、有深度、有广度和有完成度，就有利于促进学生的主体发展。笔者在教学北师大版小学数学五年级下册《分数除法

（一）》时，进行了如下尝试。

【教学过程】

一、板题示标导学

（一）板书课题

师（出示课前准备好的一张纸的$\frac{4}{7}$）：同学们，请往这儿看！（学生带着好奇心看教师出示的纸）这节课我们要借助它来学习分数除法（一）——分数除以整数。（师板书课题）

（二）出示目标

师：这节课的学习目标是：1.探索并理解分数除以整数的意义。2.学会分数除以整数的计算方法，并能正确计算。

生读学习目标。

【思考】学生在自学前，让他们明确本节课的学习目标，激发学习兴趣，调动学生学习的积极性，能够主动围绕目标探究性学习。

（三）自学指导

师：目标明确了，有没有信心达到？

师：要达到目标，需要大家自学，请"自学指导"来帮助我们。

（课件出示）自学指导：认真看课本25页至26页"试一试"前面的内容，重点看方框内的折纸和对话，并在书上涂一涂和填空。思考：1.分数除以整数的意义和整数除法的意义相同吗？2.除法算式是怎样转化成乘法算式的？3.分数除以整数的计算方法是什么？5分钟后，比一比谁能把例题讲清楚，并会做与例题类似的题。

指一生读。

【思考】揭示目标后，教师出示"自学指导"，这样学生在自学时能够做到心中有数，在自学的过程中有针对性，提高了学习效率。本"自学指导"体现了"五个明确"，即明确时间、内容、学习方法、达到的标准和检测的方法及要求。

二、看一看

师：自学竞赛现在开始，比一比，谁坐姿最端正，看得认真，能把书上的空填正确。

生在"自学指导"的指导下看书，师巡视，确保每位学生都在紧张地自学。

【思考】课前不预习，不增加学生课外负担，所有任务均在课内完成。自学也是一种竞赛，学生自学的积极性因为"自学指导"的具体明确而被极大地调动起来。这样的训练，既培养了学生良好的学习习惯，又教会了学生学习的方法，提高了自学能力。

三、说一说

师：看完的请举手！（生举手）看会的请把手放下！敢不敢上台汇报自学成果？

生：敢！

师：谁来汇报课本中的第（1）题？

师（指刚才贴在黑板上的纸）：这是一张纸的$\frac{4}{7}$，请借助它。

生1：我汇报的是课本中的第（1）题：把一张纸的$\frac{4}{7}$平均分成2份，每份是这张纸的几分之几？大家看这张纸，$\frac{4}{7}$里有4个$\frac{1}{7}$，平均分成2份，每份是2个$\frac{1}{7}$，是$\frac{2}{7}$。（生边说边涂）列式是：$\frac{4}{7}÷2=\frac{2}{7}$。我发现分数除以整数的意义与整数除法相同，都是平均分成多少份，求一份是多少。大家还有什么疑问吗？大家还有要补充的吗？

生2：我想补充一下，$\frac{4}{7}÷2$可以分母不变，用分子4除以2得2，最后得$\frac{2}{7}$。

师：大家明白了吗？（明白了）掌声送给他们！（生鼓掌！）

师：谁来汇报一下课本中的第（2）题？

师：这是一张纸的$\frac{4}{7}$（师再贴一张纸在黑板上）。

生3：把一张纸的$\frac{4}{7}$平均分成3份，可以这样分（生在黑板上贴的纸上画），每份是$\frac{4}{7}$的$\frac{1}{3}$（在纸上涂一份），用算式表示是$\frac{4}{7}÷3=\frac{4}{7}×\frac{1}{3}=\frac{4}{21}$。大家还有什么疑问吗？

生4：你是怎么把$\frac{4}{7}÷3$转化成$\frac{4}{7}×\frac{1}{3}$的？

生3：大家再往纸上看，$\frac{4}{7} \div 3$就是把$\frac{4}{7}$平均分成3份，求每份是多少，相当于求$\frac{4}{7}$的$\frac{1}{3}$，我们以前学过$\frac{4}{7}$的$\frac{1}{3}$列式为$\frac{4}{7} \times \frac{1}{3}$，这样就转化成了乘法。

生3：大家还有什么疑问吗？

生5：$\frac{4}{7} \div 3$用被除数的分子除以3可以吗？

（生3犹豫）

师：是你来回答还是请同学帮助？

生3：我来回答。不可以，因为分子4÷3除不尽。

师：看来，分母不变，用被除数的分子除以除数作分子的方法是一种特殊情况，不是一般方法。老师还有一个疑问：用第（2）题的方法做第（1）题可以吗？

生6：可以。$\frac{4}{7} \div 2$就是求$\frac{4}{7}$的一半，相当于求$\frac{4}{7}$的$\frac{1}{2}$，列成算式是$\frac{4}{7} \div 2 = \frac{4}{7} \times \frac{1}{2}$。

生3：大家还有什么疑问吗？

生7：分数除以整数应怎样计算？

生8：我发现，除以一个整数（零除外）等于乘这个整数的倒数。

师：你验证了吗？

生8：我验证了。在刚才自学时，做课本上的"填一填、想一想"就是验证。

师：大家同意吗？（同意）他发现了分数除以整数的计算方法，师边说边板书：[除以一个整数（零除外）等于乘这个整数的倒数。]

生3：大家有什么疑问吗？

生9：为什么要零除外呢？

生10：零不能作除数。

【思考】这一环节展示了不同学生解决问题的过程（怎么想的）及方法（怎么做的），解决了学生的困惑。教师当主持人，把表现、展现的机会让给学生，充分发挥学生的主体作用，利用原生态的、自然生成的教学资源解决了问题。

四、考一考

师：学会的请举手，（生举手）敢不敢接受挑战？

生：敢！

师出示：

（课件出示）考一考：$\frac{8}{9} \div 4$　　$\frac{4}{15} \div 12$

师提板演要求：板演时要认真书写，字的大小要适中。两名学困生上台板演。其余同学在下面做。

【思考】板演是一种书面练习，其最容易暴露理解、运用知识方面存在的问题。让学困生板演暴露出来的问题最多、最具有典型性。能够发现问题，才能解决问题，才能上好课。

五、议一议

（一）更正

师：下面的同学做完后检查一下自己做的，检查后，再看黑板上同学做的，有不一样的可以举手。

师请学生上台更正。

板演、更正情况如下：

第1题：板演：$\frac{8}{9} \div 4 = \frac{8 \div 4}{9} = \frac{2}{9}$

更正1：$\frac{8}{9} \div 4 = \frac{8}{9} \div \frac{1}{4} = \frac{2}{9}$

更正2：$\frac{8}{9} \div 4 = \frac{8}{9} \times \frac{1}{4} = \frac{2}{9}$

第2题：板演：$\frac{4}{15} \div 12 = \frac{4}{15} \times \frac{1}{12} = \frac{4}{180} = \frac{1}{45}$

更正：$\frac{4}{15} \div 12 = \frac{\overset{1}{4}}{15} \times \frac{1}{\underset{3}{12}} = \frac{1}{45}$

（二）议一议

师：请看第1题。

同意白粉笔同学做对的请举手？（生举手，师画√）

同意第一次更正对的请举手？（学生都不举手，师画×）

师：错、错在哪儿？

生1：他没有把除号变成乘号。

同意第二次更正对的请举手？（生举手，师画√）

师追问1：以上两种方法都对了，比较一下，有什么不同？

生2：一种是用被除数的分子直接除以除数作商的分子，一种是用被除数乘除数的倒数来做。

师：请看第2题。

同意白粉笔同学做对的请举手？（生举手，师画✓）

同意更正对的请举手？（生举手，师画✓）

师追问2：这两位同学都做对了，比较一下，有什么不同？

生：一种过程中约分，一种在结果约分。

师：你喜欢哪种情况？为什么？

生：我喜欢过程中约分，因为这样做简便。

师（指黑板上的板演和更正，在第一题"更正2"和第二题"更正"的第一步下面画横线）

师追问3：大家看做对的这几道题的第一步，是怎样计算分数除以整数的？

生：除以一个整数（零除外）等于乘这个整数的倒数。

师追问4：分数除以整数的题目在计算时应该注意什么？

生：能约分的要约分。

生：转化时除号要变成乘号。

生：除数要变成它的倒数。

师随学生的回答在板书的"倒数"二字下面加着重号。

（三）评价

师：我们看前面一题的做题情况，可以得多少分？100分

我们看后面一题的做题情况，可以得多少分？100分

我们再看他们谁做得规范，最认真，得"★"。

师：现在批改一下自己的做题情况。（生批改）

师：全对的"举手"。

生举手，师统计正确率。

（四）小结

师：想一想，这节课你学会了哪些内容？

【思考】这是本节课的"后教"环节，"后教"不是教师讲，而是会的学生教不会的学生，让学生自行解决"计算技能"层面存在的问题，加深了对自学中学到知识的理解。教师非常"善问"，利用学生的更正，加强对比，引导学生互教，并形成了概括性、规律性的结论。

六、练一练

师：这节课的内容谁掌握了，请举手，下面开始"练一练"，看谁做得

又对又快又认真。

(课件出示)课堂作业：课本 26 页第 1、2 题　练习：课本 26 页第 3 题。学生把作业做在作业本上，师目光巡视。

【思考】出示"作业题"和"练习题"进行"当堂训练"。"当堂训练"的时间充足，全班学生能够当堂完成作业和练习，效率高、效果好。

【案例评析】

《义务教育数学课程标准》(2022 年版)指出："有效的教学活动是学生学和教师教的统一。""学生的学习应是一个主动的过程。"这说明数学课堂教学是动态的、生成的、立体的、互动的、发展的、注重过程的。本节课主要在以下几个方面给予体现。

一、学习主体追求力度

《义务教育数学课程标准》(2022 年版)指出："提高学习数学的兴趣，建立学好数学的信心。"在课堂教学中，就是要引导学生紧张、投入、有激情、劲头十足地学习。首先，教师把教材放手给学生，让学生在"自学指导"的指导下看书自学，给学生充足的自主学习时间，充分体现了"学生是数学学习的主人。"其次，教师用信任增强学生学习的自信心。当学生质疑："$\frac{4}{7} \div 3$ 用被除数的分子除以 3 可以吗？"时，生 3 犹豫，也是在思考，老师问："是你来回答还是请同学帮助？"生 3 自信满满地说："我来回答。不可以，因为分子 4÷3 除不尽。"学生一句响亮的"我来回答！"展现了一种学习中的豪迈，真正实现了"我的课堂我做主"。

二、汇报交流追求深度

在汇报交流时追求的深度，是从学生感性层面上的学习，到引导学生进行理性层面上的知识提升；从个体的罗列到总体的对比升华，总结规律。本节课在汇报交流第二个问题："把一张纸的 $\frac{4}{7}$ 平均分成 3 份，每份是这张纸的几分之几？"时，学生汇报计算方法之后，学生质疑："$\frac{4}{7} \div 3$ 用被除数的分子除以 3 可以吗？"学生回答"不可以"后，教师及时点拨并追问："看来，分母不变，用被除数的分子除以除数作分子的方法是一种特殊情况，不是一般方法。老师还有一个疑问：用第(2)题的方法做第(1)题可以吗？"学生回答后再总结出分数除以整数的一般计算方法："除以一个整数(零除外）等于乘这个整数的倒数。"这样的教学，学生自然而然地知道什么方法是特殊情况、什么方法是一般方法，并且知道"为什么"。这不是把学习停留在表面，而是凸显了学习的深度。

三、更正讨论追求广度

广度就是让学生充分展现自己的思维、充分暴露自己的问题；让学生在讨论中形成技能，掌握做题经验，注意易错点。本节课，教师在学生板演时台下巡视，收集课堂上学生中生成的教学资源，让学生充分地上台更正，在更正中提高课堂教学的参与度，为"议一议"环节提供充足的教学资源。在"议一议"环节，教师进行了4次追问。追问1："以上两种方法都对了，比较一下，有什么不同？"这是计算方法的比较；师追问2："这两位同学都做对了，比较一下，有什么不同？"这是约分的对比，在对比中优化算法；追问3："大家看做对的这几道题的第一步，是怎样计算分数除以整数的？"这是计算方法的提升；追问4："分数除以整数的题目在计算时应该注意什么？"这是细节的关注。这一环节容量大、有提炼，知识点多、有重点，恰当利用教学资源、有灵动。

四、当堂训练追求完成度

完成度就是让全班学生当堂完成"当堂训练"，当堂完成作业。这样做好处有三：一是严格训练，培养学生运用新知识的能力。二是检测每位学生是否都当堂达到了学习目标，做到"堂堂清"。三是便于教师准确地了解学生的学情，课外有针对性地引导学生更正，进行必要的辅导。

操作让思维灵动起来
——以《角的初步认识》为例

一位教育家说过："儿童的智慧就在他的手指尖上。"对于低年级学生来说，语言表达能力和理解能力都不强，直观操作正可弥补学生对话交流中表达不清、理解不深的缺陷。因此，尽可能地多为学生提供些实际操作的机会，调动学生多种感官，让学生动手、动脑、动口，使学生通过操作思维灵动、深度学习，并在操作中理解深化巩固知识。在《角的初步认识》教学中，笔者就大胆尝试让学生最大限度地动手操作，使学生在游戏性的操作过程中发现问题、提出问题并解决问题，组织学生进行自主参与式的学习。下面就结合青岛版二年级上册第三单元《角的初步认识》一课，谈谈一些想法和体会。

【教学过程】

一、教学片段一——情境找角

师：同学们，今天我们将要学习的这个图形一开始就给你捉起了迷藏，它是谁呢，瞧！（教师板书：角）对了，就是它，它就在我们的教室里，它们到底躲在哪儿？是什么样子的？我们一起把它们找出来，游戏开始啦，比比看谁找得多。

（学生的兴趣很高，特别开心地寻找）

生1：电视上有角。

生2：黑板上有角。

生3：窗户上有角。

生4：教室的门上有角。

生5：老师，你的脸上有角、衣服上有……

生6：桌子上有角……

师：真好，同学们都有善于发现的眼睛，在生活中，角无处不在。在数学中到底角是什么样子呢，这节课我们来共同研究吧。（揭示课题：角的初步认识）

【思考】笔者认为，教材只是为我们提供了一个教学的手段，用教材不能被教材所束缚，在不摆脱教材编写意图的前提下，应该用活教材。其实在我们的生活中角无处不在，可以把目标转移到我们的身边。本教学片段采用了学生乐于接受的方式——"游戏"来导入新课，让学生在新颖有趣的氛围中进入新知的探究，同时找到生活与新知的衔接点，就是物体的表面中都藏着角。通过游戏，使学生对本课的知识充满了好奇，充满了欲望。其实学生找的可能是角，可能不是角，老师没有很明确地给予回复，留下小小的悬念未尝不是好事，让他们通过本课的学习自己去确定好了。

二、教学片段二——结合图形感知角

师：请同学们拿出信封，看看里面是什么礼物。

师：请同学们分一分，可以分成几类？

(通过操作和比较，学生分成了有角和没有角两类)

师：请同学们拿出三角形，摸一摸这些角，你有什么感受吗？

(教师点拨示范)

生1：这些地方的这儿扎人，尖尖的。

(师举起一个角给同学们演示，学生迫不及待地去摸，体验这种感觉)

生2：这儿很滑，也很直。

生3：这里也是很滑，直直的。

……

(学生纷纷用手去体验，验证这些同学的说法，得到充分的肯定)

【思考】 本片段教学，当学生说出这个地方尖尖的、扎人和这里很滑很直时，教师并没有直接地告诉学生"这个地方"在数学中叫什么名字，让学生体会到它们是角的组成部分就好了。笔者认为，没有必要这么过早地理论化，名称固然重要，但更重要的是它的特点，学生有对"这个地方"的直接感知和理解，就让他们带着这个疑问，懵懂地去继续探究，去通过自己的操作继续加深印象吧。这不仅是使学生的感官发挥了作用，思维得到了升华，更重要的是留下了对角的最初的感觉，也培养了学生手脑并用的能力和对事物的感知能力。

三、教学片段三 —— 魔术游戏创造角

师：同学们看，玩一个魔术怎么样啊，我们也来一个见证奇迹的时刻。这是你们刚才分出来的没有角的纸片，你能想办法用它折一折，变出角来吗？

(学生很投入地进入自己的思维空间，努力地创作，在组内炫耀着)

生1：我变出来了，我就这样折了两次。刚才我摸的角就是这样子的，这儿尖尖的，这儿很直。

生2：看我的，我折了好几次，这个尖尖的地方很尖很尖。

生3：我也变出来了，我发现我变的比刚才的生2的角胖。

生4：我发现我的角不胖也不瘦。

……

师：你们说的胖瘦就是角大角小的问题，那么用一张纸片，折的次数越多，折的角是更大了还是更小了？

生5：更小。

【思考】 当提到魔术两个字，学生们的两眼就放光了，更别说让他们动手了，看到学生乐于思索，努力探讨的样子，教师就能够真正地感受到操作

给学生带来的无限乐趣,也真正体会到"儿童的智慧就在他的手指尖上"这句话的含义。这是没有任何压迫的学习,完全是学生自主参与式的学习。学生自主探究的样子,在小组内炫耀成果的表情,使学生身心都得到了不同的发展,不但拓宽了知识,同时也发展了数学的思维。

四、教学片段四 —— 根据感觉画角

师:通过折叠的次数不同,我们可以折出大小不同的角。那么,你能根据你所掌握的有关角的知识画出一个角吗?试试看吧。

(学生在努力的创作中,一边回忆,一边观察,很有成就感地在组内展示)

师:我很期待你们的作品,会是什么样子呢?来吧,炫耀一下。其余的同学来当小老师,如果你发现有问题可以及时地指出来。

(教师通过刚才的巡视,找几个有代表性的展示)

生1:(展示一个顶点不是尖的角)

生2:你的不对,这里应该是尖尖的,我们刚才不是摸的吗?

生3:(展示一条边不是很直,没有用尺子画)

生4:你没有用尺子画吧,怎么边不直呢,应该是直直的边。(协助更正,强调要借助直尺)

生5:(展示画了一个三角形)

生6:他画的不是一个角,而是三个角。

师:你能指出来是哪三个角吗?怎样变成一个角呢?

生6:擦去一条边。(协助完成,确定是一个角)

生7:(展示一个很标准的角)

师:通过老师刚才的巡视观察,我来把刚才同学们画的角展示出来:

师:这就是刚才你们说的尖尖的和很滑很直的地方,(教师指出来)它们在我们数学上都有自己的名称。也就是说,两条直直的线连在一起形成一个尖尖的点就组成了一个角。我们把这两条直直的线叫作这个角的边,把这个尖尖的地方叫作这个角的顶点。

(生分别指出来)

师:在角的上面板书:顶点,边,边。

【思考】心有多大,舞台就有多大。本教学片段放手给学生去创造性地画角,这难不倒学生,他们通过对角的操作感知和本身的生活经验,完成了

任务。学生通过充分的合作、交流，互相取长补短，体现了以活动促发展的教学思想，享受到了丰收的喜悦。

五、教学片段五 —— 剪角数角

教师出示题目：一个长方形剪去一个角，还剩几个角？

教师鼓励学生，动手试一试，动脑想一想，在小组内说一说。

学生班内汇报剪的方法，很是积极踊跃，炫耀自己独特的各种方法。

学生的方法很多（如下图）：

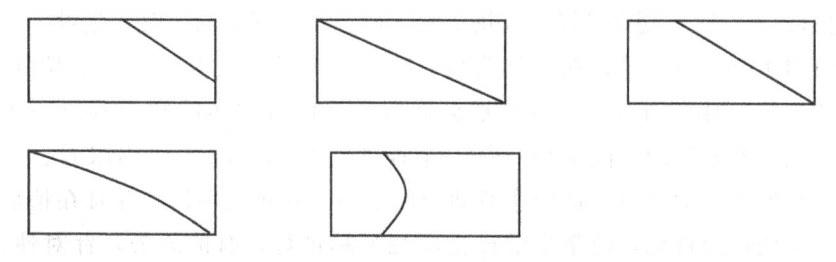

教师总结学生们的方法，有剩下1个角、2个角、3个角、4个角、5个角的，分别粘贴在黑板上做出板书。

这时，一个学生好像忽然发现了新大陆一般，站起来就大声说："老师，我还想到一个谁也没有想到的方法，还可以剩下无数个角。"其余的学生都投去了怀疑的目光，眼睛瞪得老大，嘴巴里同时说出了一个字，啊……

他来到前面说出了自己的想法（如下图）：

如果再把曲折的地方变小，变成更多的弯，不就是可以有无数个角了。

【思考】课后，笔者为学生有如此丰富的想象力和创造力而兴奋！"纸上得来终觉浅，绝知此事要躬行"，没有亲身的体验又怎能把知识运用自如呢。不给学生空间，他们怎能释放创新的火花，那也只能造就学生僵化的思想。其实这也是值得商榷的一道题，但是作为老师要把大部分的时间交给我们的学生，以期待让学生的灵性得到更好的释放。

【案例评析】

现代教育主张"要让学生动手做科学，而不是用耳朵听科学"。这节课充分体现了在数学教学中让学生经历"做"的过程，以与众不同的设计、灵活的引导，将学生推上了自主学习的舞台，在操作中经历，在经历中提升。

让学生在思考、交流、倾听、争论和发现中学习数学知识，充分发挥了学生的主体作用，体现了在学生原有生活经验和认知的基础上进行学习的建构主义教学理念，特别关注了以下几点：

一、操作活动注重创设情境、明确目标

"创设情境"是数学教学常用的策略，它有利于解决数学的抽象性和小学生思维的具体形象性之间的矛盾。数学教学要紧密联系学生实际，要善于设疑，激发学生操作探究的兴趣，引发学生主动操作的欲望。本教学案例在"揭示课题"时，创设了捉迷藏找角的情境；在"感知角"时，创设了给信封内的角分类的情境；在"创造角"时，创造了变魔术折角的游戏情境；在"画角"时，创造了"你能根据你所掌握的有关角的知识画出一个角吗？试试看吧"的疑问情境。每一个操作情境都激发学生用眼看、动手做、张嘴说、动脑想，把操作活动变成了一件好玩的事情，并且在情境中明确了操作的目标，使学生的操作围绕目标进行，有的放矢，针对性强，操作效率高。

二、操作活动注重手脑并用、经历过程

如果把学生的操作活动变成简单地执行老师的任务，变成对书本的一种模仿与复制，只需手的简单运动而不激活大脑，以教师自己的教具演示代替学生的动手操作，以教师的思考代替学生的思考，那就成了"老师的脑，学生的手"。即学生只是按照老师的思路，机械地模仿，并没有真正经历知识的形成过程，操作的功效就会大大降低。与此相反，本教学案例的操作活动是"学生的脑，学生的手"，即学生按照自己的思路，主动动手操作，真正经历知识的形成过程。如在"魔术游戏创造角"活动中，学生按照自己的思路折角，有的折了两次，折出角；有的折了几次，折出角。在折角中感知角，知道角的"胖瘦"，掌握角的大小。

三、操作活动注重及时反思、总结升华

小学生解决问题的体验、感悟具有实效性，如不及时进行反思、总结，这种经验就会消退，失去感性上升到理性的机会。本教学案例中让学生画角时，出现了一个顶点不是尖的"角"、一条边不是很直的"角"、画了一个三角形的"角"、一个很标准的角等四种情况，在交流中，学生针对不同的情况争论、反思，在看似混乱的操作中，学生增加了对操作条件的辨别和对信息的批判，从中有所感悟，进而总结出角的概念和角各部分的名称，把学生感性的认识进行理性升华，真正让学生经历了知识的形成过程。

四、操作活动注重思维灵动、大胆创新

"给学生一个舞台,学生还给一个精彩。"本教学案例在剪角片段中,老师给学生一个剪角的操作机会,就出现了一串精彩地剪去一个角的方法;老师给发现新大陆的学生一个展示的机会,就出现了一个惊喜的发现——可以剪无数个角的方法。学生的思维借助剪角操作活动活跃起来,出现了灵动,闪现了创新的火花。正如周恩来同志所说:"艺术是一种创造性的劳动,用跟踪的方法是不能超越别人的。"学生在操作中没有跟着别人简单地模仿,而是各有特点,使教学活动深入、厚重、富有创造力。

美国教育家研究发现:"听,会忘记;看,能记住;做,才能会。"只有让学生带着积极、主动的心态和良好的情感开展操作活动,多一些实质性的操作和交流,多一些有助于数学思考的探究和实验,多一些对数学的充分体验和感悟,才是师生共同探究数学本质的教学活动,才有助于学生对数学本质的认识和理解,才能真正体现操作活动的有效性。

探索要让学生做主
——以《年 月 日》为例

一次,学校举行教学示范课,听一位教师执教《年 月 日》(人教版九年义务教育六年制小学数学第六册)一课,教学难点是"判断平年、闰年的方法"。在教学中,学生通过自主观察年历表发现一年中各月的天数,用自己的方法记忆各月的天数,学生学得积极主动,只是在探究"判断平年、闰年的方法"时,学生小组合作探索后,竟然没有一位同学汇报回答,致使师生一起处于无话可说的窘境。原因何在?笔者进行了思考与实践。

【教学过程】

一、教学片段一

师:我们知道了平年的二月份是28天,闰年的二月份是29天,我们来判断一下,下面的公历年份是平年还是闰年。出示表格:

年份	1989	1990	1991	1992	1993	1994	1995	1996	1997	1998	1999	2000
二月份的天数	28	28	28	29	28	28	28	29	28	28	28	29

生：1989年是平年，1990年是平年，1991年是平年，1992年是闰年，……

（生边汇报师边标出平年、闰年）

师：如果不知道二月份的天数，怎样判断公历年份哪一年是闰年呢？

（小组研究不到2分钟学生就自动停了下来）

生1：前三年是平年，第四年是闰年。

生2：平年多，闰年少。

师：大家还没有说"怎样判断公历年份哪一年是闰年"呢，谁来说一说？

（全班静悄悄，没有一位同学回答）

师不得不自己讲解：公历年份是4的倍数的一般都是闰年，如1993年不是4的倍数，它就是平年，1992年是4的倍数，它就是闰年。大家注意，这只是一般情况，还有特殊情况：公历年份是整百数的，必须是400的倍数才是闰年。如1900年不是400的倍数，它是平年，而2000年是400的倍数，它是闰年。

【思考】以上教学中，教师是重视知识的形成过程的。先根据二月份的天数判断平年和闰年，初步体验什么样的公历年份是平年、什么样的公历年份是闰年，然后再让学生探索"怎样判断公历年份哪一年是闰年"，是想让学生自主研究出"判断平年、闰年的方法"，是想把学习本节课难点的机会交给学生自己。可是，学生没有研究出来，还出现了"全班静悄悄"的窘境，这是为什么呢？是学生的探索能力差？还是教师的设计不合理，不符合学生的年龄特点及发展水平？笔者认为，探索是应该逐步完成的，不是一步到位的。首先探索要有依据材料，其次探索要有层次性，最后探索要进行归纳概括。而本片段的教学过程，给出依据材料（依据材料也不是非常充分的），就要求学生归纳概括，恰恰缺少了探索的层次性。"判断平年、闰年的方法"这么大而难的问题，直接依据材料归纳概括，有难度，教师正是忽视了这个难度，忽视了学生的发展水平，使学生无从入手，找不到问题的实质。

二、教学片段二

那么，在《年 月 日》一课中，怎样进行"判断平年、闰年的方法"这一难点的教学呢？怎样才能让学生自主探索出判断方法呢？笔者进行了教学实践尝试。下面是尝试片段。

师：二月份有28天的年份是平年，有29天的年份是闰年。请看表格，看哪一年是平年？哪一年是闰年？（出示）

公历年份	二月份的天数	平年	闰年
1989	28	(平)	
1990	28	(平)	
1991	28	(平)	
1992	29		(闰)
1993	28	(平)	
1994	28	(平)	
1995	28	(平)	
1996	29		(闰)
1997	28	(平)	
1998	28	(平)	
1999	28	(平)	
2000	29		(闰)

（说明：表中小括号内的文字是教师随着学生的回答写上去的。）

学生回答填表。

师：观察上表，你能发现平年、闰年的哪些秘密？

生1：平年多，闰年少。

生2：年份是单数的就是平年，年份是双数的就是闰年。

生3：不对！1998年是双数年份，它就不是闰年，双数的年份不一定是闰年。

生4：前三年是平年，第四年是闰年。

生5：4年当中有三个平年，一个闰年。

生6：4年当中有一个闰年。

师：通过观察我们知道，闰年的公历年份与什么关系密切？

生7：与二月份的天数关系密切。

生8：与4关系密切。

师：闰年的公历年份和4有怎样的关系呢？大家拿出笔，算一算、看一看，通过这些公历年份（师手指上表的公历年份）与4的关系，想一想怎样判断平年和闰年？

（各小组计算研讨）

小组1：1989÷4＝497……1

1990÷4＝497……2

1991÷4＝497……3

1992÷4＝498

计算后我们观察发现：前三年是平年，平年的年份除以4有余数，余数按从小到大的顺序排列着，依次是1、2、3。

小组2：平年的年份除以4有余数，闰年的年份除以4没有余数。

小组3：用年份除以4，有余数的年份是平年，没有余数的年份是闰年。

师：听了以上小组的汇报，感觉怎么样？

生：他们说得很好，听了他们的汇报，我知道用什么方法判断平年、闰年了。

师：同学们！公历年份除以4没有余数，也可以说成是：公历年份是4的倍数，这样的年份一般都是闰年。需要大家注意的是，在特殊情况下，公历年份是整百数的，必须是400的倍数才是闰年。例如，1900年除以4，商475，没有余数，它是4的倍数，但是，它除以400，商4余300，有余数，它不是400的倍数，所以1900年不是闰年是平年。

（多媒体播放：太阳、地球、月球三球旋转动画，配音解说平年、闰年的知识）

【思考】以上教学给学生提供了12个年份的年历表，材料丰富，能够发挥导向作用，是很好的一种学习支架，在此基础上，生不仅探索出了判断平年、闰年的方法，而且还有自己的新发现，起到了事半功倍的效果。

【案例评析】

对于以上两个教学片段所形成的鲜明的对比，值得我们进行认真的思考。

一、探索的问题要符合学生的发展水平

心理学研究表明：当感性输入的信息与人现有认知结构之间具有中等程度的不符合时，人的兴趣最大。这就要求教师在设置探索的问题时，充分了解学生已有的心理发展水平和知识经验，花大力气研究如何提出探索的问题和提出怎样的探索问题，问题过难或过易都不能使学生产生浓厚的兴趣，也达不到探索的最佳效果。像"教学片段一"中的问题"如果不知道二月份的天数，怎样判断公历年份哪一年是闰年呢？"学生根本完成不了，远离了学生的发展水平，不符合学生的实际情况，它不可能引发真正意义上的学生学习活动，学生的探索活动就只能是表面的、肤浅的、达不到活动目的的。只有难度适中，符合儿童的发展水平，学生通过努力能够达到"最近发展区"的问题，才可以引导学生"跳一跳，摘桃子"。像"教学片段二"中"闰年的公历年份和4有怎样的关系呢？大家拿出笔，算一算、看一看，通过这些公历年份与4的关系，想一想怎样判断平年和闰年？"这样的问题才具有挑战性，才能激发学生的好奇心、求知欲和积极的思维活动。

二、探索的过程要符合学生的认知特点

学生接受知识的过程是层层推进，步步深入的。在"教学片段二"的实践教学中，把"年、月、日"的教学难点分成两个层次来探索。第一层，通过观察发现平年、闰年的一些秘密，这是初步的探索，浅层次的认知。再由浅入深，探索到第二层：闰年的年份与4有什么样的关系？这是问题的本质。对教学难点的研究既有材料基础（表格），也有一些理论基础（与4有关系），还有层次性（两次探索），这样，学生的探索有适当的坡度，有必要的桥梁，有思维的突破口，学生的聪明才智就能得到充分的发挥，他们就可能成为学习的主人。

三、探索的结果可以是学生自己的语言表述

在"年、月、日"中有关"闰年"的教学中，有"4的倍数"这样的概念，而此时，学生还不知道"倍数"这一概念的具体含义，只有一些初步的感知，这时要让学生使用"倍数"来判断平年、闰年有一定的难度。学生在本课时的创造"用年份除以4，有余数的年份是平年，没有余数的年份是闰年"使用起来比"4的倍数"实用、活泼、轻松自如。其实说"4的倍数"，使用起来也是用年份除以4的情况来判断的，根据是否是4的倍数的特征来判断，现在学生还不具有这样的知识水平。学生的这一创造是成功地用自己的语言代替了教材中的语言，体验了一次成功的愉悦，感受到了自主探索的乐趣。心理学认为：一个人只要体验一次成功，便会激起无休止地追求意念和力量。显然，学生的创造是有利于对判断算理的理解的，可以说比机械运用课本的判断更有价值，它给笔者这样的启示：既然探索是学生的探索，那探索的结果必定是学生自己的，和教材中的说法是否一致不重要，只要是正确的就是成功的。

第四节 教学片段

创新在折纸中迸出火花
——一道判断题的讲评片段与反思

学完人教版九年义务教育六年制小学数学第七册教材之后，在举行的期末考试中有这样一道判断题："一张正方形的纸，折出它的 $\frac{1}{4}$，有3种折法。"

(　　)"在考试之后的试卷讲评中,出现了精彩的一幕,对笔者的启发很大,现摘录这一片段如下:

【教学片段】

出示题目

师:同学们!在做这道题时,你是怎么想的?

生1:我认为这道题是对的!我在考试的时候用纸折了,确实只有3种折法。

师:请把你的折法展示给大家看看。

生1(用正方形纸演示):第一种折法是:

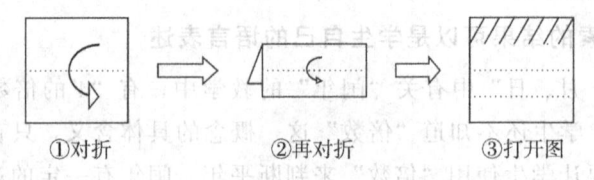

①对折　　　　②再对折　　　　③打开图

这样把这张纸平均分成了四份,每份是它的$\frac{1}{4}$。

第二种折法是:

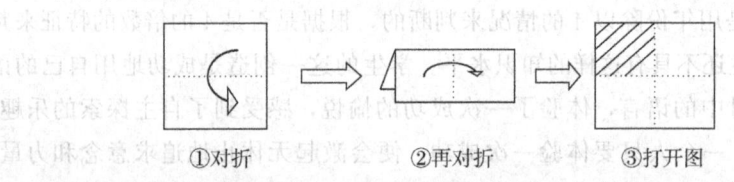

①对折　　　　②再对折　　　　③打开图

这样把这张纸平均分成了四份,每份是它的$\frac{1}{4}$。

第三种折法是:

①对折　　　　②再对角折　　　③打开图

这样把这张纸平均分成了四份,每份是它的$\frac{1}{4}$。

我试着折了好多遍,再也折不出第四种了。

师:他折得精确熟练,讲得清楚明白,还有谁想说一说?

生2:我认为这道题不对,因为在生1的三种折法之外,我还有一种折法(用正方形纸演示)。

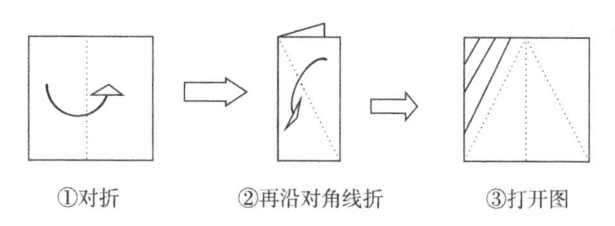

①对折　　　　②再沿对角线折　　　③打开图

这样把这张纸平均分成了四份，每份是它的$\frac{1}{4}$。

（学生鼓起掌来）

生3：我还有不同的折法（用正方形纸演示）。

①对折　　　　②再沿虚线折　　　③打开图

这样把这张纸平均分成了四份，每份都是一个小梯形，是这张纸的$\frac{1}{4}$。

（又响起了一阵热烈的掌声）

生3：我还没说完呢！（全班同学都聚精会神，目光都注视着生3，生3得意扬扬）在第二步中只要让上下两个小梯形的上底相等，这样再折就可以得到很多种折法。

（生3继续演示：）

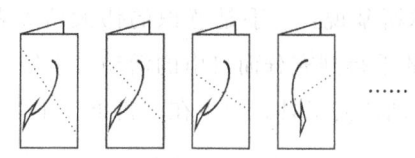

……

（同学们掌声雷动）

生4：我还有不同的折法。（用正方形纸演示）

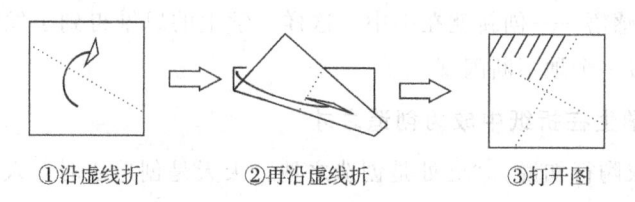

①沿虚线折　　　②再沿虚线折　　　③打开图

这样把这张纸平均分成了四份，每份是它的$\frac{1}{4}$。在折法的第一步中只要上下两个梯形的上底相等就可以得到很多种折法。

(生4继续演示：)

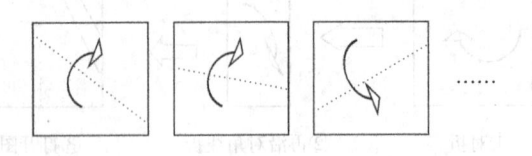

(学生情不自禁地叫起好来)

生5：我给生4补充一点，生4的打开图只要两条折痕成直角就可以了。如图：

生6：生1的第二种折法是生3的一种特殊情况。

生7：生1的第二种折法也是生4的一种特殊情况。

生8：生2的折法也是生3的一种特殊情况。

师：太好了！同学们的折法真多呀！令老师大吃一惊！每一种折法都是一个新发现。通过研究大家说这道题是对还是错？

生（整齐地）：错！

【思考】

一、创新在折纸中迸出火花

教育家苏霍姆林斯基说："手是意识的伟大培养者，又是智慧的创造者。"在折纸中学生的手得到充分而自由的活动，手使一张正方形纸变活了，一张正方形纸变成了创造的工具。学生在"折纸"中发现——一张正方形的纸，折出它的 $\frac{1}{4}$ 的众多新方法；在"折纸"中理解——折一张正方形纸的 $\frac{1}{4}$ 可以从不同的角度出发；在"折纸"中解决——这道判断题是对还是错；在"折纸"中感悟——创新就在手中。这样，学生的思维得到了发展，创新的火花一个接一个地不断闪现。

二、学生在折纸中成为创造之才

教育家陶行知说："处处是创造之地，天天是创造之时，人人是创造之才。"以上教学片段学生交流了在考试中独立折纸的所做、所思、所得。由于每一位同学都参与了"折纸"这一做数学的过程，"折纸"折出来了自己的新方法，折出来了与众不同，折出来了自己的创造，折出来了自信，折出来了有话想说，所以他们不迷信权威、不随声附和，而是敢于质疑、积极去展示自己的创造成果。这样，每一位同学都不是知识的被动接受者，而是获取知识的主动参与者，并且在参与中成为创造的主体。

三、师生在折纸中共同发展

《学记》说："是故学然后知不足，教然后知困。知不足，然后能自反也；知困，然后能自强也。故曰：教学相长也。"以上教学片段，笔者在讲评之前虽然知道所要讲评的题目是错误的，可是只知道"一张正方形的纸，折出它的 $\frac{1}{4}$ "的4种折法，而学生在讲评片段中为我们提供了多种多样的方法，笔者当时情不自禁地说："太好了！同学们的折法真多呀！令老师大吃一惊！"这是笔者对学生的赞美，这也是为笔者能在教中学而高兴！学生呢？他们互相学习，由知道"一张正方形的纸，折出它的 $\frac{1}{4}$ "的很少几种折法，到知道很多种折法，由对这道判断题的模糊不清到透彻理解，进步是看得见的。笔者欣慰地说：是折纸令我们师生共同得到了发展。

数学教学生活化
——《圆的认识》教学片段及思考

《义务教育数学课程标准》（2022年版）在"应用意识"部分指出："能够感悟现实生活中蕴含着大量的与数量和图形有关的问题，可以用数学的方法予以解决。"这就要求数学教师结合学生的生活经验和已有知识来设计富有生活色彩的活动，使学生切实体验到身边有数学，用数学可以解决生活中的问题，从而对数学产生亲切感，增强学习数学的兴趣。笔者前一段时间听一位老师讲《圆的认识》（人教版义务教育六年制小学数学第九册）一课时，对她生动的"生活数学"感触颇深。现将她教学中的一个精彩片段实录下来，与大家共赏。

【教学片段】

师：同学们你们都做过哪些游戏？

生（争先恐后）：击鼓传花；成语接龙……

师："套圈"玩过没有？

生：玩过！

师：怎样玩的？
生：把一样东西放在地上，离一段距离，拿着圈往上套。
师出示苹果和竹圈。
师：谁来玩？套准的苹果就作为奖品奖给他。
一位同学上台准备套圈。
师：让他离苹果近一点还是远一点？
生：远一点。
台上的学生站好，开始套。台下的学生数套准的次数。（套五次，准一次）
又一位同学上台套圈。
师：让他离苹果近一点还是远一点？
生：他离苹果的距离和上面的同学一样远近。
师：为什么？
生：这样公平。
台上的学生站好，开始套。台下的学生数套准的次数。（套五次，准两次）
师："套圈"游戏也可以大家一起玩，那么该如何安排同学们站的位置才能让比赛公平合理呢？同桌商量商量。
生：同学们站成一个圆圈，把苹果放在中心。
师：为什么？
生：因为这样同学们离苹果就一样远近了。
师：怎样才能站成一个圆圈呢？商量商量。（生讨论）
生1：让同学们手拉手扯成一个圆。
师：可以吗？
生2：可以是可以，就是不规则，不能保证到苹果的距离都相等。
师：还有其他方法吗？
生3：先画一个米字形，然后用笔把它围起来。
生4：还是不规则。
生5：用圆规画一个圆。
生6：画那么大的圆，哪有那么大的圆规。
生7：用一条绳子，两个同学，一个同学扯绳子的一头，站在苹果的位置，另一位同学扯着绳子转一圈。
生演示画法：

师：谁来评一评这种方法？

生8：这种方法很好。同学们所站的地方到苹果的距离是相等的，因为绳子的长度没变。

师：大家的方法真不少，想不想进一步认识圆、研究圆？

生（齐答）：想！

师板书课题：圆的认识。

【思考】

"数学是生活的组成部分，生活离不开数学。"本设计不仅贴近学生的生活，符合学生的心理需要，而且给学生留有一些探索空间，让数学教学充满生活气息和时代色彩，真正调动了学生学习的积极性。

一、数学教学生活化

本片段创设"套圈"这个学生生活中常常遇到的游戏情境，由个人玩"套圈"到全班玩"套圈"，由公平地玩到全班学生站成圆形玩才公平，把数学教学彻底转化为学生生活中的游戏，学生的学习热情一步步高涨，学生在操作、交流、反思等一系列活动中逐步体会数学知识产生、形成和发展的过程，获取了积极的情感体验。

二、生活问题数学化

在本片段教学中，当学生遇到"怎样才能站成一个圆圈呢？"这样一个生活中的问题时，教师充分利用学生已有的生活经验，引导学生把所学的数学知识应用到现实中去，用多种数学方法解决了学生遇到的问题，学生体会到了数学在现实生活中的应用价值。这样，学生不仅会认为学习数学是有用的，而且会运用数学的思维方式去观察、分析现实生活。

第五节　课堂引入

精彩课堂引入集锦

足球有射门集锦，叫看者连连拍案叫绝；篮球有五佳进球，令观者感悟出神入化。我们数学教学怎么可能没有精彩课堂引入集锦呢？笔者有幸听了许多优质课，精彩的课堂引入令人久久难忘、回味无穷。现整理几则与大家共赏。

一、感情激发式课堂引入——李振喜老师教学《今天我当家——归一应用题》

播放歌曲《疼爱妈妈》渲染气氛。

师：欣赏了《疼爱妈妈》，老师心里久久不能平静，不知同学心里又在想些什么呢？

生：妈妈太伟大了！妈妈太辛苦了！

……

师：是啊！为了我们，父母任劳任怨，他们太辛苦了。你们看，周末马上就要到了，咱们能不能为父母做点事呢？

生：洗衣、打扫卫生、做饭……

师：做饭这主意不错，平时都是父母伺候我们，这次也让父母尝尝咱的手艺！为了圆满完成任务，表达对父母的一片心意，这节课，老师就让同学们当一次家，来计划一下周末的工作。（板书：今天我当家）

【思考】人人都沐浴在父母的慈爱之中，人人都想为父母做点什么。本引入正是利用了这一点，为学生营造了一个亲情"情感源"，激发了学生主动做数学的情感和需要，获得了情感的充盈和趣味的纯真，学生这样去学习，必能勇往直前、事半功倍！

二、课程整合式课堂引入——周丽华老师教学《美丽的家园——同数相加》

师：小朋友们喜欢画画吗？（喜欢！）这节课咱们共同创作一幅美丽的图画，好吗？（好！）

师：（画上大楼的轮廓）小朋友们猜猜看，老师画的是什么？（大楼！）

师：（画上窗户）一层画了几个窗户啊？

生：5个！

师：谁来数一数，一共画了多少个窗户？

生1：5、10、15，一共15个窗户。

师：还可以怎样数？

生2：3、6、9、12、15。

师：小朋友们想在大楼前面画什么？

生：小草！马路……（画上马路，小桥，贴上三辆小汽车）

师：小朋友们仔细观察小汽车，你发现了什么？（请学生用喜欢的方法数数车里一共坐了多少个小朋友，一共有多少个车轮）

70

师：小桥下面画什么？

生：……

师：（画上小河）小朋友们会画小鱼吗？（两位同学上台画小鱼）

师：小手真巧！那小河的两边画什么呀？

生：大树！草地！小花！

师：（画上大树，草地）谁来数一数老师一共画了几棵大树？

生1：……

师：老师准备了许多漂亮的小花，谁愿意来把小花贴上来？（6位小朋友各拿起2朵花贴上）

师：一共有多少朵花呢？谁来数一数？

生2：2、4、6、8、10、12，一共有12朵花。

师：蓝蓝的天空中画什么呢？

生：白云！

师：你想给这幅好看的图画起个什么名字呢？

生1：美丽的画。

生2：美丽的家园。

师：我们生活的家园多么美丽！这幅画就叫《美丽的家园》吧。（板书）

【思考】从学生感兴趣而又内涵丰富的绘画活动引入教学，师生共同创作了一幅蕴含大量数学信息的图画，生动又充满情趣。别具匠心地把美术与数学整合在一起，使美术为数学课堂引入服务，让学生在欢乐中，在美丽图画的熏陶下进入了新知的学习。真是任何课程都可为我数学教学所用，运用之妙，存乎一心！

三、动画问题式课堂引入——包希梅老师教学《轴对称图形》

师：同学们喜欢看动画片吗？

生：喜欢！

师：请看大屏幕。

多媒体播放动画片：花丛里，一只美丽的蝴蝶正在津津有味地吃着花蜜，忽然飞来一只蜻蜓在它面前飞来飞去，蝴蝶生气地说："谁在跟我捣乱？"蜻蜓笑嘻嘻地说："你怎么连一家人都不认识了？我是来找你玩的！"蝴蝶更生气了："你是蜻蜓，我是蝴蝶，我们怎么可能是一家呢？"蜻蜓落在旁边的一片叶子上，不紧不慢地说："这你就不知道了吧，数学爷爷告诉我，不仅蜻蜓、蝴蝶是一家，这些树叶和我们也是一家呢！"

师：动画片看完了，你们想提出什么问题？

生1：蜻蜓、蝴蝶是一家吗？

生2：为什么蝴蝶、蜻蜓和树叶是一家？

……

师：蝴蝶、蜻蜓和树叶为什么是一家？它们有什么共同特征？仔细观察，看你能发现什么？把你的发现在小组里说一说。

（学生观察后小组内交流）

师：（班内交流）一个小组的同学汇报，其他小组的同学要认真倾听！

生1：蜻蜓、蝴蝶都有翅膀，它们是一家。

生2：蜻蜓、蝴蝶身体左边的部分和身体右边的部分一样，所以它们是一家。

生3：蝴蝶、蜻蜓和树叶，如果从它们身体的中间画一条直道道的话，这一直道道的左边部分和右边部分相同，这是它们的共同特征。

……

师：直道道的左边部分和右边部分相同，可以说成是什么现象？

生1：共同现象。

生2：一样现象。

生3：对称现象。

……

师：对！同学们的发现真好！这种现象是对称现象。（板书：对称）

【思考】教师从学生的喜好出发，把抽象的对称概念变成图、文、声、像、景并茂的动画，通过形象生动的画面，言简意赅的对话，悦耳动听的音乐，为学生思考、探索、发现和创新提供了更大的空间，从而引发了学生的新奇、兴趣和疑问，激发了学生的求知欲，培养了学生的问题意识，使学生全身心地投入学习活动中来。

四、调查汇报式课堂引入——刘秀花老师教学《千克和克》

师：同学们，喜欢小动物吗？（喜欢）现在我们一起去动物乐园看看好吗？（课件出示动物乐园图）

师：咦，小动物们在干什么？你发现了什么？

生1：它们在玩跷跷板！

生2：我发现老虎太重了，小松鼠太轻了，小松鼠怎么使劲也撬不起老虎来！

生3：我发现小刺猬和小乌龟差不多重，所以它俩能玩跷跷板。

师：那也就是说老虎比小松鼠重，小松鼠比老虎轻。你还能用轻和重对照其他动物说说吗？（生兴趣盎然地比较）

师：其实不只动物有轻有重，我们生活中很多物品都是有轻有重的，课前老师请同学们调查了我们日常生活中常见的一些物品的重量，现在交流一下好吗？

生1：我妈妈买的牙膏是30克。

生2：一根火腿肠40克。

生3：一袋面粉25千克。

师：同学们说了这么多，你从中发现了什么？

生1：有的用千克做单位，有的用克做单位。

生2：我发现重的物品用千克做单位、轻的物品用克做单位。

师：同学们真是善于发现问题，千克和克就是这节课我们要认识的两个表示物品轻重的单位。（板书：千克和克）

【思考】数学的源头是生活，而学生正是从源头走来。紧密联系学生的生活实际，从学生的生活经验出发，通过交流学生课前调查收集的资料，让学生从生活中自己初步感知千克和克，为后面的学习做了很好的铺垫，使学生真真切切感受到要学的数学就在身边。细细品味，真有点"数学生活化"的味道。

俗话说："万事开头难！""良好的开头是成功的一半。"要让课堂焕发出生命的活力，就要善于在课始创设丰富多彩的引入情境，紧紧吸引住学生，使学生的兴趣被激发，思维被激活，像赞可夫所说："教学法一旦触及学生的情绪、意志领域，触及学生的精神需要，这种教学法就能发挥高度有效的作用。"这样，我们的课堂就会成为学生学习的乐园。

第六节　教学反思

关于将生活融于数学的教学反思

培养学生的数学核心素养是数学教学的重要任务之一，其中一个重要方面是看学生是否有数学应用意识，能否运用数学观念去观察分析日常生活现象，解决日常生活中的问题。《义务教育数学课程标准》（2022年版）指出：

"能够认识到现实生活中大量的问题都与数学有关，有意识地用数学的概念与方法予以解释。"因此，教师在教学过程中，紧密结合生活实际问题，努力提高学生素质，应成为广大教师义不容辞的责任。

一、从学生已有的知识经验出发，创造性地使用教材

美国教育心理学家奥苏贝尔曾说过："如果我不得不把教育心理学还原成一条原理的话，我就会说，影响学习最重要的原因是学生已经知道了什么，我们应当根据学生原有知识状况去进行教学。"课程改革要求教师用教科书"教"，而不再是教"教科书"。教师要做学生和教材之间的桥梁，一切从学生出发，遵循学生的认知规律和已有的生活经验，灵活驾驭教材，实现对教材的再创造的过程。

（一）从熟悉的生活背景引入，增添生活气息

日常生活中蕴含了大量的数学知识和数学情境，从孩子熟悉的生活经验出发引入新课，可以激发孩子的求知欲望，增添新鲜感，从而使他们感到数学不再枯燥、抽象，进而对数学产生亲切感。

例如，在教学小学数学第七册中"加数或减数接近整十、整百的简便运算"这部分内容时，笔者是这样引入新课的：先出示学生喜爱的3个卡通人物形象，并分别贴在黑板上，同时绘声绘色地说："今天是星期天，围裙妈妈和小头爸爸带着大头儿子一起逛商场，他们看中了一个价值98元的书包，这时小头爸爸身上带了256元，其中有一张100元，两张50元，五张10元，一张5元和一张1元，（边说边出示）你说他们可以怎样付钱给营业员呢？"这时学生个个情绪饱满，争着要发表自己的见解，最后一致认为小头爸爸付给营业员一张100元的或两张50元的，让营业员找回2元比较合适。接着教师又问道："谁能根据刚才的情况提出一个问题，再列出算式？"这样就很自然地引出例题256－98。

在此过程中，学生感到亲切自然、意趣盎然。儿童的生活不同于成人的生活，生活化原则的一个重要内涵就是要把儿童当作"儿童"看。儿童的世界是丰富多彩，充满想象的，游戏、童话、故事、动画即是他们生活中不可缺少的重要组成部分。本案例中通过"卡通"生动的故事情节，充分调动了学生学习的兴趣，大大提高了学习效率，拉近了师生之间的距离。蹲下来看儿童，关注儿童的生活和爱好，将为教师与学生的沟通、为我们的教育打开另一扇成功的大门。

（二）收集生活中的素材，补充教学内容

生产和生活实际是数学的渊源和归宿，其间大量的素材可以而且应该成

为数学课堂中学生应用的材料。《义务教育数学课程标准》（2022年版）指出："愿意了解日常生活与数学相关的信息，愿意参与数学学习活动。"因此教师应做个有心人，不断为学生数学应用提供生活素材，并适时引导学生主动用获得的数学观念、数学知识和数学思想分析其间的数学现象。

例如，在教学"求平均数"这一部分内容时，可以利用课前收集到的班上部分同学的身高，让学生在课上算一算这部分同学的平均身高是多少，在他们进一步了解了平均数的意义后，再出示一组辨析题，1. 五（1）班同学平均身高是145厘米，所以五（1）班的袁亮身高一定是145厘米。2. 五（1）班同学平均身高是145厘米，五（2）班同学平均身高是143厘米，所以五（1）班的袁亮一定比五（2）班的王明高。3. 奥林游泳池的平均水深是120厘米，何林身高130厘米，所以何林游泳不会发生危险。看到这些与自己生活密切相关的数据资料，学生们一个个都显得很兴奋，学得主动积极，他们在运用所学的数学知识解决实际问题的过程中，逐步体会到数学在日常生活中的实际意义。

回归生活的教学不仅是指教学内容贴近学生的生活，而且更重要的是使学生学会关注自己的生活世界，从生活中寻找学习的素材，并到生活中去应用、验证，从而做个生活的有心人，增强探索生活的实践能力。

（三）改变教材中部分知识的呈现模式，增强应用性

在现行教材中有不少内容，特别是解决问题部分存在着一种标准化的模式，无论是叙述的方式还是条件的多少或是题型结构上都呈现出程式化、固定化的倾向，作为教者不妨在教学过程中结合生活实际做一些初步的尝试和探索。

首先，我们可以适当地改变陈述的方式，使之更贴近于现实生活，更利于学生数学应用意识和应用能力的培养。例如，笔者在教学"时、分、秒"这部分内容时设计了这样一个情境：王林 7：00 起床，2 分钟洗脸，3 分钟刷牙，把牛奶和面包放入微波炉加热 5 分钟，10 分钟吃完，15 分钟走到学校，你认为他能在 7：30 准时到达学校吗？这种生活化的叙述方式既能促进学生运用所学的"时、分、秒"知识计算出经过的时间，同时又培养了学生如何合理地安排时间。

其次，我们可以适当改变问题的呈现形式，增强学生的判断能力和动手操作能力。例如，一位老师在教学完长方体、正方体的表面积后，出示了这样一道数学应用问题：王师傅家有一块长 80 厘米、宽 60 厘米的铁皮，现在要做一个长、宽、高分别为 40 厘米、30 厘米、25 厘米的无盖铁皮箱，这块铁皮够用吗？大部分学生在算出铁皮的面积和无盖铁皮箱的表面积后，得出"够用"这个结论，只有极少数学生提出在现实生活中这块铁皮是不够用的。很显然，教师在教学过程中不仅要注意教给学生单纯的数学方法，更重要的是教给他们解决实际问题的能力。培养学生的应用意识对于促进学生数学能力的习得与发展，它的意义将超过数学知识本身。

二、将课堂延伸至课外，在生活中感受数学

在教学过程中教师结合日常生活情形丰富、复杂的特点，组织实践活动，让学生通过这些活动，巩固所学的知识技能，获取广泛的数学活动经验，从而促进自身的主动发展。

（一）培养学生从生活中发现并提出问题、解决问题的能力

培养学生用数学解决问题的能力是数学教学的主要目的之一。教师做到引导学生从生活中发现并提出数学问题，培养学生从数学的角度运用所学知识和方法去解决它，在此过程中，让学生逐步获得数学的思考方法，形成初步的应用数学的意识。

例如，教学完"三角形的认识"后，组织学生讨论怎样修理班上的一些松动的桌椅，并在课后让他们自己动手进行修理。教学完"长方体和正方体的表面积"后，让学生回家设计电视机罩和洗衣机罩的制作方案，并将所需面料的多少及预算的价钱以小报告的形式呈交上来。教学完"多边形面积计算"后，让学生以小组活动的形式测量学校的绿化地，并计算其面积大小。通过这些活动，不仅丰富了学生的学习生活，增长了数学见识，激发了学习兴趣，更重要的是培养了学生的应用意识，增强了解决实际问题的能力。

（二）培养学生收集处理信息的能力

随着时代的发展，在现实生活中人们需要有收集分析和处理数据、信息的能力，并将获得的数据、信息转换成数学问题加以解决，这也是学生日后步入社会的必备技能之一。因此，教师要有意识地加强这方面的引导，逐步培养他们在这方面的能力。

例如，在教学完"利息"这部分内容后，教师让学生利用课余时间到银行进行实地考察，结果发现现实生活中银行职员在计算利息时与课本存在一些不同之处，经过汇总交流，学生总结出以下几个方面：近两年，银行连续降息，现行利率比课本中呈现的要低；现在取得利息收入时必须向国家交纳20%的利息所得税；现在有一种教育储蓄，不仅利率较高，而且免征利息所得税；居民所购买的国债也免征利息所得税；在现实生活中还经常有提前支取的情况，这时利率将按活期计算。通过这次活动，暴露了数学课本信息滞后的弱点，缩短了课本数学与生活数学的距离，既丰富了学生的储蓄知识，同时还提高了学生的纳税意识。随后在一次练习课中，教师设计情境让学生计算在各种不同情况下存款所得利息的不同，让学生不知不觉地将数学知识与生活实际结合了起来，有效地提高了学生运用数学知识解决实际问题的能力。

总之，新课程呼唤着、期待着学习方式的变革，然而学习方式的变革首先需要教学方式的变革，需要教师为学生营造主动学习、有效学习和积极体验的时间和空间，需要教师将学生从单一的书本、封闭的课堂中解放出来，让学生在活动中、生活中学习，只有这样，我们的数学教学才能真正实现走出教材，走向生活。

磨课研课中的收获与成长

好课是磨出来的，各级优质课评比中的好课更是磨出来的。细细分析，成功的磨课研课需要经历下面几个步骤，在磨课研讨过程中经历了磨课的平淡与亮点、困惑与释然，才能一路播撒汗水，一路收获成长。

一、根据特长，选择课题

首先，解读通知要求。只有把握准要求，才能少走弯路。其次，根据特长选课。例如，2022年《枣庄市教育科学研究院关于举行全市小学数学优质课评选活动的通知》安排从"数与代数""图形与几何""统计与概率""综合实践智慧广场"等四大领域二至五年级指定的10个课题中选取符合自己的课题，这时，就需要考虑自己的特长和喜好，选择自己喜欢执教的课型。最后，收集资料。收集课例、课件、备课等相关资料，执教教师进行初步备课。

二、确定目标，分课指导

首先，树立目标。对执教市优质课教师作思想动员，树立要上就上一等奖或取得好名次、上课前后快速发展的两个目标。其次，制订磨课计划。制订计划后应严格落实计划。再次，成立磨课团队。每位执教教师的所在学校都成立一个磨课团队。又次，学习先进优课。按照学习—模仿—融合—创新的路径磨课。最后，课例指导。例如，研究青岛版小学数学五年级上册《三角形的面积》一课，从收集的资料中确定：学习任务一：以教材为主"用两个相同的三角形拼"。学习任务二："用一个三角形割拼"的整体思路，然后融入数学文化。又如，研究青岛版小学数学二年级上册《平均分》一课，确定重点讲红点一"平均分"、红点二"求每份是多少"，非重点讲红点三"求份数"的整体思路，并细致说明每一个环节应该如何教学。再如，研究青岛版小学数学四年级上册《植树问题》一课，确定从古算题入手，化繁为简，依据教材情境学习，然后再解决估算题的整体思路。具体到"植树问题"的三个模型，集中精力讲清楚、突破一个，然后轻讲另两个模型的教学。具体到大环节，先确定"两端都栽""只栽一端""两端都不栽"三种情况，然后大开放、大放手让学生自主选择研究的课堂思路。研讨的课应做到贯穿两条线，一是知识技能线，一是核心素养线。

三、收集资料，备课试讲

执教教师和磨课团队都要收集与选课相关的数学文化、参考样课等资料，团队收集到的资料需及时传给执教教师。执教教师备课、做课件，完成后在本校试讲一次，自己发现问题，整改提升。

四、初次听课，解决问题

磨课团队组长组织听执教教师的课，听课后重在评课，做到听课四十分钟，评课一个小时。听课后评课研讨时，首先征求听课教师总体上这样设计可以吗？如果不可以再调整，如果可以再细化。从整体思路到每个环节都提出一系列的问题，针对问题而改，提出的问题越多、越有针对性越好。例如，有时一节课提出20多个问题，每个问题都指出改进方法。听几节课，评几节课，评得越深入，课就会进步得越快。

五、再次指导，精细打磨

针对听课后评课研讨没有评到位、没有评精细的地方，就要及时找时间再一次进行从细处研究。例如，青岛版小学数学五年级上册《三角形的面积》一课，再次改进为：详细汇报一组拼的转化，学生拼不成的解决方法，融合数学文化"以盈补虚"，不能依赖课件等。又如，青岛版小学数学二年级上册《平均分》一课，再次改进为：由分类引入平均分、结合情境用数学的语言描述平均分的过程，学生研究时老师做什么，如何汇报，渗透"平均分的产生"数学文化。再如，青岛版小学数学四年级上册《植树问题》一课，再次改进为：什么环节老师少讲学生多讲，让学生摆学生讲；第三种方案的研究应添加一个学习任务，在研究中发现规律，建立植树模型；评价标准精细制定；如何把一种规律学透；如何融入数学文化；如何落实"教—学—评"一致性中的"评"等。

六、二次听课，多处改进

第一次听课评课过一段时间之后，指导执教教师根据评课修改、消化吸收之后，就需要安排执教教师二次讲课、二次听课评课。例如，《三角形的面积》一课，二次听课后评课调整改进：创设情境图像不清晰、教师语速快、解决学生拼错了的资源酝酿精彩之处、随着学生的回答板书、添加《三角形的面积》研究史等。又如，《平均分》一课，二次听课后评课调整改进：确定了三个红点的数学实质，红点一是"平均分"的三要素"总数""份数"和"每份的数"；红点二是已知"总数""份数"求"每份的数"，应细学，各种方法对比；红点三是已知"总数""每份的数"，求"份数"，应简略地学；两个红点学后应对比，使知识形成网络，进而深度学习；教师如何与学生融为一体。再如，《植树问题》一课，加上学习目标；语言要准确，过渡要自然；评价标准如何有针对性；探索规律设计一个"学习任务"、不要老师讲，要让学生去发现规律并汇报出来；添加"思维导图"总结。

七、三次听课，研磨定型

每节课听评两次，解决了一些问题，课到底要怎么上，还需要第三次听评打磨，才能够定型。例如，《三角形的面积》一课，解决学生不会汇报怎么办？没有学生举手回答问题怎么办？教学评的"评"怎么办？等等一系列问题，学习过程中的学习任务一"用两个完全一样的三角形通过拼转化成平行四边形"和学习任务二"用一个三角形通过割补转化成长方形"的时间分配等问题，如何推导三角形面积公式等问题，给本节课定型。又如，《平均分》一课，根据资料《九章算术》中的"均分"，设定两次运用数学文化，数学文化在二年级根据学生年龄小如何融合的问题，给本节课定型。再如，《植树问题》一课，确定结合实际情境，在学具上加上实际情境，快速引导学生得到植树问题"两端都栽""只栽一端""两端都不栽"三种情况的方法路径，确定先只研究"只栽一端"这一模型的路径：生汇报——画箭头——圈一圈——路变长——得规律——用手指演示。给本节课定型。

八、四次听课，打造精彩

优质课的执教从总体到细节基本定型之后还不够，还需要再一次听课评课，听过本次研讨探寻精彩之处，闪光之点。例如，听评《三角形的面积》一课，从师、生声音抑扬顿挫，评价语言的丰富、推导公式的顺序等方面细化，提炼出用一个三角形割补和数学文化相融合是精彩之一，通过两种推导方法的对比深度学习是精彩之二。又如，听评《平均分》一课，从指名学生回答少齐答，如何汇报，抓住课堂生成的资源小结提升，三个红点的时间分配，"平均分"要分完等方面细化。提炼出了通过分类得出平均分、平均分的三要素、两次数学文化、两个"学习任务"后的对比深度学习、游戏练习等精彩之处。再如，听评《植树问题》一课，总思路是引导学生探究，从导入到得出三种情况，从"学习任务二"的制订到如何汇报，学习单如何制订，明确汇报的方法，思维导图总结的方法。提炼出自主探究植树问题的三种情况，自主选择研究一种情况得出模型这一大开放、大研究的精彩之处。

九、调度了解，激励进取

首先，四次听课评课研讨之后，到参加比赛的前一天，还需要进一步调度了解消化吸收情况，从细处、规范处再次提升。了解执教教师，今天准备得怎么样？有什么问题？还需要什么？进而一一解决。例如，《三角形的面积》一课，第二天就要到市一级执教展示，对学生用两个完全相同的三角形拼成学过的图形"平行四边形"再次指导："学习任务一"小组活动后，第一个学生汇报展示，可以问一下：这个同学操作规范吗？学生评价，怎样规范？抓住学生的回答，教师强调：重合、旋转、平移、拼成平行四边形，最后评价学生操作得怎么样。注重抓细节、抓规范，凸显课的精细化。其次，参赛的前一天，是激励进取的时刻，这时可以采用各种方法对参赛教师鼓励，发微信是一种激励的方式。例如，可以发微信："经过十几天的磨课历程，经过我们的研究，经过团队的帮扶，你从教学理念、课堂驾驭、教学机智、评价促学等方面都有了质的飞跃和提升，现在的你是最棒的，你的课堂你做主，带着舍我其谁的霸气、满面春风的自信，走上讲台，尽情地发挥吧！"

十、参加比赛，赛前指导

当执教教师赛课之前，如果有突然发现的灵感，要及时和赛课教师沟通，能添加的尽可能添加，让课堂更出彩。例如，《平均分》一课，在执教教师上课前一小时左右，想到"12个桃子能够四个四个分"的理由，可以及时和执教教师沟通："四个四个分，理由是乘法口诀：三四十二，利用了迁移的数学思想方法。"执教教师如果能在上课时抓住学生的汇报，适时地引导学生汇报出来，就会成为当堂课的一个小精彩。

十一、赛课观摩，归纳点评

执教教师参加赛课后，应及时给予归纳点评，以便及时总结经验，促进后续提升。例如，《平均分》一课，参加赛课后的当天就从三个方面给予了点评：一是探寻本质，落实核心素养；二是分析共性，展示概念教学；三是三备而教，凸显因学施教，其中"三备"是指课前教师备课、课中教师边巡视边备课、学生汇报时教师备课。

十二、回顾过程，总结梳理

回顾整个磨课研课的过程，可以得到以下经验：

（一）总结应及时

一堂优质课的过程分为沸腾期、滚烫期、常温期，第一周是沸腾期，在沸腾期磨课上课；第二周是滚烫期，在滚烫期总结记录下来；第三周是常温期，滚烫期没有总结记录的，到了常温期也就淡忘了。所以，做一件事要想成功，在滚烫期就不放弃。

（二）理想与务实

首先，要有远大理想，还要有对远大理想的执着，更要有经历挫折之后对远大理想的仍然执着。

其次，教学要有发展策略，教学也要有务实的方法。没有远大理想的务实叫平庸，没有务实的远大理想叫空想。

（三）课堂应打磨

①一堂优质课的磨课要经历学习——模仿——调整——融合——创新的过程。

②一堂好课的精心设计和投入执教同样重要。

③课堂要有深度和厚度，就要有两条线，一条是知识技能线，一条是核心素养线。

④一堂课中最精彩的地方是你创新的地方，有时是学生那闪亮的一问和老师机智的解答。

⑤学生生成的资源是最珍贵的资源。利用好生成的资源是深度学习的路径之一。

（四）成长与收获

①优质课的磨课意义不仅在于取得看得见的成绩还在于获得看得见的成长。

②在一件事的历程中累过、哭过、烦恼过、困惑过、后悔过、释然过、欢笑过，就是没有放弃过，那就是和成功握手过。

第二章 单元教学采珍

第一节 大单元教学研究

《解决问题》大单元教学研究
——青岛版小学数学三年级下册第四单元绿色生态园

【课标分解】

一、课标要求

（一）学段目标

《义务教育数学课程标准》（2022年版）在"学段目标"第二学段（3~4年级）指出：尝试从日常生活中发现和提出数学问题，探索分析和解决问题的方法，经历独立思考并与他人合作交流解决问题的过程，会用常见的数量关系和其他学科的知识与方法解决问题，能初步判断结果的合理性。了解几何直观，初步形成模型意识和应用意识。

（二）内容要求

《义务教育数学课程标准》（2022年版）在"课程内容"第二学段（3~4年级）"内容要求"的"数量关系"中指出：在现实情境中，运用数和数的运算解决问题。能解决生活中的简单问题，并能对结果的实际意义作出解释，形成初步的模型意识和应用意识。

（三）学业要求

《义务教育数学课程标准》（2022年版）在"课程内容"第二学段（3~4年级）"学业要求"的"数量关系"中指出：能在简单的现实情境中，运用四则混合运算解决问题，形成初步的应用意识。

（四）教学提示

《义务教育数学课程标准》（2022年版）在"课程内容"第二学段（3~4年级）"教学提示"中指出：

在具体情境中，利用加法或乘法表示数量之间的关系，建立加法模型和乘法模型，知道模型中数量的意义。

常见数量关系的教学要在了解四则运算含义的基础上，引导学生理解现实问题中的加法模型是表示总量等于各分量之和，乘法模型可大体分为与个数有关（总价＝单价×数量）和与物理量有关（路程＝速度×时间）的两种形式，感悟模型中量纲的意义。应设计合适的问题情境，引导学生分析和表达情境中的数量关系，启发学生会用数学的语言表达现实世界，形成初步的模型意识，提升问题解决能力。

二、课标解析

（一）核心素养

本单元发展的学生核心素养包括：抽象能力、几何直观、推理意识、推理能力、模型意识、应用意识、创新意识。

（二）学生学什么

从实际生活中发现问题、提出问题、分析问题和解决问题。连乘问题、连除问题、归一问题、归总问题。

（三）学到什么程度

掌握用列表和摘录等整理信息、分析数量关系的基本方法。会用连乘、连除、归一、归总两步计算解决实际问题。

（四）学生怎么学

①在具体情境中，利用加法或乘法表示数量之间的关系，建立加法模型和乘法模型。

②设计合适的问题情境，引导学生分析和表达情境中的数量关系，启发学生会用数学的语言表达现实世界，形成初步的模型意识，提升问题解决能力。

【内容分析】

一、单元编排横向联系

三年级下册有联系的单元之间的联系

	所属领域	学期单元	单元题目	单元教学具体内容	对比联系
前内容	数与代数	三下 一单元	采访果蔬会 ——两、三位数除 以一位数（二）	1. 简单的两、三位数除以一位数的口算 2. 较复杂的两、三位数除以一位数的笔算	学习基础
	数与代数	三下 三单元	美丽的街景 ——两位数乘两位数	1. 两位数乘整十数的口算 2. 两位数乘两位数的笔算	学习基础
本单元内容	数与代数	三下 四单元	绿色生态园 ——解决问题	1. 用连乘、连除、乘除两步计算解决实际问题 2. 用列表和摘录等方法整理信息	本单元学习
后内容	数与代数	三下	智慧广场	用"倒过来推想"的方法解决问题	后续学习
	数与代数	三下 七单元	家居中的学问 ——小数的初步认识	1. 小数的初步认识，小数大小的比较 2. 简单的小数加减计算	后续学习
	数与代数	三下	智慧广场	根据周期规律进行推算	后续学习
	综合与实践	三下	点击双休日	经历调查、分析、决策的过程，体会研究实际问题的方法，提高数据分析能力	后续学习

二、单元编排纵向联系

	学期单元	单元内容	具体内容	方法策略	核心素养
前内容	二年级上册一单元	乘法的初步认识	乘法的意义	数—摆—算、经历乘法产生的必要性	符号意识 推理意识 应用意识
	二年级上册五单元	除法的初步认识	除法的意义	数—摆—算、经历除法产生的必要性	符号意识 推理意识 应用意识
	二年级下册八单元	解决问题	乘加、乘减、除加、除减解决问题	找中间量，分步解答	模型意识 推理意识 应用意识
	三年级上册六单元	混合运算问题	没有小括号的两步计算、有括号的两步计算问题	找中间量，分步解答和综合解答	模型意识 推理意识 应用意识
本单元内容	三年级下册四单元	解决问题	连乘、连除问题，用两步乘除计算（归一问题）、用两步乘除计算（归总问题）解决问题	借助几何直观、解决问题策略的多样化	几何直观 模型意识 推理意识 应用意识 创新意识

续表

学期单元	单元内容	具体内容	方法策略	核心素养
四年级上册六单元	解决问题	路程问题、相遇问题	画线段图、分析、推理、建立模型	几何直观 模型意识 推理意识 应用意识
四年级上册六单元	混合运算	总价问题，有小括号、带中括号的混合运算	画线段图、分析、推理、建立模型	几何直观 模型意识 推理意识 应用意识
五年级上册一单元	小数乘法	运用小数乘法解决实际问题	画线段图、分析数量关系解决问题	几何直观 推理意识 应用意识
五年级上册三单元	小数除法	运用小数除法解决实际问题	画线段图、分析数量关系解决问题	几何直观 推理意识 应用意识
六年级上册一单元	分数乘法	运用分数乘法解决实际问题	画线段图、分析数量关系解决问题	几何直观 推理意识 应用意识
六年级上册三单元	分数除法	运用分数除法解决实际问题	画线段图、分析数量关系解决问题	几何直观 推理意识 应用意识
六年级下册一单元	百分数（二）	运用百分数解决实际问题	画线段图、分析数量关系解决问题	几何直观 推理意识 应用意识

（后内容）

三、单元内容编排结构

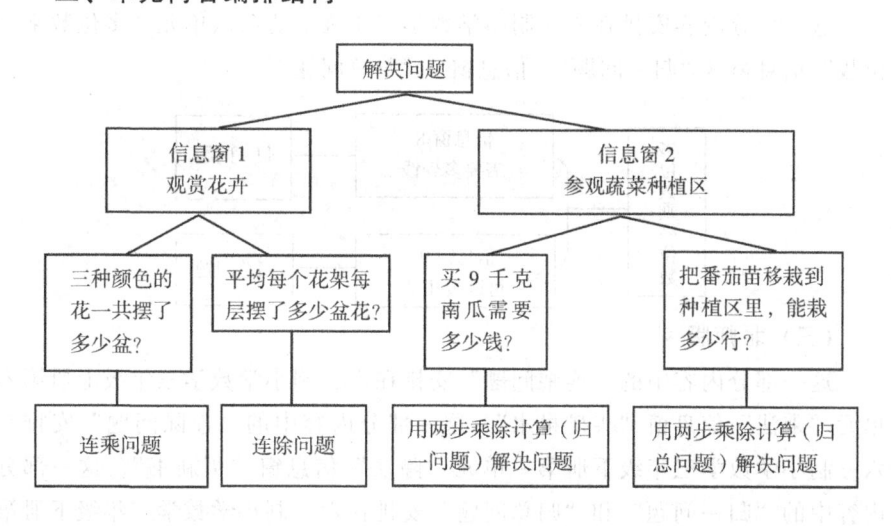

```
                    解决问题
                   /        \
          信息窗1              信息窗2
          观赏花卉            参观蔬菜种植区
         /      \             /         \
  三种颜色的  平均每个花架每  买9千克    把番茄苗移栽到
  花一共摆了  层摆了多少盆花？ 南瓜需要   种植区里，能栽
  多少盆？                   多少钱？   多少行？
      |          |              |            |
   连乘问题   连除问题      用两步乘除计算（归  用两步乘除计算（归
                          一问题）解决问题    总问题）解决问题
```

四、不同版本教材分析对比

(一) 青岛版

这一部分内容安排在六三制小学数学三年级下册第四单元。

```
                    ┌─ 信息窗 1 ──┬─ 连乘问题
                    │  观赏花卉   └─ 连除问题
        解决问题 ───┤
                    │              ┌─ 用两步乘除计算（归
                    │  信息窗 2    ├─ 一问题）解决问题
                    └─ 参观蔬菜种植区─┤
                                   └─ 用两步乘除计算（归
                                      总问题）解决问题
```

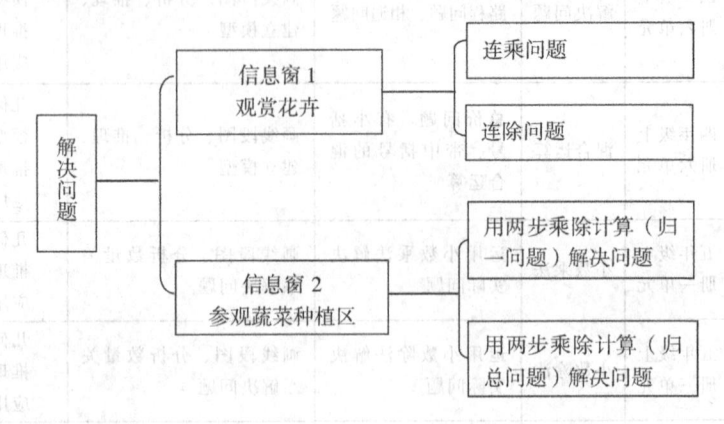

(二) 人教版

这一部分内容安排在六三制小学数学三年级下册第四单元"两位数乘两位数"信息窗 3"连乘问题"，信息窗 4"连除问题"。

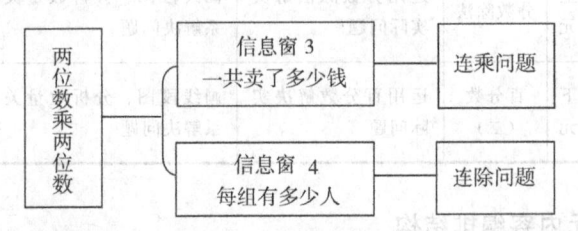

```
                    ┌─ 信息窗 3 ──── 连乘问题
    两位数乘两位数 ─┤   一共卖了多少钱
                    └─ 信息窗 4 ──── 连除问题
                        每组有多少人
```

这一部分内容安排在六三制小学数学三年级上册第六单元"多位数乘一位数"信息窗 8"归一问题"，信息窗 9"归总问题"。

```
                    ┌─ 信息窗 8 ──── 归一问题
    多位数乘一位数 ─┤   需要多少钱
                    └─ 信息窗 9 ──── 归总问题
                        可以买几个
```

(三) 北师版

这一部分内容中的"连乘问题"安排在六三制小学数学三年级上册第六单元"乘法"信息窗"买矿泉水"。这一部分内容中的"连除问题"安排在六三制小学数学三年级下册第一单元"除法"信息窗"买新书"。这一部分内容中的"归一问题"和"归总问题"安排在六三制小学数学三年级下册第一单元"除法"信息窗"讲故事"。

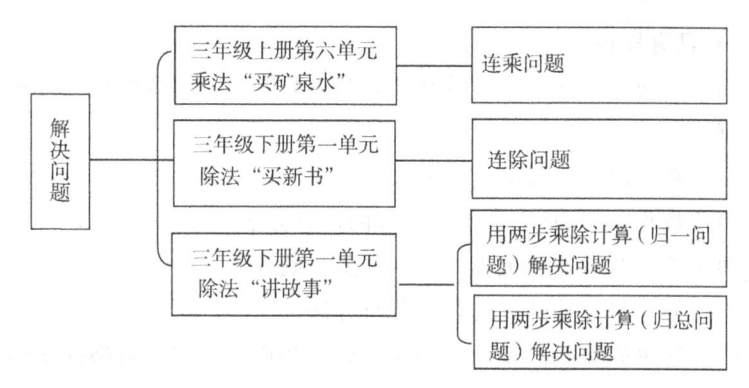

```
              ┌─ 三年级上册第六单元 ──── 连乘问题
              │  乘法"买矿泉水"
解            │
决 ───────────┼─ 三年级下册第一单元 ──── 连除问题
问            │  除法"买新书"
题            │
              │                       ┌─ 用两步乘除计算（归一问
              │                       │  题）解决问题
              └─ 三年级下册第一单元 ──┤
                 除法"讲故事"         │  用两步乘除计算（归总问
                                      └─ 题）解决问题
```

【单元大概念】

分析数量关系，合理利用数量关系解决问题。

【学情分析】

一、前测方式

（一）单元前测任务单

①口算下面各题。

$63 \div 3 =$ $280 \div 2 =$ $20 \times 40 =$ $30 \times 70 =$

②计算。

$327 \div 3 =$ $48 \times 72 =$

③解决问题。

第一个问题：王红3分钟拍99个球，她平均每分钟拍多少个球？

第二个问题：一个写字楼共18层，每层有6个房间。这个写字楼一共有多少个房间？

（二）前测情况分析

项目	正确率	错题说明	情况分析
口算	90%	方法错占错题的10%，计算错占错题的90%	学生已具备口算基础
计算	80%	方法错占错题的5%，计算错占错题的95%	学生已具备计算基础
解决问题1	90%	错题中算成99×3的占4%，计算错的占96%	学生已会分析一步简单除法问题
解决问题2	85%	错题中算成$18 \div 6$的占15%，计算错的占85%	学生已会分析一步简单乘法问题

二、知识经验分析

(一) 已有知识

①简单的两位数除以一位数和几百几十数除以一位数的口算方法并能正确地口算。

②三位数除以一位数的笔算方法。

③两位数乘10和整十数乘整十数的口算方法，并能正确口算。

④两位数乘两位数的笔算方法，并能正确计算。

⑤简单的一步计算除法问题的分析方法。

⑥能够解决简单的一步计算乘法问题，知道解决问题策略的多样性。

(二) 本单元新知

①连乘问题。

②连除问题。

③用两步乘除计算（归一问题）解决问题。

④用两步乘除计算（归总问题）解决问题。

(三) 学生学习障碍点

①整理信息的方法。

②建立连乘、连除、归一、归总问题解决的模型。

三、学生能力分析

(一) 知识基础

学生已有两、三位数除以一位数和两位数乘两位数的计算基础，学生已会分析一步简单除法问题，已会分析一步简单乘法问题。

(二) 思维基础

小学三年级的学生思维处于直观形象思维向抽象逻辑思维转变的初期，思维的形成需要依赖具体形象的经验材料来理解和抽象数量关系。

(三) 性格分析

三年级的学生，他们年龄小，好动，爱玩，好奇心强，我们把新知内容放手给孩子探索，使他们认识到学习的本能是一种需要，是主动的求知。

(四) 解决问题能力分析

学生在解决问题过程中，多采用列式计算，少有列表、画图的解题策略，可见学生还没有掌握常用的解决问题策略，且策略意识不强。不少学生对于老师讲过的题会做但是一道题稍作改变却变得无所适从，从多角度分析问题的能力比较弱。无疑，这些学生在解决问题时缺乏灵活性，有时是照搬公式、死记硬背。

四、突破障碍点的方式方法

（一）借助几何直观，帮助学生分析理解数量间的关系

注意利用学具具体操作，发挥几何直观的作用，把复杂的问题变得简明、形象，加深对数量关系的理解，从而找到解决问题的方法。

（二）重视培养学生分析问题和解决问题的能力

以学生生活中的问题情境为素材，展示参观活动中遇到的数学问题，拉近了素材与学生之间的距离，贴近学生的生活实际，容易使学生产生亲切感。

（三）引导学生掌握列表法等整理信息的一般方法

通过有条理地整理信息，分析数量之间的关系，利用数量间的关系解决实际问题，感受到数学知识在生活中的应用。

（四）体现解决问题策略多样化

利用教材中每一个红点和绿点展示的不同的解题方法，使学生了解同一问题可以用不同的方法进行解决，选择哪种方法完全取决于学生观察思考的角度。学生在解决问题的过程中，学习从数学的角度观察、分析、解决实际问题，提高学生解决问题的能力。

（五）加强练习形成技能

通过自主练习使学生通过自己的分析、思考，寻找一种或两种解决问题的方法，并与同学进行交流，让学生在不断探索与创造的氛围中发展创新意识。

【单元目标】

①结合具体问题情境，通过从实际生活中发现问题、提出问题、分析问题和解决问题等活动，会用连乘、连除、归一、归总的两步计算解决实际问题，清晰说出思考过程，初步形成模型意识和应用意识。

②通过观察、对比、归纳分析等活动，会用列表和摘录等整理信息，掌握分析数量关系的基本方法，体验解决问题策略的多样化，能从多角度观察、思考问题，会用数学的语言表达现实世界。

[设计说明] 第1、2条目标指向信息窗1、2，需要以下任务来达成：

子任务一：认真看课本40—41页第一个"红点"的内容，重点看方框里的内容，然后根据你对题中的数学信息的理解，借助手中的学具摆一摆，思考：（1）3种颜色的花同样多是什么意思？（2）结合你摆的图形和题中的数学信息，这些数学信息有怎样的关系？（3）要解决3种颜色的花一共摆了多少盆，你打算怎样解决呢？

子任务二：认真看课本41页的"红点"的内容，重点看方框里的内容，思考：（1）要算平均每个花架每层摆了多少盆花，必须先算出什么，再算什么？（2）你能列出算式吗？（3）还有没有其他的做法？与同伴交流交流。

子任务三：认真看课本44—45页第一个"红点"的内容，将需要的条件和问题在练习本上整理，思考：（1）你是怎么整理需要的条件和问题的？与小组成员交流交流。（2）方框里的两种方法，分别先算什么，再算什么？（3）还有没有其他的做法？与同伴交流交流。

子任务四：认真看课本45页的"红点"的内容，将需要的条件和问题在练习本上整理，思考：（1）你是怎么整理需要的条件和问题的？与小组成员交流。（2）方框里的两种方法，分别先算什么，再算什么？（3）还有没有其他的做法？与同伴交流交流。

③运用解决问题的方法策略，解决生活中的实际问题，感受数学在日常生活中的作用，提升综合运用数学知识解决问题的能力。

［设计说明］第3条目标指向信息窗1、2后面的"自主练习"，需要通过练习来达成，通过"自主练习"，检测学生学习目标的达成情况，学会了没有、学到什么程度，还有哪些地方做得不够。

第二节 大单元学历案研究

单元整体研究
——繁忙的工地"线和角"

【课标要求】

①结合实例认识线段、射线和直线；了解平面上两条直线的关系。能说出线段、射线和直线的联系和区别；形成空间观念和初步的几何直观。

②结合生活情境认识角，能说出直角、锐角、钝角的特征，能辨认平角和周角。会比较角的大小。会用量角器量角的大小，能用直尺和量角器画出指定度数的角。会用三角板画30°，45°，60°，90°角。

③在图形认识的过程中，增强空间观念。

【单元目标】

① 能够结合具体情境，学习线段、射线和直线，知道它们的联系和区别；知道角的特征，培养学生观察、想象能力，发展初步的空间观念。

② 通过操作活动，学会用量角器度量角的度数，会画指定度数的角，认识周角和平角，知道周角、平角、钝角、直角、锐角的大小关系，培养学生观察、想象、动手操作能力，发展初步的空间观念，形成初步的几何直观。

③ 通过画一画、说一说等活动，使学生能积极地参与学习活动，体验数学与生活的密切联系，获得成功的体验，培养学生学数学用数学的积极情感。

【单元知识结构】

一、本单元内容与前后内容的纵向联系

前内容	一年级下册：认识图形
	二年级上册：角的初步认识
	三年级上册：图形的周长
本单元内容	四年级上册：线和角
后内容	四年级上册：平行与相交
	四年级下册：认识多边形
	五年级下册：长方体和正方体
	六年级下册：圆柱和圆锥

二、单元分析

本单元是青岛出版社六三制小学数学四年级上册第二单元繁忙的工地"线和角"。本单元安排了2个信息窗。第1个信息窗呈现的是"工程车到建筑工地送建筑物"的情境，引导学生提出"车灯射出的光线有什么特点？"这个问题，引出线段、射线、直线的学习；借助"过一点画两条射线，形成的是什么图形？"这个问题引出对角的学习。第2个信息窗创设了"繁忙的工地上隆隆作业的挖掘机"的情境，根据铲斗臂上的角能大能小，提出"铲斗臂形成的角有多大？"这一问题引入对角的系统学习。

三、本单元的知识结构图

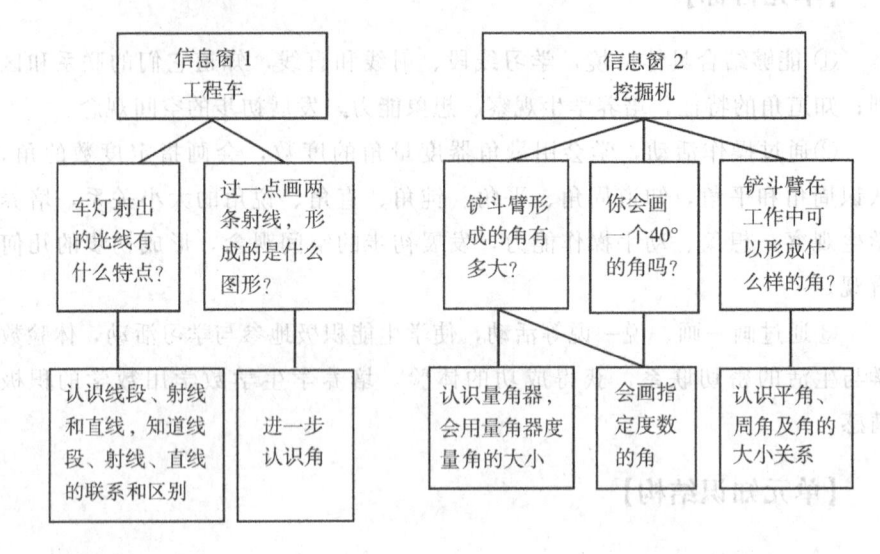

```
        信息窗 1                           信息窗 2
        工程车                             挖掘机
    ┌──────┴──────┐              ┌──────────┼──────────┐
车灯射出        过一点画两        铲斗臂形      你会画        铲斗臂在
的光线有        条射线，形        成的角有      一个40°       工作中可
什么特点？      成的是什么        多大？        的角吗？      以形成什
                图形？                                      么样的角？
    │              │              │            │              │
认识线段、射线    进一步          认识量角器，  会画指        认识平角、
和直线，知道线    认识角          会用量角器度  定度数        周角及角的
段、射线、直线                    量角的大小    的角          大小关系
的联系和区别
```

【设计说明】

一、整体设计说明

本单元是在学生已经学习了线段，初步认识角，学习了锐角、钝角、直角的基础上学习的，它是后面继续学习平面内两条直线的位置关系以及平面几何和立体几何的重要基础。本单元学历案设计尊重学生的认知基础，结合教材创设的情境，从学生已有的生活经验和认知基础出发，通过"学习任务"的引导，通过画一画、比一比、做一做、量一量等丰富有效的实践活动，让学生经历从具体事物中抽象出数学模型的过程，充分感受到数学与生活的密切联系。

二、学习重难点

本单元的学习重点是认识角，认识平角和周角，学会用量角器度量角的大小。学习难点是认识平角和周角，学会用量角器度量角的大小。

三、具体设计说明

基于以上分析，本单元学历案设计遵循学本性原则、层次性原则、探究性原则和"教—学—评"一致性原则。信息窗1设计了2课时，信息窗2设计了2课时，每一课时都设计了"学习任务"，有效实现了"图形与几何"学习从"直观—抽象—直观"的学习过程，通过"看一看、想一想、画一画"等活动发展了学生的抽象能力和空间观念，突破了学习难点，再经历

"说一说、量一量、做一做"的学习活动，让学习过程看得见，体现了学历案"教—学—评"的一致性，促进了学习目标的有效达成。

单元课时研究
——线段、射线、直线

【学习内容】

青岛出版社六三制小学数学四年级上册第二单元繁忙的工地"线和角"第1个信息窗"工程车到建筑工地送建筑物"第1课时。

【学习目标】

①结合生活实例，通过观察、想象、操作等学习活动，初步认识线段、射线、直线的特点，表达清晰严谨，发展空间观念。

②通过具体操作活动，会度量线段的长度，会画射线、直线和指定长度的线段，发展空间观念。

③通过观察几何图形，梳理线段、射线、直线的相同点和不同点，能列举出它们之间的区别和联系，进一步认识这三种线，发展抽象能力。

④经历从生活中抽象出"线"的活动，感受线段、射线、直线在生活中的作用，体会生活处处有数学，增强学习数学的兴趣，培养学生的动手能力和空间思维能力。

[设计意图]把课标要求中的行为动词"了解"和"知道"分解成"经历、认识、会、能"等一系列可观察、可测评的外显行为动词，目标设计特别重视尊重学科特点及学生年龄特征与认知规律，学生通过一系列操作活动感知图形特征，初步发展了学生的抽象能力，实现了目标的三维叙写。

【设计分析】

目标序号	知识维度（指事实性知识、概念性知识、程序性知识、元认知知识）	认知水平维度					
		记忆/回忆	理解	应用	分析	评价	创造
1	学生通过观察、想象、操作等学习活动，初步认识线段、射线、直线的特点，表达清晰严谨，发展空间观念。	√	√		√		

续表

目标序号	知识维度 （指事实性知识、概念性知识、 程序性知识、元认知知识）	认知水平维度					
		记忆/回忆	理解	应用	分析	评价	创造
2	通过具体操作活动，会度量线段的长度，会画射线、直线和指定长度的线段，发展空间观念。	√	√	√			
3	通过观察几何图形，梳理线段、射线、直线的相同点和不同点，能列举出它们之间的区别和联系，进一步认识这三种线，发展抽象能力。				√	√	√
4	经历从生活中抽象出"线"的活动，感受线段、射线、直线在生活中的作用，体会生活中处处有数学，增强学习数学的兴趣，培养学生的动手能力和空间思维能力。	√	√			√	

[设计意图] 这张表就像一个"作战图纸"，明确勾勒出要到达的"目标地"，既有对教材的深度把握；也给教材的学习设了限，避免了课堂学习的无限"扩张"或者目标"漂移"；改变"教什么"为"学什么"，学生真正成为学习的主人。

【评价任务】

①完成学习任务一，认识射线。（检测目标1、4）

②完成学习任务二，认识线段的特点。（检测目标1、2）

③完成学习任务三，认识射线、直线的特点。（检测目标1、2）

④完成学习任务四，梳理线段、射线、直线的相同点和不同点。（检测目标3）

⑤完成检测与作业。（检测目标1、2、3、4）

[设计意图] 本"评价任务"做到了与目标匹配、看得明白、实施可行。做到了学习目标、评价任务、学习活动三者的统一，可以检测学生学习目标的达成情况，学会了没有，学到什么程度，困惑点是什么，怎样能更好地帮助自己掌握知识。

【学习过程】

一、了解目标，明确任务

(一) 感知情境

【教师指导：建筑工地很繁忙也很有趣，咱们到建筑工地去参观吧，请看情境（课件出示工程车到建筑工地送建筑材料的情境），从图中，你知道了哪些数学信息？根据数学信息能提出什么数学问题？】

预设：

数学信息：工程车到建筑工地送建筑材料，有2个工程架。

数学问题：车灯射出的光线有什么特点？

(二) 了解目标

【教师指导：这节课我们借助这个问题来学习新知（板书课题），本节课要达到以下学习目标。】

学习目标：结合具体情境初步认识线段、射线、直线的特点，了解线段、射线和直线之间的区别和联系。会度量线段的长度，会画指定长度的线段。

(三) 明确任务

学习活动一：认识射线（指向学习目标1、4）

【教师指导：请学习任务来帮助我们。出示学习任务1。】

> 学习任务1
> 1. 看一看，用手电筒模仿车灯，车灯的光线是从哪儿射出的？这条光线射得远不远？
> 2. 想一想，车灯射出来的光线如果起个名字可以看作什么线？
> 3. 说一说，你能举出一些生活中这种线的例子吗？
>
> 评价标准
> 1. 有条理、清晰地回答问题（☆）
> 2. 给车灯射出来的光线起的名字形象（☆）
> 3. 举例正确（☆）

［设计意图］学生感知情境、了解目标、明确任务，学生充分利用情境提出问题，极大地开拓了数学思路。在"学习任务"中做法、问题和评价的驱动下，能够做到心中有数，增强学习的针对性。

二、自主学习，小组探究

【教师指导：完成学习任务1，然后在小组内交流，交流后根据评价标准在组内互评。】

生自学、在小组内交流。

三、汇报交流，评价质疑

预设汇报：

生1：车灯的光是从一点射出的，射得很远很远。

小组：车灯射出来的光线可以看作射线。

质疑：你怎么知道可以看作射线的？

生2：看课外书知道的。

生举例：激光灯射出来的光线，手电筒射出的光……

生生评价：班内探究交流后，根据评价标准评价一下自己的学习收获。

老师评价：在汇报交流中，同学们表达清晰、有条理，起的名字非常形象，学习效率高。

师生小结：车灯射出来的光线可以看作射线，射线从一点射出，射得没有边际。

[设计意图] 直观是手段，抽象是本质。学生在了解生活情境"车灯的光线"基础上，仔细观察，初步抽象出射线的特点和名称，学生的思考越来越深入、清晰，触摸到数学抽象的本质。

学习活动二：认识线段的特点（指向学习目标1、2）

（一）完成学习任务2，然后在小组内交流，交流后根据评价标准在组内评价。

【教师指导：我们知道了射线，我们以前还学习过线段。你会画线段吗？请完成学习任务2。】

学习任务2

选择合适的学具，先任意画一条线段，再画一条3厘米长的线段，思考：

1. 怎样画线段？
2. 线段有什么特点？
3. 我们身边哪些可以看成是线段？

评价标准

1. 画图规范（☆）
2. 结论正确（☆）
3. 语言清晰、准确（☆）

（二）交流评价

【教师指导：哪个小组选代表来汇报展示？】

预设：

生1：展示任意画一条线段。(●━━━━━━●)

生2：展示画的一条3厘米长的线段，讲解：画线段用直尺。从0刻度这个点开始画，画到3厘米的刻度结束。画法是：画线段是从一点开始画，画到另一点结束。(●━━━━━●)

生3：线段有两个头，线段的长度是有限的。

生4：我们身边拉直的电线、电话线、电视天线、广播线、跳绳的绳子都可以看成是线段，线段是直的。

生生评价：小组内说一说自己在探究过程中理解是否到位。评价一下小组其他成员在学习活动中能获得几星。

教师评价：生1同学画图规范，得一颗星。生2同学画图规范，语言清晰、准确，得两颗星。生3、生4同学语言清晰、准确，各得一颗星。

师生小结：画线段是从一点开始画，画到另一点结束。也就是说线段有两个头，这两个头就叫作线段的两个端点。线段有两个端点，长度是有限的，可以度量。

[设计意图] 通过动手画线段，表现出自己对线段的初步感知。然后在自学活动中认识表示线段的图形语言。这一过程从"画"入手，把头脑中构建"线段"的空间表象的过程外显为学习操作活动，而"学习任务2"既提供了思考的方向，评价的依据，又能引导学生深入学习线段的内涵。

学习活动三：认识射线、直线的特点（指向学习目标1、2）

（一）组内评价

完成学习任务3，然后在小组内交流，交流后根据评价标准在组内评价。

【教师指导：我们会画线段了，你还会接着画吗？请完成学习任务3。】

学习任务3

选择合适的学具，画一画，想一想：

1. 在刚才画的3厘米长的线段上左端不动，向右端延长，一直不停地画下去，会出现什么问题？

2. 怎样画射线？

3. 射线有什么特点？

4. 把刚才画的3厘米的线段向两端无限延长会是什么样？得到的线是什么线？有什么特点？

评价标准

1. 画图规范（☆）

2. 结论正确（☆）

3. 语言清晰、准确（☆）

（二）交流评价

【教师指导：哪位同学来汇报展示？】

1. 认识射线汇报预设

生：沿着3厘米长的线段右端一直不停地画下去，就会延长、延长、再延长，是无限长的，就得到了一条射线。

生边展示边说怎么画射线。

【教师指导：在学生的回答中明确射线的画法：先画一个点，然后向一端画线。只要这一端没有端点，就表明这条线在无限延长。

教师课件演示：O————B

引导学生说出射线的特征：第一：直的；第二：一个端点；第三：无限长。

2. 认识直线汇报预设

生1：展示把刚才画的3厘米的线段向两端无限延长的情况。

（●——●）

生2：画的线是直直的，非常非常长、长到没有边际。

【教师指导：课件展示学生画的情况： 直线————

师生小结：在数学上这样的线叫作直线，直线没有端点，无限长。直线的特点是：第一：直的；第二：没有端点；第三：无限长。

生生评价：班内交流后，根据评价标准对自己的学习成果进行互评。

教师评价：同学们会画图，画图规范；会总结，能够总结出射线和直线的特点，思维很严谨。

（三）评价练习

在练习本上画一条线段、一条射线、一条直线。（检测学习目标2）

评价标准：1. 画图规范☆ 2. 结论正确☆

预设：

学生画线。学生展示作品，并说一说为什么这样画，是怎么想的？

[设计意图] 射线、直线、线段是三种不同的几何图形，也是不同的概念。以线段为参照、通过动手画，让学习过程看得见，能促进学生更好地理

解射线和直线的本质特征。

学习活动四：梳理线段、射线、直线的相同点和不同点。（指向学习目标3）

（一）完成学习任务4，然后在小组内交流，交流后根据评价标准在组内评价。

【教师指导：我们认识了线段、射线和直线，你会辨别它们吗？请完成学习任务4。】

> 学习任务4
> 比一比线段、射线和直线，思考：
> （1）线段、射线和直线有什么不同点？
> （2）线段、射线和直线有什么联系？
> 评价标准
> 1. 线段、射线和直线的不同点和联系全面（☆）
> 2. 对比分析有条理（☆）
> 3. 语言描述清晰、准确（☆）

（二）交流评价

【教师指导：哪个小组来汇报展示？】

预设：

学生先汇报不同点，再汇报联系。

生生评价：班内探究交流后，根据评价标准评价一下自己的学习收获。

教师评价：根据学生的汇报，适时进行评价，给予肯定。

【教师指导：根据学生的汇报，整理成下表。】

图形名称	区别			联系
	端点个数	长度	可否度量	
线段	2个端点	有限长	可以度量	线段、射线都属于直线的一部分
射线	1个端点	无限长	不可以度量	
直线	没有端点	无限长	不可以度量	

（三）评价练习

火眼金睛辨对错。（对的打"√"，错的打"×"）

①在一条直线上有两个点，这两点之间的部分就是一条线段。（　　）

②直线比射线长。（　　）

③直线上的一点将直线分成两条射线。（　　）

评价标准：1. 理由清晰、有条理☆　2. 判断正确☆

［设计意图］比较可以分为直观比较、直接比较、间接比较，本学习任务，利用直接对比，厘清射线、直线和线段的相同点和不同点，发展了学生的观察能力、概括能力和抽象能力。同时，让独立陈述性知识发展为系统性知识。

四、抽象概括，总结提升

（一）知识总结

【教师指导：同学们这么快就找到了它们的特点，谁能说一说？】

学生说线段、射线和直线的特点。

【教师指导：线段、射线和直线，它们之间有什么区别和联系呢？】

学生说线段、射线、直线三者的区别和联系。

师生小结：通过观察、动手操作等活动，我们知道了三种线的特点，还了解了线段、射线都是直线的一部分。运用了观察、操作、比较等数学思想方法，本节课的知识整理成思维导图如下：

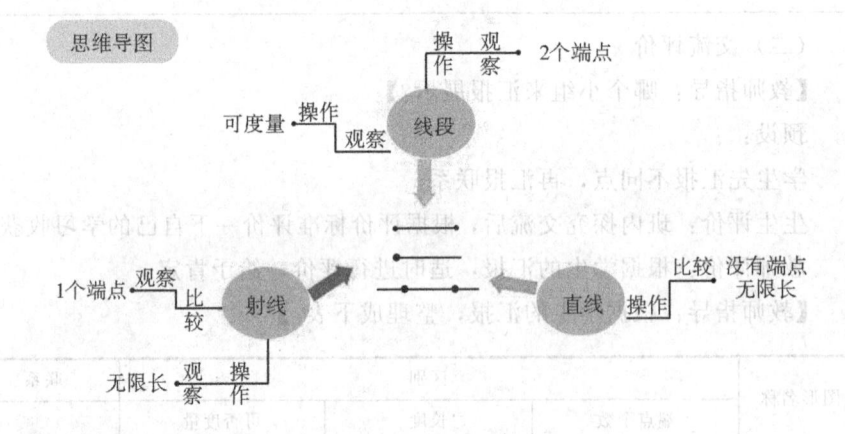

思维导图

线段 — 2个端点、可度量（操作、观察）

射线 — 1个端点、无限长（观察、比较、操作）

直线 — 没有端点、无限长（比较、操作）

（二）数学文化

【教师指导：请了解一下有趣的关于线的文化。】

战国时齐国人公羊高所著《公羊传·僖公四年》中说："中国不绝如线。"比喻细长如线的东西，如光线，引申指线索、路线等。说明我国战国时就对线有深入研究。

古希腊数学家欧几里得所著《几何原本》的第一卷"几何基础"中："定义1.1：点不可以分割为部分。""定义1.2：线只有长度没有宽度。""定义1.3：线的末端是点（端点）。""定义1.4：直线是其组成点，均匀地直放着的线。"

紧绷的琴弦、人行横道线可以近似地看作线段,如:

用线段可以构成美丽的图案:

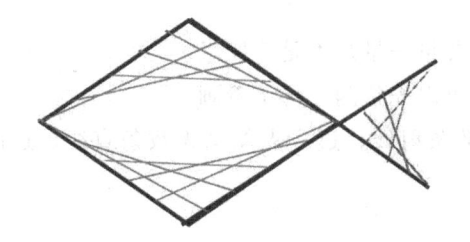

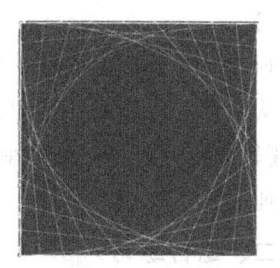

[设计意图] 本环节包括两个方面,一是知识的梳理总结,二是数学文化的渗透。把线段、射线和直线的特点及三者的区别和联系给予梳理,使知识点清晰明了;把数学思想方法从课堂学习的暗线变为明线;把数学文化——中国和《几何原本》中对"线"的研究渗透进来,增加课堂的深度和厚度;把生活中的线段引入进来,体验数学美,体会数学学习的价值。

【检测与作业】

一、基础练习

①在平面图中辨别线。(课本 23 页 2 题)(检测学习目标 1、3)

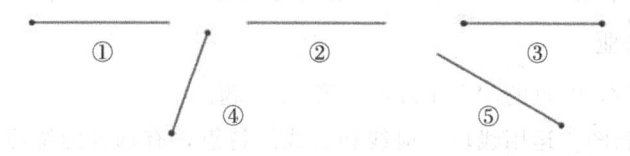

| 评价标准:认真审题,辨别准确☆。 |

预设提示：

想一想，直线、射线、线段各有什么特点？

辨一辨，哪些是线段？哪些是直线？哪些是射线？

②按要求画线。（检测学习目标2）

画一条线段；画一条5厘米长的线段；从一点出发画射线；过一点能画几条直线？过两点呢？

> 评价标准：1. 画图规范、正确☆ 2. 结论正确☆ 3. 思路清晰、语言准确☆

预设：

【教师指导：学生画线时教师提醒需要用直尺，这样才能画出直直的线。】

画5厘米长的线段时，学生要量一量是不是5厘米。

从一点出发能画几条射线，可以先猜测，再试着画。

【教师指导：过一点能画无数条射线，过一点能画无数条直线，过两点只能画一条直线。】

二、综合练习

指出下图中线段、射线、直线分别有多少条。（检测学习目标1、3、4）

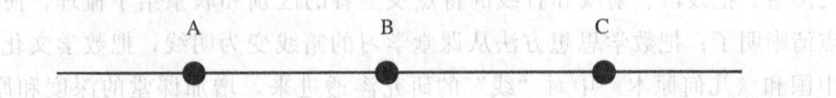

```
      A           B           C
──────●───────────●───────────●──────
```

> 评价标准：1. 认真审题，结论正确☆ 2. 思路清晰、语言准确☆

预设：

有3条线段，是线段AB、线段AC、线段BC。

有6条射线。只有一条直线，是直线AB。

三、作业

完成课本23页的"自主练习"第1、2题。

[设计意图] 运用线段、射线和直线的特点，有梯度的练习设计，让不同层次的学生在解决问题的过程中，培养解决问题的能力，体会数学学习的价值，感受数学的思想方法，建立知识之间的联系。

【学后反思】

1. 你能用思维导图梳理本节课学习的知识要点和学习过程吗？

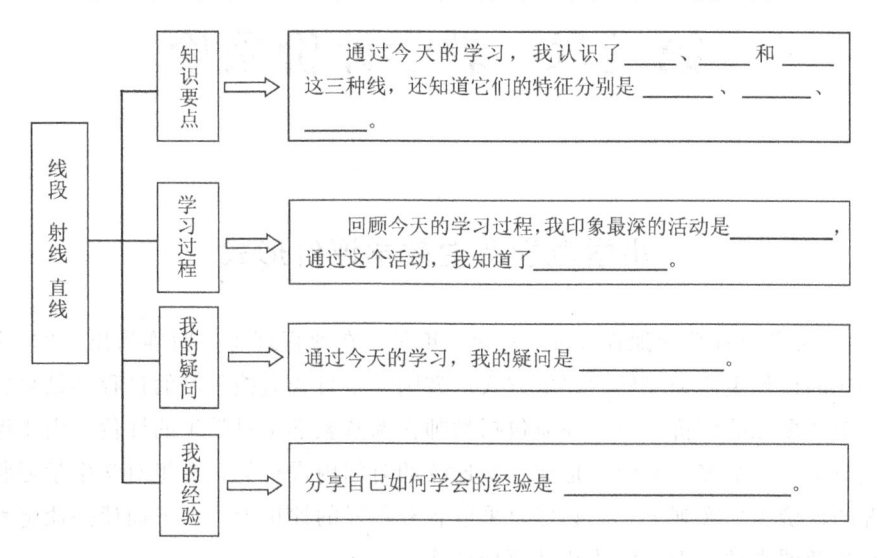

```
                  ┌─ 知识要点 ⇒ 通过今天的学习，我认识了____、____和____
                  │            这三种线，还知道它们的特征分别是_____、_____、
                  │            _____。
                  │
   线段           ├─ 学习过程 ⇒ 回顾今天的学习过程,我印象最深的活动是_____,
   射线           │            通过这个活动，我知道了_____。
   直线           │
                  ├─ 我的疑问 ⇒ 通过今天的学习，我的疑问是_____。
                  │
                  └─ 我的经验 ⇒ 分享自己如何学会的经验是_____。
```

2. 教师思考

本节课的学习过程是：经历从实物原型中抽象出线段、射线和直线的过程，认识三种线的名称和特征，在生活中找三种线的模型，这样经历了数学从生活中"来"，又回到生活中"去"的过程，体会数学就在我们身边和数学的价值。

[设计意图] 引导学生从知识、能力和数学学习方法等方面进行反思，让学生在比较、归纳、质疑的过程中学会探究、学会提问，提升数学素养。引导学生从系列的活动中，归纳所学知识以及反思自己是如何学会的，并养成提出问题的习惯和能力。

第三章 教学评价采珍

小学数学课堂教学评价形式

《义务教育数学课程标准》（2022年版）在课程理念中明确指出："采用多元的评价主体和多样的评价方式，鼓励学生自我监控学习的过程和结果。"这个"多元的评价主体"理应包括教师在课堂教学中对学生的评价。由于课堂教学是一个多元空间，是在一个连续的时间内进行的，要想对学生学习状况的评价更加客观公正，必然要采取各种各样的评价形式。下面谈一谈笔者在数学课堂教学中采取的几种评价形式。

一、及时评定

教师对学生的重要反馈，诸如答问、质疑、课内解题练习（包括板演）、作业、考试等，应及时作出评价，评定其好坏、正误，及时向学生输出这些评价信息，让学生尽快知晓自己见解得正确与否，使正确的得以强化，错误的及时发现并设法改正。按照心理学观点，教师恰到好处的评价讲解，是教师复杂的思维活动的"精化"和"外显"。及时评价，能及时唤起学生相应的复杂思维活动，这样做，久而久之，潜移默化地影响着学生的思维品质和思维习惯，有利于学生掌握良好的思维方法、学习方法和评价方法。

例如，教学"三角形内角和"时，学生通过动手度量三角形三个内角度数并求和、把三个内角折拼在一起、剪拼三个内角成一个平角等实际操作，获得结论："三角形三个内角的和是180°。"这时教师将一个正三角形沿着一条对称轴剪开，成为两个完全一样的直角三角形。

教师：每个三角形的内角和是多少度？

生1：90°。

教师拿起刚刚剪开后的一个三角形，手指着是直角的那个内角说：请观察。

生2：刚才把三角形的内角和180°平均分成两份，得出的90°是错误的。

教师：犯了什么错误？

生3：误认为三角形变小了它的内角和也变小了。

教师又取出一个任意三角形，把它剪成两个三角形，让学生度量并算出每个三角形的内角和，学生再次获得每个三角形的内角和都是180°的结论。

通过一系列的诱导、探索活动，启迪学生及时评定自己的认识，学生终于实现认知的飞跃，确信三角形不论其大小，内角和均是180°。

可见，教师及时肯定或否定学生的答问，严密精确地解决学生的质疑，引导学生自主评价，学生的自我纠偏能力就会得到很大的提高。

二、延迟评价

一堂课中对学生的反馈信息并非一律都得及时评定，有时过早地评价，反而会扼杀学生创造思维的发展。心理学研究表明，新颖、别具心裁、有创造性的见解，常常出现在思维过程的后半段。这就要求教师灵活运用"延迟评价"的方式，留给学生充裕的时间，让学生在和谐自由的气氛中驰骋联想，畅所欲言地抒发见解，无拘无束地开展积极思维活动和语言表达，获得更多的创造性见解。

例如，教学"分子是1的分数大小比较"时有一道延伸题："把 $\frac{1}{3}$、$\frac{1}{6}$、$\frac{1}{9}$ 按照从大到小的顺序排列起来。"

学生解答后汇报。

生1：$\frac{1}{3} > \frac{1}{6} > \frac{1}{9}$

生2：$\frac{1}{9} < \frac{1}{6} < \frac{1}{3}$

教师没有立即评价他俩的解法谁对谁错，而是让他们分别说说自己的想法。

生1：这几个分数分子相同，分母小的分数比较大，我是按要求从大到小排列的。

生2：我也认为分子相同的分数，分母小的比较大，我把大的放在左面，小的放在右面，也是从大到小排列。

这时，教师还是没有判定他们谁对谁错，让他们进一步说明理由。

生1：按要求从大到小排列，是大的分数放在前面，小的分数放在后面，用大于号连接起来，所以，我做的正确。

生2：我用小于号连接，把小的分数放在前面了，是从小到大排列了，把"从小到大排列"与"从大到小排列"混淆了。

教师这时才评价说：生 1 说理透彻，有理有据；生 2 不仅勇于改正错误，也使同学们明白了"从小到大排列"与"从大到小排列"的区别。

在课堂教学中，引导学生通过探索发现规律，进行发散思维的时候，对学生的反馈信息，一般要采用"延迟评价"的形式，以激励学生的思维得到最大限度的发挥。

三、二次评价

由于学生所处的文化环境、家庭背景和自身思维方式的不同，学生之间在数学学习的发展上必然存在着差异，应该允许一部分学生改正自己的答案，逐步达到最佳目标。对此，教师可以选择"二次评价"的形式评价学生。

例如，教学"乘法的一些简便算法"例 1："$35 \times 5 \times 2$ 怎样算比较简便？"时，首先让学生试着自己计算，学生试算后汇报：

生 1：我按照运算顺序从左到右计算。算法为：

$$35 \times 5 \times 2$$
$$= 175 \times 2$$
$$= 350$$

师：同学们，看一看这种算法怎么样？

生 2：生 1 的算法不简便，因为第一步 35×5 口算不方便，第二步 175×2 的口算也不方便。

生 1 又举起了手，并且满眼都是要求再说一说的期盼。教师又一次让生 1 说自己的想法。

生 1：我的第一种算法确实不简便，我又想起来另一种算法：先把 5 和 2 相乘得 10，再把 10 与 35 相乘得 350。算法为：

$$35 \times 5 \times 2$$
$$= 35 \times (5 \times 2)$$
$$= 35 \times 10$$
$$= 350$$

师：谁来评一评这种算法？

生 3：这种算法简便，因为第一步 5×2 得 10 口算方便，第二步 35×10 得 350 口算也方便。

师：生 1 的思维真灵活，给同学们提供了一种简便的算法，建议大家以后做这一类题时采用他的简便算法。

这样的"二次评价",淡化了评价的甄别功能,突出反映了学生的纵向发展状况。特别是对学习有困难的学生而言,这种评价能让他们看到自己的进步,感受到获得成功的喜悦,从而激发新的学习动力。

总之,课堂教学的评价有多种多样的形式,教师在实施中应针对不同的需要进行选择,并将各种形式有机地结合起来,在实践中灵活变通、创造性地使用,这样才能使课堂教学具有发展性,充满生命力。

数学教学评价语言的探索

《义务教育数学课程标准》(2022年版)指出:"发挥评价的导向育人作用,坚持以评促学、以评促教。"苏霍姆林斯基也说:"儿童的尊严是人类心灵里最敏感的角落。保护儿童的自尊心就是保护儿童的潜在力量。"这就要求教师在课堂教学中一方面通过自己的评价语言激励学生,使学生建立自信心,另一方面通过合适的评价语言引导学生开拓思路、提高认识、发展思维。所谓评价语言,就是在课堂教学中教师对学生的情感、观察、思路、操作、汇报、交流、反思等给予的评判,代表了教师对学生学习过程、学习结果、学习情感的认可程度,也是教师给予学生的反馈信息。学生根据教师的评价,对自己的学习活动做出调节。对了,强化正确的见解;错了,则修正学习过程。可见教师的评价对教学有着导向作用。为发挥教师有效的评价语言,笔者在教学中特意做了一些探索,现在把探索情况介绍如下。

一、教师的评价语言应具有正确性

当前课堂教学中,教师的评价语言有两种不正确的现象:一是一概肯定,不管学生见解得对与错,都说"好的""很好";二是轻易否定,教师有着"标准答案",凡是不符合自己的"标准答案"的,即使再有道理也予以否定。这两种对学生学习结果一概肯定或轻易否定的做法是不能给学生以正确引导的。实际上学生的回答不一定是全对,也不一定是全错,教师应该仔细倾听学生的意见,肯定正确的,纠正错误的,补充缺漏的。

例如,一位教师在练习《口算乘法》时,出示下面一道拓展题:"有4束花,每束12朵。如果从每束里拿出2朵,剩下的一共有多少朵花?"

小组研讨后学生汇报。

生1(口述算式):$2\times 4=8$(朵),$12-8=4$(朵),$12\times 3+4=40$(朵)。

该生刚说完,老师便评价:哪来的"3"?看一看,题目中有吗?请坐下！

生2：生1的列式不对，应该先求出"从每束里拿出2朵"以后每束花剩下的朵数：12－2＝10（朵），再求出4束花一共剩下的朵数：10×4＝40（朵）。

师：生2思路正确、想法巧妙。

教师的评价，含蓄地确认了生1的解题方法错了，然而，这实在是不公正的评价。生1的思路不仅没有错，而且逾越了常规思维的界限，闪现了发散性思维的火花，他的思路是：先求出4束花一共拿出的朵数2×4＝8（朵）；这些花全部从其中的一束花里面拿，那么这束花还剩余12－8＝4（朵）；这样其他的3束花就没有动，这些花一共剩下的朵数是12×3＋4＝40（朵）。生1这样奇妙的想法却被教师的评价所抑制，这是多么遗憾的事呀！

给学生以正确的评价，看似简单，实际很不容易。这需要教师有较深厚的功底和灵活的应变能力，也离不开对教材的深刻理解。

二、教师的评价语言应具有针对性

评价语言要符合学生的心理个性特点，依据学生不同年龄特点、心理需要给予不同的评价，这就要求教师的评价语言应具有很强的针对性。对优生的评价立足于"放"，通过教师启发性的提示让他们自己去发现问题，研究和解决问题；对中等生则采用"半扶半放"，评价的内容隐而不露，点到为止，让他们在教师的评价语的提示下，思维跳一跳就能自己解决难题；对学习有困难的学生则着重于"帮"，在评价中既给他们指出产生错误的原因，又给他们提供解决困难的办法，让他们在老师的"搀扶下"逐步学会"走路"。

例如，错题75＋240÷(20－5)＝75＋240÷15＝315÷15＝21

教师对好、中、差犯上题错误的学生的评价分别为：

好生：请想一想，错在哪里？为什么？

中等生：请注意混合运算的顺序，想一想你是否按要求计算的？

差生：你第一步计算是正确的，在第二步中，算式75＋240÷15是两级混合运算，它的运算顺序不是从左往右依次计算，而是什么？请想一想，再计算。

对同一计算错误而不同学习基础的学生作不同的评价，使较好的学生产生适度的焦虑，成为新学习的动因；对中下生来讲，维护了他们的学习积极性。

总之，教学评价语言应结合学生的性格气质、情感、心理距离等因素，因人而异，因课而言，使教学评价语言达到"最优化"。

三、教师的评价语言应具有启发性

启发学生思维，是教师评价语言的重要功能之一，因为学生在课堂学习中会反映出多方面的情况。有时学生的思维偏离了正确轨道，需要老师引导；有时学生只答对了问题的一个方面，另外几个方面需要老师提示……教师根据学生不同的思维方法、学习结果的反映，恰当地用启发性的语言提示或点拨，学生从中得到启发，从而正确全面地掌握知识，点燃思维的火花，创造性地去解决问题。

例如，教学"分数的初步认识"让学生认识$\frac{1}{4}$时，教师可让学生拿出预先准备的正方形纸片，然后说："请折出分数$\frac{1}{4}$，再把折出的分数涂上颜色。"

学生动手操作，然后汇报：

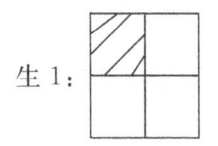

生1：

师：生1同学折得怎么样？

生2：折得很好！

师：为什么？

生2：因为他不仅折得方法多，而且注意到了"平均分"。

师：哪位同学还能对生1的折法给予补充呢？

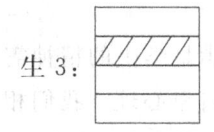

生3：

师：同学们的折法真多！通过动手大家认识$\frac{1}{4}$了吗？

生4：认识了，$\frac{1}{4}$就是把一张正方形纸平均分成4份，每一份都表示$\frac{1}{4}$。

这种启发性的评价语言使学生兴致盎然，学生的思维层层推进，不仅学到了知识，而且学会了怎样评价别人。可见，在课堂教学中，教师特别要注意循着学生的回答，进一步诱导、调控、导向，让他们在积极的思维中相互补充，求异求精。可以这样说，教师评价过程也是学生深受启发、反省的过程。

四、教师的评价语言应具有鼓励性

《课程标准》指出："评价结果的运用应有利于增强学生学习数学的自信心，提高学生学习数学的兴趣。"大家知道，学生都有自尊心，都希望自己的成果得到别人的认可，肯定成功能激起兴趣，增强信心，并能产生动力。真诚地鼓励、由衷地表扬影响学生的一生发展。我们不可小看鼓励性语言的魅力，在教学中只要看到学生的点滴进步，创新的见解应及时鼓励，唤起学生的自信心和继续学习的兴趣。同时消除学生学习数学的畏惧心理，克服学生学习过程中的不良习惯，获得主动学习数学的心向。

例如，教学人教版九年义务教育六年制小学数学第十册130页例3：计算$\frac{5}{8}+\frac{7}{8}$。

让学生试算后汇报。

生：$\frac{5}{8}+\frac{7}{8}=\frac{5+7}{8}=\frac{12}{8}=\frac{3}{2}$。

师：该同学的计算怎么样？谁来评一评？

生1：他"先计算后约分"，不仅计算正确，而且把计算的结果约成了最简分数，真细心呀！

生2：他计算格式规范、计算过程详细、计算结果正确、还没有忘记约分，值得我们学习。

师：同学们会计算、还会评价，值得表扬，需要注意的是不要忘记计算的结果，能约分的要约成最简分数。

确实，鼓励性的评价语言，能唤起学生的情绪，满足学生的精神需要。能激励先进的学生更上一层楼，也能消除后进同学的自卑心理。我们相信，在教师评价语言的激励下，能够带给学生愉快和满足，更激励大家去实现新的成功。

五、教师的评价语言应具有趣味性

《课程标准》指出："每种评价方式各有特点，教师应结合学习内容、学生学习特点，选择适当的评价方式。"我们教师的语言在评价时应该是丰富多彩的，不仅要有理性的评价语言，而且要在适当的时机，恰到好处地来一句妙语、一段幽默小品什么的，也会给学生留下一个思考的空间，放松一下紧绷的理性思维，调动起积极思考的弦，从而创造出一个热烈、和谐、轻松的教学氛围。

例如，教学："果园里桃树的棵数是梨树的2倍，苹果树比桃树多15

棵。苹果树有47棵，三种树一共有多少棵？"

学生独立完成。

很多学生的汇报是：47＋15＝62（棵）　62×2＝124（棵）　47＋62＋124＝233（棵）

老师这时没有直接理性地评价，而是插入一段小品《马大哈送来了信》："小朋友们，你们好！我叫马大哈，我告诉你们，做这种题最容易不过了，只要看见'多'就用加，看到'倍'就用乘。题中'多15棵'只要加上15，就得到桃树的棵数：47＋15＝62（棵），题中'2倍'只要乘2，就得到梨数的棵数：62×2＝124（棵）……"没等马大哈说完，学生们哈哈大笑起来，深深觉得马大哈的话绝对听不得，不能看见"多"就用加法，看见"倍"就用乘法，而要认真分析题中的数量关系谁是大数，谁是小数，谁是标准数，看清求的数是数量关系式中的什么数，然后再确定正确的解答方法。

评价语言的形象生动、活泼新颖，具有引人入胜的教学效果，但是，富有情趣的评价语言一定要适合教学情境，务必要贴切恰当，否则会取得相反的效果。

综上所述，教学评价语言恰当与否，说小一点，关系到课堂气氛、教学效果；说大一点，关系到学生的终身发展，应给予足够重视。在教学中，我们要努力把以上各项和谐统一，才能使教师的评价语言流畅清新、悦耳动听，达到"言泉流于唇齿"的境界。

课堂教学评价主体多元化的探索

《义务教育数学课程标准》（2022年版）指出："有效的教学活动是学生学和教师教的统一。""采用多元的评价主体和多样的评价方式。"在这些新课标的理念下，评价的主体正在悄悄地发生着可喜的变化——由单一走向多元，课堂上开始散发出浓浓的人文气息。这就要求教师更多地成为评价活动的组织者、协调者，学生自己、同学都将参与这一活动，学生也成了评价主体中的一员。评价成了教师、学生的真实感受，真实的活动。师生之间、学生之间评价互动，让评价者始终认为评价是自己的事，评价有了效果；让被评价者最大限度地接受评价结果，评价产生了最大的效果。从而将评价变成学生主动参与、自我反思、自我教育、自我发展、对比反思、共同促进的过程，使课堂评价更全面、公正，更有说服力和指导性。那么，在小学数学课堂教学中怎样才能充分发挥各种主体的评价作用呢？笔者认为应做到以下几点。

一、师评——激励与引导

教师评价这是一种最经常、最普遍的评价方式，即教师对学生的学习直接进行评价。这种评价过程体现了教师的主导作用。《义务教育数学课程标准》（2022年版）强调："评价结果的呈现应更多地关注学生的进步，关注学生已有的学业水平与提升空间。"这说明教师的评价应在激励与引导上下功夫。在课堂上，精准而恰如其分的教师评价能够自然地承上启下，引导学生拾级而上。在教学过程中，如果教师不能很好地钻研并吃透教材，评价起来就显得没有底气，甚至会被学生牵着鼻子走；如果教师能游刃有余地驾驭并处理教材，深入了解学生真实的思维活动，深思熟虑地预见学生课堂上可能出现的各种情况，考虑好多样的评价方案，就会胸有成竹，处变不惊，引领学生螺旋上升。

例如，在教学《圆锥的体积》一课时，教师对圆锥体积公式的推导过程进行了深入细致的思考，因为它是这节课的课眼，是焦点，是核心。为使这一环节符合教材的编写意图，做到科学性与创新性两不误，教师对不同实验结论的处理策略进行了精心预设与评价。

师（过渡）：刚才，有关圆锥体积公式的实验大家做得都很认真，也都有了自己的见解，你们能说说自己的发现吗？

A小组：我们组的实验，圆柱和圆锥是等底等高的，圆柱体积是圆锥体积的三倍。

B小组：我们组的实验，圆柱和圆锥也是等底等高的，圆锥体积是圆柱体积的三分之一。

师（评价）：你们这两组同学的说法实质上是相同的，书上的结论和你们的一样。如果圆柱和圆锥不是等底等高的，它们之间又有什么关系呢？

C小组：我们组的实验，圆柱和圆锥是等底不等高的，圆柱体积是圆锥体积的4倍。

D小组：我们组的实验，圆柱和圆锥是等高不等底的，圆锥体积是圆柱体积的五分之一。

E小组：我们组的实验，圆柱和圆锥是不等底不等高的，圆柱体积是圆锥体积的3.5倍。

师（聚焦）：C组同学用的圆柱和圆锥是"等底不等高"的，结论是"圆柱体积是圆锥体积的4倍"。因此，只要圆柱和圆锥是"等底不等高"

的，圆柱体积就一定是圆锥体积的 4 倍。能不能这样理解呢？（学生犹豫不决，教师适时做演示实验）

生 1：老师用的圆柱和圆锥虽然也是"等底不等高"的，但圆柱体积却不是圆锥体积的 4 倍，看来，这个倍数不是固定不变的。

生 2：跟 C 组同学的圆柱、圆锥相比，我看到老师用的圆柱、圆锥的底和高都变了，所以它们之间的倍数关系也变了。

生 3：看了老师的演示，我明白了：并不是所有的"等底不等高"的圆柱体积就一定是圆锥体积的 4 倍。

生 4：根据刚才的演示和分析，我联想到 D、E 两组同学得出的倍数关系也是一个变化的数。

师（评价）：（抓住本质，帮助学生理解、建构）看来，你们对自己探索出的结论有了进一步的认识，这真是一个有价值的发现！那么，圆柱体积和圆锥体积之间，在什么特殊条件下，有什么特殊的倍数关系呢？

学生口述，教师再次用红色液体准确无误地演示，使学生确信：圆锥的体积等于和它等底等高的圆柱体积的三分之一。

以上教学过程，学生分组实验时，由于使用的是不同类型的圆柱和圆锥，必然会得出不同的实验结论。此时，如果没有对学生的多种实验结论进行有效预设，那么教师就会依照教材上的结论刻板地教，就难以从 C、D、E 三组学生的结论中敏锐地提炼出有价值的信息，也就没有勇气和信心花费时间去引导和评价，这样就可能给学生以误导。而在上述教学片段中，教师通过精准而到位的评价，成了学生学习活动真正意义上的引导者、组织者、促进者。在学生的思维可能误入歧途时，教师没有成为"正确"与"错误"的最高裁定者，而是引导学生进行观察、交流和反省。经历确定性与不确定性的矛盾运动，使评价成为一个强大的磁场，学生对圆锥体积公式有了准确而深刻的认识。

二、自评——反思与赏识

H·雷先科等著的《合作的教育学》一书中指出："儿童每天来到学校，并不是以纯粹的学生——致力于学习的人——的面貌出现的，他们是以形形色色的个性展现在我们面前的。每一个儿童来到学校的时候，除了获得知识的愿望外，还带来了他自己的情感和感受的世界。"这也就是说，学习过程并不是单纯的知识接受或技能训练，而是伴随着交往、创造、追求、选择、喜怒哀乐、自我反思、自我欣赏的综合过程。而自我评价正是培养学生主动学习、自我监督、自我反思、自我调节的有效途径。在教学过程中，充分发挥学生的主体地位，让学生学会欣赏自己、评价自己，通过回顾自己成长的足迹，慢慢意识到自己的进步与不足，提高自我反思和自我评价的能力，在自赏自责中敢于肯定自我，提升自我，这是学生健康成长的不竭动力。在教学中，我们师生一起根据不同的课型制订了不同的学生自评表。

例如，表一：

这节课——

> 我在操作中发现了_____。
> 我的猜想是_____。
> 我用_____证明了我的猜想。
> 我还知道_____。

表二：

这节课——

> 我的兴趣_____。
> 我的表现_____。
> 我的问题_____。
> 我与伙伴的合作_____。

表三：

这节课——

> 我在_____方面表现最好，
> 因为_____。
> 我的收获是_____。

学生灵活使用自我评价表，自主参与了评价过程，学会了反思和自我赏识，自觉总结学习方法，构想各种解题的途径，判断自己学习的效果，找到了自我增长点，不断激励着自己进步。

三、互评——欣赏与收获

教师的评价往往带有一定的价值倾向，对学生的行动有一定的导向作用，这就需要增强评价主体间的互动，以多渠道的反馈信息促进被评价者的发展。《义务教育数学课程标准》（2022年版）强调："综合运用教师评价、学生自我评价、学生相互评价、家长评价等方式，对学生的学习情况进行全方位的考查。"由此可见同伴互评非常重要。同伴之间用欣赏的眼光、中肯的态度互相评价，能够增进双方的了解和理解，易于形成积极、友好、平等和民主的评价关系。并且，对于学生来说，参与评价也是一次好的学习机会，能评价别人的同时修正自己的错误，弥补自己的不足。因此，在课堂教学过程中，要发动学生进行互评，使评价者在评价进程中有效地对被评价者的发展过程进行监控和指导，帮助被评价者接纳和认同评价结果，与被评价者一起不断改进，共同发展。

例如，学生研究了"圆柱体的体积"之后出示例题，让学生尝试计算体积。

指名（后进生，两两合作）板演，其中一组学生明显地看出在互相帮助。大部分同学已经做完，板演的同学动作很慢，但态度极其认真。

师：谁来评一评生1的做题情况？

生2（评价）：生1态度认真，一笔一画都在尽力写好，就连这个句号，写得都很认真，真是一个完美的句号。

生3（评价）：不，有不足之处，答里的单位名称写错了，应该是立方厘米，他写成平方厘米了。

（生1听生3评后修改）

生4（评价）：他这样订正一下，就锦上添花了，我们应该为他的进步鼓掌！

再如：

师：通过今天的学习你有哪些收获？还有哪些问题？

生1（评价）：今天我和我们小组同学共同努力，成功地将圆柱体转化成近似的长方体，并且在老师的帮助下，找到了变化前后的联系，顺利找到圆柱体积的计算方法。

师：自豪吗？（生笑）

师：你认为本节课谁的表现最出色？

生1（评价）：我认为我的表现最出色，因为我最先发现的问题最多。（全体同学鼓掌）

生2（评价）：我也认为××同学的表现最棒，好多问题，我们还没想出来，他就想到了。

生3（评价）：我认为××同学也不错，回答问题很好……

这两个教学片段，学生们评得头头是道。学生互评，调动了学生学习的积极性，而且无论是从时间上，还是从空间上，都有教师无法比拟的优势，学生的互评更全面、更客观，常常记录教师看不到的闪光点。学生互评，能让学生学会欣赏他人，加强了学生之间的交往和了解。

总之，数学课堂教学是在多元空间和连续时间内进行，因此评价的主体和方式必然也是多元化和多样化的，发挥各种主体的评价作用，能够让学生在教师评价、评价自己和评价他人的过程中认识自我、完善自我、发展自我。

小学数学学生自我评价的现状与对策

《课程标准》指出："综合运用教师评价、学生自我评价、学生相互评价、家长评价等方式，对学生的学习情况进行全方位的考查。""评价结果的运用应有利于增强学生学习数学的自信心，提高学生学习数学的兴趣。"由此可知，学生的自我评价是学生对自己的学习过程、学习结果与规范要求进行比较的一种活动。这种比较使学习成为有价值、理智的活动，它有利于发展学生的自我意识，有利于调动学生的学习积极性、增强学习独立性和提高学习质量，有利于学生健康人格的形成。

一、小学数学学生自我评价的现状

在调查中发现，当前小学数学学生自我评价的现状却是：

评价具有依赖性：以老师和同学的评价作为自己评价的标准。

评价具有随意性：走马观花，应付了事，达不到预期的评价目的。

评价具有片面性：以偏盖全，不能以全面、真实、客观的眼光看待自己。

评价方法具有不合理性：不知道应该怎样评价，评价抓不住重点。

评价缺少创新性：评价无新意、不能打破常规出现令人"眼前一亮"的东西。

出现这些现状的原因：

首先，是教师的教学因素。长期以来，受传统教育思想及片面追求升学率思想的影响，教师误认为教学的过程只是传授知识的过程，无须培养学生自评能力。教学评价由教师独揽，"学生做→教师评→学生听"成为一成不变的教学模式，学生成为被动的评价客体，丧失评价的主动权和积极性，导致学生学不到评价方法，成为被动接受知识的机器人。

其次，是学生的心理因素。心理学研究表明，在自我评价过程中，学生的心理活动受年龄状况与教学情境所影响。一般，年龄较大或数学能力较强的学生，心理活动积极稳定，能促进自我评价；反之，心理活动表现为消极被动，会削弱自我评价。常表现为下列四种心理状态：

自卑心理：差生或低年级学生，生活及知识经验贫乏，自评意识浅薄，分析、判断能力差，往往自怨低人一等，在自评行为上常表现为被动与怀疑。

自信心理：优等生或高年级学生，生活及知识经验较丰富，独立分析能力较强，往往过分自信，有时判断失误了还是坚定不移。

从众心理：学习能力差的学生，因对评价方法的无知，所以在评价时束手无策，只好迎合多数随大溜。

权威心理：由于"师道尊严"思想的影响，教师的权威性对学生造成沉重的心理压力，使之未能主宰自己，绝对依赖教师的评判。

二、小学数学学生自我评价能力提升的对策

《课程标准》指出："学生是学习的主体，教师是数学学习的组织者、引导者和合作者。"培养学生自我评价的能力应该先从教师做起，师生互动，共同发展。针对以上现状分析，提出几点对策。

（一）改进教学结构，使学生会自评

课堂教学是小学数学教学的主渠道，教学过程实际上是信息传递、识辨、再生和储存的过程，是一个信息控制系统。反馈原理认为，在这个控制系统中，其信息通道必然是一个闭合回路。根据这个原理，改变原来单一传授知识的结构，增加教学评价方法内容，重新组建教学程序如下：

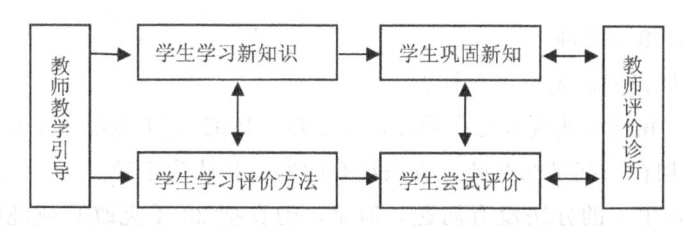

把课堂教学的过程分为两个阶段，第一阶段的任务是引导学生学习新知识与评价方法。第二阶段的任务是巩固新知和进行评价练习。学生在解题之后先自我评价（尝试评价），再参与信息交流。之后，教师引导学生对尝试评价进行讨论评判，并进行画龙点睛式讲解，澄清认识（诊断评价）。使学生对评价方法"从未知到已知，从知之甚少到知之较多"。

例如，教学人教版九年义务教育六年制小学数学第八册第100页例2："3米40厘米是多少米？"教师在出示例题后，鼓励学生小组研讨方法，然后汇报交流。

生1：3米直接写在后面是3米，40厘米除以进率100得0.4米，然后把3米与0.4米加在一起是3.4米。

师：这位同学真会动脑筋，说理透彻，层次分明，他把改写方法分成了三层，第一层把改写前后单位相同的部分直接写在"＝"的后面；第二层把改写前后单位不相同的部分先改写，改写之后再写在"＝"的后面；第三层把得到的两部分加起来就是要求的答案。同学们今后如果用他这种方法一步一步地做题，一定会得心应手的。

生2：我有自己的方法，可以先把3米40厘米改写成340厘米，再把340厘米改写成3.4米。

生3：生2的方法太麻烦了。

师：为什么？

生3：生1只改写了一次就完成了任务，而生2却要连着改写两次，所以麻烦。

师：我们每个人都有自己想问题的方法，生2通过自己的独立思考，得出了一种独特的正确的方法，虽然有点麻烦，还是很棒的。希望大家积极动脑，像生2一样，发明自己的方法。

这是学习的第一个阶段，学生不仅学会了把复名数改写成高级单位的单名数的方法，而且学习了自我评价的评价方法。接着进入第二个阶段的学习，让学生尝试练习100页的"做一做"："9吨20千克＝（　）吨"，学生完成后汇报。

生4：填9.2吨。

师：你说一说填得怎么样？

生4：我把9吨直接写在后面还是9吨，再把20千克改写成0.2吨，最后把两者加在一起是9.2吨，方法没有问题，我认为正确。

生5：生4的方法没有问题，但是，他在把20千克改写成吨时，除以进率100了，应该除以进率1000，小数点向左移动三位是0.02米，所以正确结果应该是9.02吨。

生4：我做题时只注意了改写方法，没有特别注意单位间的进率。今后在做题时，一定要全面考虑问题。

师：刚才的学习，生4同学在进步，同时他还给大家提了个醒：在做题时，一定要全面考虑问题，不要顾此失彼。同学们，我们应该谢谢他！

这样的课堂教学，教师不失时机地对学生在学习过程中表现出来的自主性、主动性、独创性等主体精神和品质进行了激励评价，为学生作评价示范；并且，留给学生练习评价的机会，让学生积极参与评价。学生在学习中不仅学到了数学基础知识，体验到了成功的快乐，而且还从教师和其他同学的评价方法中学到了评价自己的方法，知道了为什么要自我评价，怎样自我评价，什么样的自我评价才最有利于自己的发展。

（二）发扬教学民主，使学生敢自评

发扬教学民主，创设愉悦融洽的教学氛围，有利于激发学生的学习兴趣，调动学生学习的积极性和主动性，使学生敢想、敢说、敢问、敢做、敢于展现自我、敢于自我评价。教学过程中，教师如能经常有意识地置身于学生之中，用尊重、真诚的眼光，热情、和蔼的语言，耐心倾听学生意见，使学生体验到老师真诚的"爱"，这种"爱"，将拨动学生心弦，荡起学生自我展评的浪花，使教与学双方的感情完全融合在一起，能够充分调动学生自我评价的主动性和积极性。

例如，教学人教版九年义务教育六年制小学数学第八册119页第13题（下面各题，怎样简便就怎样算）：12－6.402时，学生计算后汇报。

生1：我仿照整数减法的简便算法，把减去6.402看成减去7，多减了0.598，就加上0.598。列式为：12－6.402＝12－7＋0.598＝5＋0.598＝5.598。

教师微笑不语，满含希望地看着全体同学。此时，这位学生又举手发言。

生1：老师，我刚才的算法不简便，因为把减去6.402看成减去7，多减了的数不好算；如果把6.402拆成6和0.402，然后用12连减拆成的两个数，就更简便。列式为：12－6.402＝12－6－0.402＝6－0.402＝5.598。

话音刚落，全班响起了热烈的掌声。试想，如果没有教师的发扬民主，哪有这位学生的自我否定、正确评价。

（三）采用多种评价方式，使学生自主自评

自我评价是学生对自己的学习活动进行相对独立的评价。它需要在教师的检查、督促和指导下，由易到难，由扶到放，逐步培养和发展。开展自我评价可以采用多种多样的评价方式，最终达到学生主动、积极地自我评价的目的。

1. 随机点评式

这种方式就是随机地自己评一评自己学习时的情感、态度、方式、方法、思维、创新等各个方面的发展变化。在学习中，对自己的学习情况随机地加以评价，总结得失，适时自我调整，能够充分发挥自我评价的自主性，及时给自己提出新要求，促进自己和谐地发展。

2. 自我鉴定式

这种方式就是指出自己学习活动的优点、缺点和努力方向。完成一个学

习任务之后，在"我的学习情况"记载本中，记载自己审题、分析数量关系、算式、运算和检验等学习活动的长处，学习中的困难，学习方法的不足之处及改进措施。

3. 横向对比式

这种方式就是完成同样的学习任务后，让成绩较好的学生、中等学生和有困难的学生代表说一说，是怎么想的、怎么做的，为什么这样想、这样做等，以他们所说的作为参照标准，对照自我，对知识理解的准确性、深刻性、灵活性，知识应用的熟练程度，知识的综合应用能力，学习时的情感与态度等方面进行横向对比，评价自己的学习情况。

4. 回顾总结式

这种方式就是某一单元或某一阶段学习结束后，通过自我回顾、检查、测试等方法进行自我总结，评价自己的学习情况。把评价情况写进数学日记，记录下自己的"闪光点"和不足之处，以便学生及时调整自己的学习策略。

总之，教师要针对教学中出现的不良自我评价现象，认真分析研究，采用多种多样的教学策略加以引导、纠正，提供给学生各种各样的评价机会，帮助学生自我教育、自我进步、认识自我、建立自信，进而培养学生的自我评价能力。

"期待效应"在数学作业中的生成

在小学数学教学中，数学作业是每个学生每天都要完成的任务，久而久之，学生在做作业时出现了优秀作业不能始终优秀、错误作业不能及时订正、有些作业不能按时完成等不良现象，这些现象几乎是每一位数学教师都要面临的问题。为了解决上述问题，笔者在教学实践中采用了期待效应，收到了良好的效果。所谓期待效应又称皮格马利翁效应或罗森塔尔效应，它是心理学家罗森塔尔首先发现的，罗森塔尔等人从小学一年级到六年级中，每个年级各抽出三个班级进行测验。他们随机抽取一些学生的测验结果，然后告诉各任课教师哪些学生将会表现出明显进步，（其实这些学生完全是实验者们随机抽样的，任课教师不知道）。八个月后，再进行测验，发现被指为可能进步的学生成绩确实进步了。除任课教师外，这些学生的名单并未向任何其他人泄露，所以他们认为这个结果是从任课教师的期待中产生的。罗森塔尔借用希腊神话中出现的主人公的名字，把它命名为皮格马利翁效应。

这种现象说明教师的期待不同，儿童受到的影响也不同。要想使一个人发展得更好，就应该给他传递积极的期望。期望对人的行为有巨大影响，积极的期望促使人向好的方向发展，消极的期望则使人向坏的方向跌落。如何在数学作业中向学生传递积极的期望，使期待效应在数学作业中合理生成，使学生不断地向前发展呢？下面谈一谈笔者在教学中的一些做法。

一、一个"好"字，留住优秀的脚步

学生做数学作业，并不是每次都做得很差，也不是每次都做得很好。教师在学生的作业评定中要善于发现学生在作业中偶尔出现的优秀作业，对于它们，教师不仅要给该次作业得"甲"，而且要毫不吝啬地加写一个"好"字，这一个"好"字，不仅是对本次作业的一个肯定评价，而且为学生留下了一个很高的期望，期望学生下一次作业能像本次做得一样好。学生看到后就会感受到教师对自己优秀方面的关注，因而产生一种激励作用，下次做作业时会加倍努力，因而作业会越来越好。

例如，董同学平时的作业都是草草完成，5月8日这一天教师发现她的作业比前面认真了很多，并且题目也做得全对。教师在批改时不仅让她得了一个作业全对时都要得的"甲"，而且在"甲"的后面又加写一个"好"字。这一个"好"字引来了奇迹，第二天她的作业写得更好了，教师批改时也是及时地给她又加写了一个"好"字，第三天、第四天……一直到期末，她一共得了20个"好"字。期末的时候翻翻她的作业，从头至尾闪现着进步的足迹，她也从差生发展为中等生。

二、一道"～～～"线，画下成功的期盼

学生做完作业后，教师及时对作业进行批改评判。如发现错误或不足之处，可用"～～～"线记在该题的题号上或错误之处，对该次作业暂不判"甲"或"乙"，而是把作业及时返回给学生，让学生检查订正，检查订正之后再进行批改评判，这样就把成功的期盼留给了学生。学生对其失误或不足，独自进行分析，找出原因，并进行修正。这种自检自查，有利于学生了解错误的症结，且印象深刻，有利于提高学生分析问题和解决问题的能力以及自我评价的能力，也有利于增强学生的学习责任感，更好地发挥其主体作用。

例如，一位同学在简便计算 $17 \times 4.5 + 5.5 \times 17$ 时这样做：

$$17 \times 4.5 + 5.5 \times 17$$
$$= 17 \times (4.5 + 5.5)$$

$$=17×4.5+5.5×17$$
$$=76.5+93.5$$
$$=170$$

教师在批改时并没有打"×",而是在学生做题中不当的地方加了"～～",然后让该生自查订正为：

$$17×4.5+5.5×17$$
$$=17×(4.5+5.5)$$
$$=17×10$$
$$=170$$

这时才在题后批改为"√"。在以后的计算中，该生再也没有出现过这样"循环简算"的过错。

三、一个"★"号，保持前进的势头

教师对学生修正后的作业再次进行评判批改，若发现仍有错误，这时为了节省时间和给学生以明确的信息，可以给本次作业得"乙"，并给以某种必要的提示，令其再次进行修正。"不愤不启，不悱不发。"凡学生百思不得其解，在启发、诱导下所获得的知识，是学生掌握得最好的，也是记忆最牢的。对于学生这时的作业订正，做对的有的老师仅仅打一个"√"了事。其实在订正正确的题目旁边打一个"√"，还不能更好地激励学生，还可以在所有订正正确的题目后面加一个"★"号，让学生看到老师对学生改正错误的认可与欣赏，这无疑会使学生乐于纠错、积极纠错、保持住学生勇敢前进的势头，就不会再出现错误作业在学生手中不愿意交给老师批改的现象。

例如，周同学的数学作业原来上交得慢，如果作业中有错误的题目，再返回到他的手中订正的时候，那更是一去难再交。一次，他的作业全部订正正确，笔者就在他作业的所有订正题目下面加写了一个"★"号，他问："老师，这是什么意思？"教师笑着对他说："这是对你订正全对的奖励！"他很高兴地说："订正作业还有奖励！真是没有想到！"从此以后，他的作业上交按时了、订正及时了、很少出现让老师跟着要作业的现象了。

四、一串①②③，敲响进步的节拍

学生的作业全部正确后，教师给作业得"甲"，学生对作业的订正全部正确后，教师给订正的题目得"★"。为了区别不同学生的实际水平，可以将"修正次数"——①②③附于"甲""★"之后，作为期待评定作业的重要组成部分。"修正次数"在一定程度上表明了该生认识知识、解决问题过

程的快慢和难易程度，教师可以根据它来区别各类、各层次的学生，以便更好地因材施教。学生也可以从"修正次数"中看到自己是如何进步的，从而体验成功的愉悦。

例如，李同学做作业一次性全部正确，教师的批改评定为"甲"；刘同学做作业经过一次修正后全部正确，教师的批改评定为"甲①"。王同学的作业得"乙"后，对错误题目经过两次订正全部正确，教师对订正题目的批改评定为"★②"，而张同学的作业得"乙"后，对错误题目经过三次订正全部正确，教师对订正题目的批改评定为"★③"。这里①的有无、②和③的加写，既表明了这几位同学掌握这部分知识的情况，也留下了同学们进步的足迹。

总之，以上做法，是一种动态的批改评定作业的过程，它是师生双方共同参与的活动。在这一双边活动中，师生均处于积极主动的状态，二者都是评定者，正是由于师生双边的密切配合，不断地、及时地进行信息的交流和处理，从而促进了整个数学作业过程的优化。这其中传递着教师对学生的期待，包含着教师对学生独特的深情，学生潜移默化地受到了影响，他们对做数学作业变得更加自信、自爱、自强，奋发向上的激流在他们的血管中荡漾。

细细评错误　错误也出彩

"失败是成功之母，错误是正确的先导。"任何一位学生的回答，至少反映出两点：一是他参与学习的过程，二是他正试图通过自己的努力来解决问题。学生只要是认真思考的，其回答往往带有一定的创造性，即使是错误的，也可以折射出其思维的火花。课堂教学中随时都可能出现学生的智力性错误回答，对这些错误回答的评价，有的老师怕被学生的错误回答纠缠住浪费时间，不是不让学生说到底，就是立即请好学生重新说；有的怕学生乱说，打扰正常的课堂秩序，学生一说完，老师就忙不迭地予以纠正；更有甚者，对学生的回答干脆不置可否。凡此种种，都表明不少教师在教学中对学生的错误回答没有引起重视，没有很好地、艺术地评价，使"错误信息反馈"这一"软性教学资源"白白地浪费掉。教育心理学研究表明，知识的肯定例证传递了最有利于概括的关键信息，否定例证则传递了最有利于辨别的信息。那么，如何评价学生的智力性错误回答呢？下面谈一谈笔者在教学中的一些做法。

一、积极面对，使其"言无不尽"

当发现学生的回答有"越轨"的苗头时，要鼓励他们"言无不尽"，即把想说的全部说出来。这样不仅可以保持学生旺盛的求知欲，而且维护了他们的自尊。所以，我们不放过任何一个学生的错误回答，热情鼓励他们说到底，然后抓住典型的错误案例进行"解剖麻雀"，使全班同学在错例分析中受益。

例如，人教版九年义务教育六年制小学数学第五册第30页的例2：口算 $69÷3$。

研讨后，一位学生的回答是：得5！

其他的学生沉不住气了，纷纷举手要求发言。

教师先示意大家安静，然后对着那个学生说：说说你的想法！

生：我先把69分成6和9，然后用 $6÷3$ 得2，$9÷3$ 得3，最后用 $2＋3$ 得5。

师：你想不想修改一下刚才的想法？

生（看到其他同学的反应，当然想）：想！我的想法改为：先把69分成60和9，然后用 $60÷3$ 得20，$9÷3$ 得3，最后用 $20＋3$ 得23。

师：为什么要这样改？

生：因为 $6＋9$ 得15，$60＋6$ 得69，69能分成60和9，不能分成6和9。

这样的评价，不仅突破了本例题的学习难点，而且让学生看到了自己的发展，无疑会成为学生学好数学的催化剂。

二、寻根溯源，使其"言之有理"

面对学生的错误回答，教师和其他同学可以先不要纠正，而是先让该生说出这样想、这样做的道理来，即让他"言之有理"，要寻根溯源，使学生从表面回答转向将已内化的思维过程公布于众，这就是所谓的"充分暴露思维过程"。这样教师就能对症下药，收到立竿见影的效果。同时，个别学生的错误思维方法也会给其他学生的思维提供借鉴。有时，在说的过程中，学生还会有新的认识和提高。

例如，人教版九年义务教育六年制小学数学第九册第47页的例1：一个服装厂计划做660套衣服，已经做了5天，平均每天做75套。剩下的要3天做完，平均每天要做多少套？

研讨后，学生回答，一位学生的列式为：$(660－75)÷3$。

教师心中有数，不急于给学生以否定评价，而是让他讲：为什么这样列式？

生：先求剩下的，列式为：660－75；再用剩下的除以3，就得到"平均每天要做多少套"。

师：75在题中表示什么？

生：表示前5天平均每天做的套数。

师：总共的套数减去5天中1天做的套数，能得到做5天后剩下的吗？

生：我做错了，应该先求已经做的套数，列式为：75×5；再求剩下的套数，列式为：660－75×5；最后求出所求问题，列式为：(660－75×5)÷3。

师：如果不改变"660－75"为"660－75×5"，那么题中的条件应该怎么改？

生：把题中的"已经做了5天，平均每天做75套"改为"前5天做了75套"。符合我的列式。

这一精彩巧妙的评价，取得了一题两得的效果，同时淡化了学生对自己回答失败的认识，激发了学生学习的兴趣。

三、将错就错，使其"不攻自破"

当学生的回答出现明显的错误时，教师可不直接点破，而是巧妙设问，顺着学生的错误思路去分析，使其"受挫愈深"，然后再将已有的正确知识与学生的错误结论相对比，促成自相矛盾，使其不攻自破，这样能收到"得益愈丰"的效果。

例如，学习小数的基本性质时，教师出示材料，学生观察、研讨、概括后，一位同学把小数的基本性质说成："小数点的后面添上0或去掉0，小数的大小不变。"

教师微笑着说：6.05的小数点的后面有0吗？

生：6.05的小数点的后面有0。

师：把6.05小数点的后面的0去掉得几？

生：得6.5。

师：6.05变成6.5，小数的大小变化了吗？

生：(不好意思笑起来)，应该怎么说才正确呢？哦！把"小数点的后面"改写成"小数的末尾"就对了！

教师按学生的错误结论引申到另一个明显的错误实例，学生最后发现自己的结论与实例有矛盾，在受挫中加深了对小数的基本性质的理解，明白了"小数点的后面"与"小数的末尾"的区别。

四、分解评价，使其"消除自卑"

面对学生的错误回答，教师不要全盘否定，而要仔细分析学生的回答，把学生回答中的正确部分与错误部分分解出来，分别进行评价，即所谓分解评价。正确的给予充分肯定，让他们看到希望，进而消除他们的自卑感；错误的让它明显地凸显出来，突出这一错误的危害性，进而引起所有同学的重视。

例如，人教版九年义务教育六年制小学数学第六册第11页的例3：48×72。

学生试算后，一位同学的汇报是：

$$\begin{array}{r} 4\ 8 \\ \times\ 7\ 2 \\ \hline 9\ 6 \\ 3\ 3\ 6 \\ \hline 3\ 3\ 5\ 6 \end{array}$$

如何评价才有利于调动他学习的积极性、消除他的自卑呢？教师采取分解的方式进行评价：首先，48×2计算结果正确，数位书写也正确；其次，48×70计算结果正确，数位书写也正确；最后，只是两部分乘得的积相加时百位数漏加了进位数1。与此同时，逐一在两部分乘得的积和最后结果的右面分别批上相应的"√"或"×"。相比之下，"√"多于"×"无疑增强了他学习的自信心，而唯有的一个"×"，不仅指出了问题所在，同时更明显地突出了这一差错的危害性。为了让他在全班同学面前表现自己的发展进步，教师以信任的目光让他订正过来。他满怀信心、认真仔细地演算，结果成功了。对此，批了一个大大的"√"，还特意加了一个"★"，他望着老师给他的评价，载着胜利的喜悦，高高兴兴地回到了自己的座位上。

五、引发争论，使其"思维趋同"

学生在学习过程中，常常会出现意见分歧。面对各执己端的回答，教师不应对回答错误的一方给予压制，而应该抓住这个契机，因势利导，引发争论。通过争论，不仅可以加深对知识的理解，提高辨析能力，而且能极大地调动学生的内驱力，产生学习的向心力。

例如，学习"三角形面积的计算"时，做完把三角形转化成已经学过的图形的实验，学生回答。

学生甲：两个大小相等的三角形都可以拼成一个平行四边形。

学生乙：两个形状一样的三角形都可以拼成一个平行四边形。

这时，教师把同意学生甲意见的学生分为甲组，把同意学生乙意见的学生分为乙组，请他们展开讨论，说出各自的理由，并给对方提出意见。

甲组：按你们乙组的说法，这样两个形状一样的三角形（边说边画出：△）能拼成一个平行四边形吗？

（学生笑）

乙组：按照你们甲组的说法，这样两个大小相等的三角形（边说边画出：高3厘米 底6厘米　高2厘米 底9厘米）能拼成一个平行四边形吗？

（学生大笑）

甲组：你们说怎么说才对？

乙组：把我们两种说法合起来：两个大小相等并且形状一样的三角形都可以拼成一个平行四边形。

甲组：说得太麻烦了，可以简单地说：两个完全一样的三角形都可以拼成一个平行四边形。

（这时，全班同学响起了热烈的掌声）

通过争论，学生明白了各自说法的错误，并从中受到启发，思维趋同，达成共识。这样的评价，会使学生的思维越来越严谨，促使他们不断发展。

总之，如果教师回绝了学生的错误回答，不能给予学生恰当的评价，不仅不利于激发学生的学习热情，难以查出学生思维的"症结"，而且更难以审时度势，调控自己的教学进程。这就要求我们教师，一定要灵活地评价学生的智力性错误回答，使学生在各自不同水平的基础上，逐步发展"自我"，完善"自我"。

第四章 数学日记采珍

小学生写数学日记的实验研究

一、课题提出的背景

自 2006 年以来，台儿庄区实验小学确立了枣庄市教育科研课题"建立促进学生全面发展的评价体系研究"的课题实验，在这一课题的基础上笔者又确立了其子课题——"小学生写数学日记的实验研究"。该课题以《义务教育数学课程标准》（2022 年版）提出的"评价不仅要关注学生数学学习结果，还要关注学生数学学习过程，激励学生学习，改进教师教学"评价理念为指导，以建构主义理论"学习者是主动的建构者，而不是事实信息的记录者，他们在以往的生活、学习和交往活动中，逐步形成了自己对各种现象的理解和看法，是自己独特知识结构的创造者，并具有利用现有知识经验进行推论的智力潜能；知识的学习是一种真实生活的应用，有意义的学习是反省和自我调控的，学习的本质是社会及特定情境的"为理论基础，以激励性、自主性、多样性、客观性、生活性为原则，用集体荣誉感和数学的现实性、趣味性、挑战性、探索性激发学生写数学日记的兴趣，突出了对学生人格的全面评价，突出了对学生的发展变化的评价，突出了对学生的成长历程的评价，体现了评价的真实性和情景感，给每个学生的数学学习留下了美好的"足迹"。

二、课题研究中的主要做法

（一）明确什么是"数学日记"，点亮实验的起航灯

1. 明白什么是"日记"

中国社会科学院语言研究所词典编辑室编著、外语教学与研究出版社 2002 年出版的《现代汉语词典》在 1627 页对"日记"的解释为："每天所遇到的和所做的事情的记录，有的兼记对这些事情的感受。"

商务印书馆2001年修订版的《新华词典》在827页对"日记"的解释为："每天所遇到的和所做的事情的记录，并常兼记对这些事情的想法和感受。"

把两者进行对比，可以看到，后者对"日记"的解释较全面，在本实验中以后者作为对实验的界定。

2. 思考"数学日记"属于"日记"中的哪一类别

汉语大词典出版社1999年出版的《小学生语文手册》在596页说明："作为应用文的日记，在内容上一般分为两类：一类是综合性的，凡是在一天中有值得记录的事情或感受，都可以在日记中有所反映。还有一类是比较专一的，如《航海日记》、《养兔日记》等。""有些文学作品也用日记的形式，如鲁迅的《狂人日记》，这不属于应用文的范围。"由此看来，日记可以分为：应用文日记与非应用文日记两类，其中应用文日记又可分为综合性日记与专一性日记两类。如下：

$$日记\begin{cases}应用文日记\begin{cases}综合性日记\\专一性日记\end{cases}\\非应用文日记\end{cases}$$

通过实验笔者越来越认识到：有的"数学日记"属于"应用文日记"，这时它属于"专一性日记"，有的"数学日记"属于"非应用文日记"。

3. 知道什么是"数学日记"

在实验中，笔者通过对千余篇"数学日记"的分析，通过对实验的反思与总结，得出了"数学日记"的概念。"数学日记"就是让学生以日记的形式评价记录自己或他人的学习、探索和应用数学的情况。它不仅可用于评价学生对知识的理解，而且可用于评价学生的思维方式；不仅可以对他所学的数学内容进行总结，而且可以像和自己谈心一样写出他们自己的情感态度、困难之处和感兴趣之处。同时，教师还可以根据学生的数学日记来获得学生有关数学的一些信息，便于及时评价学生和调整教学策略。

（二）制定"数学日记"的格式，搭起实验的脚手架

刚开始实验时，有的学生对写数学日记是无从入手，有的学生写起来是只言片语，有的学生写起来是人云亦云，有的学生写起来是言之无物。

针对以上情况，笔者采取了以下几种数学日记的格式，以便学生解决怎样写的问题。

1. 常规式

即在一般情况下记录所想写内容的方方面面的一种数学日记格式。

例如：

姓名：_____ 日期：_____ 天气：_____

今天数学课的课题：_____

所涉及的重要数学概念：_____

理解得最好的地方：_____

不明白或还需要进一步理解的地方：_____

所学的内容能否应用在日常生活中，举例说明：_____

例如：

姓名：徐同学　日期：5月29日　天气：晴

我们今天学习了"三角形"，知道了：什么叫三角形，三角形的特征，三角形的分类和三角形的稳定性在实践中的广泛应用。这节课，我学得最好的地方是三角形的特征，还有一个地方我还不理解："为什么钝角三角形中只能有一个钝角，不能三个角都是钝角呢？"我问了其他几个同学，他们也不会，明天我再请老师给我讲一讲。你看，有问题就是好，它能让我想得多，把所学知识理解得透彻。

2. 三句半式

即采用"三句半"的艺术形式，把所记的内容分为三大部分外加一小部分的一种数学日记格式。例如：

姓名：_____ 日期：_____ 天气：_____

第一句确定主题是写什么，第二句把主题展开写一写，第三句抓住一点详细写，最后半句是还想写些什么再写写。

例如：周同学学习小数的乘法后写的一篇数学日记：

姓名：周同学　日期：5月29日　天气：晴

计算小数乘法不用急，

按照整数乘法算出积，

小数点可不是都对齐，

是数的！

3. 散文式

即自己自由地写，只要有一个中心，有一个详细点，有一个心得体会即可。例如：

姓名：孙同学　日期：7月12日　天气：晴

题目：老师！您的姓不用倒着写了！

我现在十分喜欢学数学，数学成绩也非常好，学校的数学竞赛每次我都能代表我们班参加,在生活中我也喜欢用学到的数学知识解决一些小问题,爸爸说我是个"数学迷",同学们说我是"数学疯子",我是一天不学数学就坐卧不宁,反正我是离不开数学了!

我这么喜欢数学,我的数学成绩这么好,是因为两件事情的影响。一件事发生在我转学前的那个学校。记得还是二年级的时候,只要是语文课我就听得津津有味,只要是数学课我就有点心不在焉。一次期中考试,我语文考了95分,数学考了60分,教数学的张老师找我谈话,说:"你的数学成绩很差,在班级是后几名,语文很好,在班级是前几名,这说明你并不笨,只要认真学数学,数学成绩也能像语文一样好!"我说:"我一定认真学!"老师说完就走了,我说完也没有当回事,还是像以前那样学数学、学语文。到了期末考试,那是我对数学最担心的时候,因为我对我的数学成绩不抱有多大希望,而老师和妈妈都非常重视数学。数学成绩一下来,我又傻了眼,我仅仅考了67分。张老师把我叫到办公室,拿着我的试卷,指着分数大声说:"孙同学,你看看,你的成绩又没有超过70分,比上次考试你进步了吗?你怎么这么不争气!"我低着头,一声不响。老师越说越生气,一拍桌子说:"你这辈子也别想考好了,你要能考90分,我的姓倒着写!"我一听,又是害怕、又是着急、又是难过,眼泪止不住流了下来,张老师看了看我,低声说:"你回去吧!"回到了教室,我大哭了一场;回到家,我又痛哭了一场,我发誓:我一定要把数学学好!这一次,我开始行动了,每天在老师布置的作业之外又加做3道数学题,可是,在数学课上我还是提不起精神。

不知是什么原因,我转学了,转到了实验小学,又发生了第二件事。在数学课上,我觉得数学老师对我很有信心,因为老师每次提问我不举手时,老师总是用两只大大的眼睛看看我,我从中看到了老师对我的信心,老师只要一看我,我就举起了手,准备回答问题!渐渐地,我喜欢上了数学,并且越来越喜欢了。

现在,每次数学考试,我都能得到90多分。幸亏我转学了,要不然,张老师的姓要倒着写了。不过,我想对张老师说:"老师!您的姓不用倒着写了!那是您说的气话,您不这么说,我的数学成绩不会这么好,在这儿,我谢谢您!"

以上几种数学日记的格式,学生可以自由地选择,选择一种自己喜欢的,适合自己情况的熟练加以运用,以内化为自己的一种技能。

(三)确立"数学日记"的内容,促进学生的全面发展

数学日记所包含的内容是丰富多彩的,可以说只要是有关数学的知识、

技能、意志、情感、活动、经验、实践都是数学日记所要写的内容。

1. 课堂日记

主要是学生对自己课堂学习情况的记录。通常会记录下学生在上课时知识技能掌握情况、听讲情况、合作情况、思维情况、创新情况、应用情况的一些表现。例如：

姓名：郭同学　日期：4月9日　星期六　天气：小雨

今天我们班的同学到二中与北京来的刘德武老师一起上数学课。在上课时，看到那么多的老师都看着我们、听我们的课，我非常害怕，随着上课的进程，集中精力起来，我望着他们，又一点都不害怕了。这告诉我：只要一心一意做事，就什么也不会害怕了。

讲课的老师很有趣，他的样子特别和蔼可亲，我一点儿也没有怕他的意思。课上到中间，听着他讲课，我明白了，他是个特别好的老师，我特别喜欢他给我们讲课！

在这堂课上，我学会了在不知道东西有多少或数不清时，要想知道得经过四步：一是先猜测一下有多少。二是动手实践，就是去做、去研究。三是比较验证，看看与估测的有什么不同，是多了还是少了。四是反思一下这样做有什么作用和从中得到了什么。

这一节课，我学到的知识可真多！我要用我学到的方法去研究我能看到的所有物体！

2. 思维日记

主要记录学生上课、作业、解决问题时的思维过程。例如：

姓名：沙同学　日期：5月8日　天气：晴

老师给我们讲了一道题：5800万千米＝（　　）亿千米。一个小组是这样做的：万千米和亿千米之间的进率是10000，就用5800万千米除以进率10000，小数点向左移动四位，是0.58亿千米。我还有一种想法：先把万千米改写成千米，是58000000千米，再在它亿位的右下角点上小数点，是0.58亿千米。怎么样，我的方法好吗？

3. 合作日记

主要记录学生在数学学习中与同学互相帮助、互相促进、互相学习、合作交流的情况。例如：

姓名：张同学　日期：6月3日　天气：晴

今天，我又没有认真听讲，所以上交作业做得那么慢。不会的题，我就去问同位同学，他有点不想讲，这我知道，是因为这几天我一个劲地问他题，把他问烦的缘故，我不怨他。唉！今后一定得认真听讲。于是我就去问刘同学，她给我讲得非常细。交上作业，老师夸我做得好，我非常高兴。其实，老师应该夸那位同学，至于是哪一位同学，我想大家已经知道了。

4. 生活日记

主要用来记录孩子们在生活中遇到的感兴趣，并有亲身体验的有关数学的情景记录，使学生感到生活中处处有数学。例如：

姓名：谭同学　日期：5月8日　天气：多云

今天中午，妈妈让我买1元5角钱的白糖和打2千克酱油，给了我一张10元的钱。我买了之后，售货员找给我6元3角钱。回家的路上，我算了算：1千克酱油1元6角钱，2千克就是3元2角钱，再加上买白糖的1元5角钱，一共花了4元7角钱，10元－4元7角＝5元3角，应该找给我5元3角钱，那他多找给我1元钱。我又回去找售货员，他边把多找的钱收回去边说："你真诚实，是个好学生！"啊！我用数学啦，数学的作用好大呀！

5. 情感日记

主要记录学生在数学学习中所表现出来的情感与态度发展变化的情况。例如：

姓名：王同学　日期：3月31日　天气：晴

今天中午，我发现张同学抄靳同学的数学学习指导，我想了一会儿，到底报告不报告老师呢？如果报告了，是为她好；如果不报告的话，就害了她。于是我就告诉老师，老师把她喊了出去，她进来的时候一声也不响，好像生我的气了。这样的事，到底该怎么办呢？

6. 考试日记

主要记录学生在数学考试前的应试情况，考试中的做题情况，考试后的经验总结情况。例如：

姓名：杨同学　日期：6月18日　天气：晴

今天，我们考完试了，成绩也已经下来了，我估计能考90分以上，谁知才考了87分。我都是马虎做错的，如："一个整数的末尾添上两个0，原来的数就扩大100倍。"这个判断题是错的，因为在0的末尾添上两个0就不成数了，我疏忽了这一点。以后一定要仔细分析、全面考虑问题。

7. 探索日记

主要记录学生有关数学的自主探究、主动发现、实践创新的过程。例如：

姓名：任同学　日期：3月19日　天气：晴

我在玩计算器时发现了一种现象：21－12＝9　　43－34＝9　　65－56＝

9　76－67＝9　87－78＝9　……　321－123＝198　432－234＝198　543－345＝198　654－456＝198　765－567＝198　……　4321－1234＝3087　5432－2345＝3087　6543－3456＝3087　7654－4567＝3087　……　54321－12345＝41976　65432－23456＝41976　76543－34567＝41976　……通过观察发现：几个连续的自然数组成一个整数，按从大到小的顺序排列组成的数减去按从小到大的顺序排列组成的数，如果组数的数字的个数一定，所得到的差就相等。你说数学奇妙不奇妙？通过研究，我知道了：只要你认真研究，你就能发现很多好玩的事情。

8. 故事日记

主要记录学生身边发生的或听到的一些数学小故事。例如：

姓名：王同学　日期：3月23日　天气：晴

今天我在家里，给爸爸出了一道题：10+10等于多少？爸爸说："20"，我说："错！"爸爸说："得多少？"我说："得18，10和10叠起来，不就是18吗？"说完，我们都笑了。

9. 老师日记

主要记录学生对老师的态度、情感、建议等内容。例如：

姓名：张同学　日期：4月29日　天气：晴

老师这节课表扬了我三次，一次是孙同学不会移动小数点，我站起来对他说："只要扩大就向右移，只要缩小就向左移。这样对应起来就好记了。"老师夸我总结得好。第二次是做既扩大又缩小的题，我有我的好方法：是先综合，确定是最后扩大了还是缩小了，再移动小数点。老师夸我方法新颖、有特色。第三次是我一直积极回答问题。老师夸我学习劲头足。我这节课上得可高兴了，老师，我想对你说："以后上课，您就多表扬我们，每一位同学都要表扬表扬，我保证我们班上每一节课都会乐开了花。"

10. 成长日记

主要记录学生在学习中进步情况及存在问题和改正问题的过程。例如：

姓名：杨同学　日期：3月20日　天气：晴

今天上课，我的精力总是不集中，老是想这想那，成绩也在下降，好像是掉进了陷阱（精力不集中），又无力向上爬。我想：我一定要用最大的力气，爬上这可恶的陷阱！也希望同样掉进这陷阱里的同学，尽快爬上来。

姓名：杨同学　日期：3月24日　天气：晴

今天我真高兴，因为我终于爬上这可恶的陷阱了。陷阱！这是个多么可怕的字眼啊！但是如果你努力努力再努力，这个陷阱就不那么可怕了，世上无难事，只要肯登攀。今天的天气真好！同学真好！学习真好！

11. 闪光日记

主要记录自己在数学学习中的经验、心得、体会及每一个成功之处、优秀之点。例如：

姓名：张同学　日期：6月19日　天气：晴

经过积累，我已经写了三十多篇数学日记了。我们组的同学都夸我写得好，我总结了一下，有一点经验：写今天发生的有关数学事件的过程；写我自己学数学的想法；写数学的用途……只要抓住前面的内容详细写，就可以写一篇好日记。

班级对我的月评价：你被评为数学日记小名人，祝贺你！我们相信按照你的方法，全班同学都能写一篇好日记。王同学虽然学习不好，只要向你学习，她的进步一定会非常快的。

（四）探索"数学日记"的实施方法，打造实验的推动器

刚开始实验的时候，要求学生做到："日记日记，每天都记。"学生有新鲜感，所以写得认真、仔细。可是，一段时间后，每天都记日记的弊端就显现了出来。有的学生说："天天写日记，日记成了负担。"有的学生说："天天写日记，怎能每次都写好？"有的学生说："天天写日记，日记那么多，日记怎么评价？"

1. 针对以上情况，笔者对日记的时间安排和书写次数进行了调整：

（1）一个星期可以写两篇日记，多者不限。

（2）你感到有东西可写的时候再写，一定要写好。

2. 对日记的讲评，做到了以下几步：

首先，由各个小组每周根据组员平日书写日记的情况进行交流。看每个同学在原有基础上的发展，充分肯定成绩，自觉找出不足，发现每个人闪光的因素，及时公布，书写"闪光日记"，让每个学生都有成功感。

其次，每个月召开一次数学日记交流会，收集各个层面上优秀的数学日记，选出"数学日记小名人"，以班集体的名义表扬，并在"闪光日记"中加记某方面突出进步的内容，同时启发各个小组自觉找差距，明确下一步的努力方向。

最后，学期末由教师、组长、组员进行一次广泛交流展示活动。推出优秀写作小组和优秀个人，选出"数学日记小明星"，张榜表扬并向家长报喜，同时在"闪光日记"中加记"数学日记小明星"标记，发挥评价的导向作用。

三、实验所取得的研究成果

经过一段时间的实验，数学日记已渗透于数学学习的各个方面，完全融入学生的行为之中，变成了一种自觉性的数学习惯，变成了一串学生成长的脚印，在数学教学中展现着她独特的魅力。学生已经充分理解了什么是数学日记，怎样写数学日记，怎样写好数学日记，什么样的数学日记才有价值。总之，笔者完成了实验的阶段性任务，达到了预定的目标，取得了可喜的成果。

（一）数学日记是评价情感、态度、价值观的工具

《义务教育数学课程标准》（2022年版）在总体目标中指出："对数学具有好奇心和求知欲，了解数学的价值，欣赏数学美，提高学习数学的兴趣，建立学好数学的信心。"这明确指出培养学生的情感态度非常重要，之所以说情感（如态度、价值观）重要，是因为他们在很大程度上影响学生的未来行为；之所以我们去改善学生的学习态度，是因为如果学生的学习态度是积极的，他在未来的学习中也将会对学习有积极的态度。这种关系可以表示为：

$$\text{当前的情感状态} \xrightarrow{\text{预示}} \text{将来的行为}$$

当前情感和将来行为之间的关系：个体情感状态可以揭示个体将来的行为。但事实上，很少教师会有意识地培养学生的情感态度，而对学生的情感态度进行评价的教师就更是凤毛麟角了。为什么会这样呢？最主要的原因是它不好操作。而数学日记就为我们提供了评价学生情感、态度、价值观的工具，使我们对学生情感、态度、价值观的评价成为可能。

例如，姓名：张同学　日期：3月15日　天气：阴

今天，我们班发生了一件不愉快的事，数学课上竟然把老师给气哭了。老师！现在我真想对您说：对不起！请您别生气了！我很爱您！看到今天您生气的样子，我感到很难过！因为是我们把您惹生气了。老师！不知道您现在还生气吗？以前我们对数学没有什么兴趣，是您设计了许多有趣的数学游戏，让我们在每节课上都有欢声笑语，使我们对数学改变了看法；又是您认真地帮助我们复习，使我们的成绩有了很大的提高。每次上您的课，我都感到很愉快。现在您生气了，我很担心您不再给我们讲课了，老师！请您原谅我们吧！或许我们调皮淘气了点，但我们保证绝对不是针对您的，我们也是

无心把您惹生气的。老师！难道您真的不再给我们上课了吗？我写这篇日记时心里一直很害怕，害怕失去您，这么好的老师……老师！过去的就让它过去吧！我保证在以后的日子里，勤奋刻苦地学习，争取用最好的成绩，来回报您辛勤的劳动和甜甜的微笑。老师！笑一笑吧！再给我们讲个小笑话，让我们一起快乐学习吧！

读过这篇日记就可以看出张同学对老师无限的爱、对数学课的喜爱、对数学课的喜爱的原因、对自己的责备、对学好数学的信心以及知错就改的决心。读过这篇日记我们可以知道，下一节数学课同学们会怎样地投入，效果会怎样地突出。

（二）数学日记是联系生活的桥梁

数学家华罗庚说过："宇宙之大，粒子之微，火箭之速，化工之巧，地球之变，日用之繁，无处不用数学。"这是对数学与生活的精彩描述。新课程标准也强调"人人学有价值的数学"。数学日记是一座架起生活与数学的桥梁。通过写数学日记可以让学生更好地感受生活中的数学，理解数学在生活中的应用，让学生会从数学的角度去观察和体验生活，激发用"数学眼光"看社会的兴趣，培养学生的"数感"，进而激发他们热爱数学，学好数学，为他们的可持续发展奠定基础。通过学生一篇篇的数学日记，笔者感到很欣慰，虽然有些日记还很稚嫩，但笔者发现这些孩子已经在用数学了，已经能体会到数学在生活中的用处了。

例如，王同学的数学日记：

姓名：王同学　日期：5月1日　天气：晴

今天，我从外面刚进家，妈妈就把我叫到了跟前。

妈妈说："快来给我帮帮忙！咱家的商店刚进了一批笔记本，每本的进价是10元。我通过调查知道：如果按照进价30%的利润定价，既好卖又赚钱。你说，应该卖多少钱一本？"

我说："这太简单了！先算每本想要获得的利润是 $10 \times 30\% = 3$（元），再加上每本的进价10元，应该卖 $10 + 3 = 13$（元）一本。"

妈妈说："你可给我帮了大忙了，咱就卖13元一本了！"

嘿！学数学还真有大用处呢！

姓名：王同学　日期：5月6日　天气：晴

吃过晚饭，妈妈对我说："咱进的这批笔记本已经卖出80%了，最近几天按我的定价卖，来买的人很少，为了吸引顾客、卖得快一点、尽早卖完，我打算把余下的笔记本按定价的一半出售，也就是半价出售，你给我算一算，这样做可行不可行？"

我想了想说："我们的笔记本是按照进价 30% 的利润定的价，也就是说定价是进价的 1＋30%＝130%，卖出 80% 之后，卖得的价钱相当于进价的 130%×80%＝104%，这说明我们现在不仅已经把进笔记本的钱全部挣过来了，而且还获得了 104%－100%＝4% 的利润。剩下的笔记本你想怎么定价就怎么定价，卖得的钱都是我们获得的利润了。所以余下的笔记本半价出售完全可以！"

妈妈说："你再算算，如果这样卖，这批笔记本我们全卖完之后能挣多少钱？"

我看了看妈妈说："笔记本按定价的一半出售，卖得的价钱相当于进价的 130%×50%＝65%，因为还剩下 20% 的笔记本，所以剩下的笔记本卖得的价钱相当于进价的 65%×20%＝13%。这样，把笔记本全部卖完后，实际卖价相当于进价的 104%＋13%＝117%，因此实际获得的利润是 117%－1＝17%。妈妈，你没有告诉我，我们商店一共进来了多少本笔记本，我是不可能算出来这批笔记本全卖完之后能挣多少钱的！"

妈妈说："你看我，光想问你了，忘了告诉你，我们商店这次一共进来了 100 本笔记本。"

我说："这就容易了！这批笔记本我们的总进价是 10×100＝1000（元），全卖完之后获得的利润是 1000×17%＝170（元）。"

妈妈高兴地说："你能用学到的数学知识帮我解决难题，让我知道了这笔生意的利润，这样就可以使我们的生意做得更活了。谢谢你！宝贝！"

通过记数学日记，学生能更多地从生活中获取数学知识、增长数学才能，又能把学到的知识与技能应用于生活中去，所以在体会到数学的来源的同时，肯定会更加热爱数学与生活。

（三）数学日记是激发探索创新的平台

荷兰著名学者弗赖登塔尔说过："学习数学唯一的正确方法是实行再创造。"也就是由学生本人把要学的东西创造出来，教师的任务是引导和帮助学生去完成这种再创造。数学日记可以不拘泥于课本限制，也不受到教师的束缚，学生可以综合运用自己的基础知识，大胆进行尝试，独立对问题进行探究。这有助于培养学生的创造力，发展他们的个性。学生在日记中常常迸发出创新的火花。例如，下面是王同学写的一组数学日记。

姓名：王同学　日期：6月9日　星期一 天气：晴转阴

下午放学时，老师给我们布置了一道家庭作业，要求大家想办法测算一次性筷子的体积,并用数学日记的形式将测算过程记录下来。

一回到家,我就静静地坐在书桌前思考这个问题。一次性筷子的形状是一个不规则的立体形状,怎样才能测算出它的体积呢?我思来想去,一会儿抓耳挠腮,一会儿摇摇头……终于,有了一点眉目。我可以将一次性筷子放入装满水的容器中,这样容器中的水就会溢出来,溢出水的多少不就是筷子的体积吗?可是筷子比水轻,会浮在水面上,又该怎么办呢?可不可以用石头或胶布之类的东西将筷子固定住呢?我想应该是可以的,但这些办法测起来又都太麻烦了,要是有更简便的方法该多好啊!经过冥思苦想,我终于自豪地笑了。

我去餐馆买了一份盒饭,并特意要了几双一次性筷子准备做实验。

一回到家,想到可以做实验了,心情真有点激动,但又夹杂着几丝恐慌,我可不想让第一个方案刚一出炉就遭到淘汰。为了验证实验方案是否正确,我专门测量了筷子的长度(20厘米)、厚度(0.35厘米)和两端的宽度(分别为1.6厘米、0.8厘米)。由于一次性筷子近似于梯形体,我便利用梯形体的体积计算公式来计算筷子的体积,由计算结果可知,一次性筷子体积大约为8.4立方厘米。如果实验测得的结果和我所计算的结果近似的话,那么就说明我的实验是成功的,否则,我就得另想办法。我迫不及待地拿起爸爸从单位借来的烧杯。接满水后,小心翼翼地将烧杯放在盆子里,确保烧杯中的水不漏洒。接着,我用小刀在筷子上刻了一道痕迹,把筷子分成了两部分,这一道痕迹就是筷子两部分的分界线,我准备分两次来测量筷子的体积。

实验开始了,我紧张极了,心怦怦地跳,我拿筷子的手也不时地发抖,但我尽量克制住这种激动的情绪。我将筷子缓缓插入烧杯里,尽量不让筷子晃动,否则溢出来的水就太多了,测定结果就会不准确。当第一次将筷子的一部分插入烧杯中后,看到烧杯中的一些水溢到了盆里。烧杯再装满水后,又将筷子的另一部分插入其中。最后,我将两次溢到盆里的水倒入另一个有刻度的烧杯中,这样就得到了筷子的体积。

结果,我失败了。实验测得的筷子体积只有3立方厘米,跟我计算的筷子体积相差甚远。起初,我还有些不相信,经过反复思考,我终于明白了失败的原因。原来是因为烧杯的口径太大了,即使烧杯没有装满水,人的视觉也会看成是装满的,加之筷子的体积又太小,且烧杯的刻度又过大,导致了实验结果的偏差。因此,我得改进改进实验方法才行。相信我会成功的,不是说失败是成功之母吗?

姓名：王同学　日期：6月10日　星期二　天气：晴

这天中午，爸爸买来一些桃子让我洗，我把桃子放进只有半盆水的盆里，刚要洗桃子，我看见盆里的水快要满盆了，洗完桃子之后，我把桃子从盆里拿出来，我又看到盆里的水和原来差不多了。我突然有了测算一次性筷子的体积的办法，快乐极了，拿起桃子，一连吃了好几个。我从仪器室借了一个细长的量筒，刻度单位很小，每个单位只有1毫升。

首先，我用铅笔在一次性筷子上画了一道分界线，将筷子平均分成两段，并用水浸泡，以免筷子在测定过程中吸水。随后，将筷子插入量筒中，并用滴管将水滴入量筒中，让量筒内的水涨到筷子的分界线上，记下量筒内的水位刻度（38毫升）后，将筷子从量筒内取出，再记下量筒内的水位刻度（34.5毫升），前后两次水位刻度之差就是这一部分筷子的体积，即3.5立方厘米。用同样的方法，我又测量了筷子另一部分的体积是5立方厘米，两次测定结果相加得到这双筷子的体积为8.5立方厘米。当我得到这个结果时，我兴奋地叫了，此时的我是多么自豪、多么骄傲啊！

接着，我又按每人一天使用1双计算出了我们学校（2500人）及全国（12亿人）一年消耗的一次性筷子量，分别是 $8.5×2500×365=7756250$（立方厘米）$=7.75625$（立方米）和 $8.5×1200000000×365=3723000000000$（立方厘米）$=3723000$（立方米）。这结果使我大吃一惊，每年竟有这么多的木料做成一次性筷子被浪费了，真是太可惜！在此，我呼吁全校的同学，不！是全国人民，也不！应该是全世界的每个人都不要再使用一次性筷子了，只有这样，才能保护好我们的森林资源，使我们共有的地球环境更加美好，让地球上的每一个人呼吸到干净、清新的空气。

（四）数学日记是吐露心声的小屋

美国心理学家罗杰斯说过："成功的教学依赖于一种真诚的尊重和信任的师生关系，依赖于一种和谐安全的课堂气氛。"通过让学生写数学日记，拉近了老师与学生的距离，拓宽了老师与学生交流的空间，和谐了师生关系。日记可以畅所欲言，把因害怕老师或碍于面子不敢说的均可写到日记里。如学习中碰到的困难、对老师或同学的意见、自己的心里话、学习后的反思等。"亲其师，信其道"，教师针对各个学生的情况及时给予回复及帮助，这样不仅让每个学生心里的疑团云开雾散，而且体验到老师是多么关心他，激发他们以更大的热情投入学习中，增强学生的自信心。另外数学要通过交流才能得以发展，学习数学更离不开交流，学生的数学日记是他们最好的交流素材。

例如，于同学的数学日记：

姓名：于同学　日期：9月19日　天气：晴

老师！我给您提个建议。我是一个近视的女孩，在您写字的时候，您总是写得那么小、那么轻。我呢？总是看不清，为此我感到非常烦恼，使我不想上课了，作业的题也就错得多了，成绩也慢慢下降了，妈妈也骂我了！老师！我给您提的这个建议希望您能接受。

阅读了于同学的日记后，我马上采取措施，把字板书得又大又重，于同学会心地笑了。可见，数学日记加强了师生之间的交流，师生之间就变成了朋友一样的关系，互相信任、互相理解、互相尊重、共同进步、共同发展。

（五）数学日记是体验成功的乐园

苏霍姆林斯基说过："在人的心灵深处，都有一种根深蒂固的需要，就是希望自己是一个发现者、研究者、成功者，而在儿童的精神世界中，这种需要特别强烈。"数学日记是儿童体验成功的乐园，它可以使不同层次的学生得到发展，使每位学生体验到欢乐、体验到成功。当学生写出自己的日记后，教师要尽量寻找某一优点加以表扬，如你会把所学的数学运用到生活中去了、你写的日记进步真大、你真了不起、你是小小数学家、你有自己的想法真是个爱动脑筋的好孩子等，带着这些鼓励学生更喜欢写数学日记了。让每个学生都有机会在全班同学面前朗读自己的日记，有利于学生们取长补短，获得更多的信息；有利于提高学生的交流能力；有利于增加他们的自信心。信心源于日常生活中成功体验的不断积累，让学生从老师的评价中享受成功的体验，在同学互评、自评中不断体验到成功的快乐。平时老师还应及时修改有一定思想的日记组织投稿，当学生看到自己的名字出现在报纸杂志上时，我们看到的将是他最灿烂、最自信的笑容，那时的情景一定会让他终生难忘的。

（六）数学日记是自我评价的阵地

重视学生参与，尤其是学生的自我评价和反省，是当前评价改革的主要方向之一。写数学日记能够为学生提供一个用数学的语言或自己的语言表达数学思想方法和情感的平台。通过日记的方式，学生可以对新学的知识进行总结、反思。例如：

姓名：孙同学　日期：12月18日　天气：晴

这次我的数学考试考得很不好，这是我上四年级以来第一次考得这么差，为了这个我很不开心，我还哭了好几次。一想到一道判断题我就很遗憾，因为这道判断题我先做对了，然后犹豫来犹豫去，又改了，结果做错了，这是我上课不注意听讲，对知识理解得不透彻的缘故。一想到我的同桌我就生气，要不是因为他在上课的时候经常和我打架，我就能考好了，因为我平时的成绩一直很好。我真烦他！我真烦我自己！以后上课再也不这样了。

学生通过数学日记，反省自己的学习过程，从而发现自己的优势和不足，形成追求进步的愿望和信心，明确改进的目标和途径，在学习与发展中不断进取。

（七）数学日记是促进教学相长的媒介

数学日记是一面镜子，它让教师看到学生的学习情况，更让教师看到了自己的不足，从而不断地改变自我，提高自身素质。教学活动是师生的双边活动，而学生是学习的主体。只有全面了解学生，教师的指导才能有的放矢，教学效果才能达到最优化。教师可以从学生写的数学日记中了解到学生理解问题的方式，看到他的解题思路、推理过程、数学方法的掌握情况以及还存在的问题，这不但有利于教师及时掌握各个学生的学习情况并加以帮助，更有利于提高教师自己对学生数学学习心理过程的分析、把握能力以及教学能力。在人们的脑海中有一种根深蒂固的观念就是只有学生向老师学习，而没有老师向学生学习的道理。在新的教学观点下这种观念应退居二线了，学生有着巨大的潜力，从学生的日记中可以明显感觉到，确实存在着一些教师没有想到的高明的思想方法，特别是有一些优秀生，他们的解题思路有时真是别具匠心，让我们教师不得不自叹不如，所以我们要善于向学生学习，互相提高。数学教学中，教师可以创造更多的向学生学习的机会。例如，为了捕捉到学生思维的火花，可以给出一些比较灵活的问题，让学生解答，也可以作"一题多答"或"多题一答"的训练。教学过程中，教师如果真正发扬教学民主，诚心诚意地把自己放在与学生平等的位置上，虚心地向学生学习，必定可以获得丰厚的回报。

例如，姓名：韩同学　日期：4月6日　天气：阴

今天我碰到了一道难题：小红爬一层楼梯要花 24 秒的时间，她家住在 6 楼，要花多少时间才能从一楼走到家？我计算 $24 \times 6 = 144$ 秒，可是正确答案却是 120 秒，为什么会这样呢？

读过这篇日记后，教师及时在班上对日记中的问题做了讲解，为同学解除了困惑，可见，数学日记为教师提供了有效的教学信息，促进了教师的教学。

第五章　应用意识采珍

第一节　小学数学与高考

小学思维方法与高考

在阅读《中小学数学（小学版）》2010年第7—8期时，受《小学生也会解的中考数学试题解析》一文启发，发现小学生也能解答很多高考题。现采撷出来与大家分享，和大家一起体验数学学习从小学一年级到高三的一贯性，感受数学基本方法的强大力量，享受用小学的方法解决高考题的愉悦。

题目1【2010年山东省普通高等学校招生全国统一考试（理科数学）第一题"选择题"第8题】

某台小型晚会由6个节目组成，演出顺序有如下要求：节目甲必须排在前两位，节目乙不能排在第一位，节目丙必须排在最后一位。该台晚会节目演出顺序的编排方案共有

(A) 36种　　(B) 42种　　(C) 48种　　(D) 54种

分析与解：根据题意，我们假设6个节目分别为甲、乙、丙、④、⑤、⑥，根据"节目甲必须排在前两位"，可知，编排方案有两种情况：一种是节目甲排在第一位。这时，如果节目乙排在第二位时有：甲、乙、④、⑤、⑥、丙，甲、乙、④、⑥、⑤、丙，甲、乙、⑤、④、⑥、丙，甲、乙、⑤、⑥、④、丙，甲、乙、⑥、④、⑤、丙，甲、乙、⑥、⑤、④、丙等6种方案，由于乙可以在二、三、四、五等四个位置，所以，这种情况一共有 $6×4=24$（种）方案。第二种情况是节目甲排在第二位。这时，如果节目乙排在第三位时有：④、甲、乙、⑤、⑥、丙，④、甲、乙、⑥、⑤、丙，⑤、甲、乙、④、⑥、丙，⑤、甲、乙、⑥、④、丙，⑥、甲、乙、④、

⑤、丙，⑥、甲、乙、⑤、④、丙等6种方案，由于乙可以在三、四、五等三个位置，所以这种情况一共有 6×3＝18（种）方案，因此，该台晚会节目演出顺序的编排方案共有 24＋18＝42（种），故正确的选择是（B）。

题目2【2010年山东省普通高等学校招生全国统一考试（文科数学）第一题"选择题"第6题】

在某项体育比赛中，七位裁判为宜选手打出的分数如下：

90　89　90　95　93　94　93

去掉一个最高分和一个最低分后，所剩数据的平均值和方差分别为

（A）92，2　　（B）92，2.8　　（C）93，2　　（D）93，2.8

分析与解：小学阶段能解决的是平均值部分。去掉一个最高分95和一个最低分89后，所剩数据的平均值为：（90＋90＋93＋94＋93）÷5＝92，所以可以选（A）或（B）中的一个。

题目3【2010年山东省普通高等学校招生全国统一考试（文科数学）第三题"解答题"第19题】

一个袋中装有四个形状大小完全相同的球，球的编号分别为1，2，3，4。（Ⅰ）从袋中随机取两个球，求取出的球的编号之和不大于4的概率；（Ⅱ）先从袋中随机取一个球，该球的编号为 m，将球放回袋中，然后再从袋中随机取一个球，该球的编号 n，求 $n<m+2$ 的概率。

分析与解：中学数学中所讲的"概率"这个词，在小学数学里用"可能性"表述。

（1）根据题意，从袋中随机取两个球，会出现的情况有：1＋2＝3，1＋3＝4，1＋4＝5，2＋3＝5，2＋4＝6，3＋4＝7，共6种。从袋中取两个球编号之和不大于4的情况有：1＋2＝3，1＋3＝4，共2种，所以取出的球的编号之和不大于4的概率（即可能性）是 $2÷6＝\dfrac{1}{3}$。

（2）先从袋中随机取一个球，该球的编号为 m，将球放回袋中，然后再从袋中随机取一个球，该球的编号为 n，这样做所有可能出现的情况（m 在前，n 在后）为：(1，1)，(1，2) (1，3)，(1，4)，(2，1)，(2，2) (2，3)，(2，4)，(3，1)，(3，2)，(3，3)，(3，4)，(4，1)，(4，2) (4，3) (4，4)，共16种，其中，$n<m+2$ 的情况有：(1，1)，(1，2)，(2，1)，(2，2) (2，3)，(3，1)，(3，2)，(3，3) (3，4)，(4，1)，(4，2)，(4，3) (4，4)，共13种，所以满足 $n<m+2$ 的概率（可能性）是 $13÷16＝\dfrac{13}{16}$。

题目 4【2010 年山东省普通高等学校招生全国统一考试（基本能力测试）第五题"用脚丈量祖国的每一寸热土，用心感受母亲的每一次脉动。"第 31（2）题】

今年是农历虎年，我国的虎文化源远流长。我国民间有十二生肖纪年的传统，按鼠、牛、虎、兔、龙、蛇、马、羊、猴、鸡、狗、猪年的顺序循环。今年 6 月 9 日是中学生小明的 16 岁生日，与他年纪相仿、生日相同的小强属鸡，小强是____岁。

分析与解：根据"我国民间有十二生肖纪年的传统，按鼠、牛、虎、兔、龙、蛇、马、羊、猴、鸡、狗、猪年的顺序循环"，可知，十二生肖每 12 年有一个循环，从虎年往后数 7 年为鸡年。今年是农历虎年，往上推算，2010－12＝1998（年）为虎年，1998＋7＝2005（年）为鸡年，属相为鸡的人今年可能为：2010－2005＝5（岁），不符合与小明 16 岁年纪相仿的要求。今年是农历虎年，往上推算，2010－24＝1986（年）为虎年，1986＋7＝1993（年）为鸡年，属相为鸡的人今年可能为：2010－1993＝17（岁），符合与小明 16 岁年纪相仿的要求。所以，小强是 17 岁。

题目 5【2010 年山东省普通高等学校招生全国统一考试（基本能力测试）第五题"用脚丈量祖国的每一寸热土，用心感受母亲的每一次脉动。"第 35（3）题】

我国 2005～2009 年货物进出口总额的变化情况如下图所示。

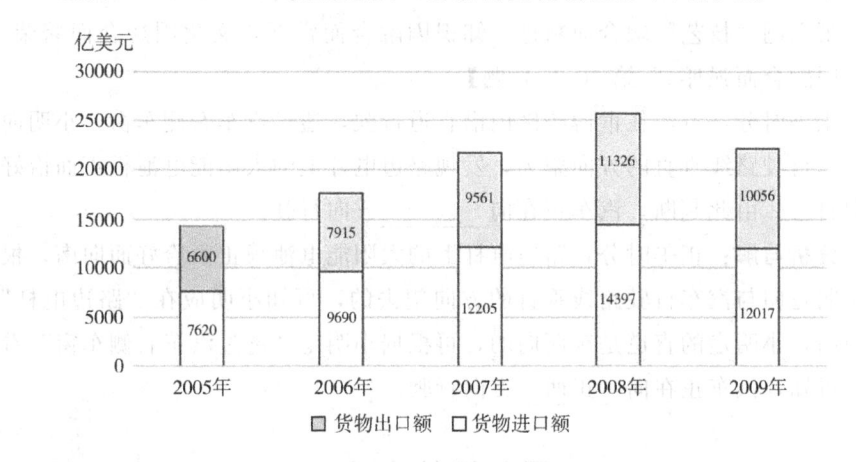

亿美元

年份	货物出口额	货物进口额
2005年	7620	6600
2006年	9690	7915
2007年	12205	9561
2008年	14397	11326
2009年	12017	10056

下列判断正确的是（　　）
①2005～2009 年持续保持货物贸易额差
②2009 年货物进、出口额较上年均有下降，成货物贸易逆差
③2009 年货物进、出口额较上年均有下降主要受国际金融危机影响

④2009年货物出口额与进出口总额较2007年均有下降

A. ①③　　　　B. ①④　　　　C. ②③　　　　D. ②④

分析与解：贸易总额是由出口额跟进口额两部分构成，某国出口额大于进口额为顺差，反之为逆差。(1) 2005年至2009年，每一年的货物进口额和出口额相比较，都不一样，所以，判断"①2005～2009年持续保持货物贸易额差"正确。(2) 2009年货物进口额与上年（2008年）比较：10056＜11326，有下降；2009年货物出口额与上年（2008年）比较：12017＜14307，有下降，所以，2009年货物进、出口额较上年均有下降。2009年出口额与进口额相比较，12017＞10056，应为货物贸易顺差，因此，判断"②2009年货物进、出口额较上年均有下降，成货物贸易逆差"错误。由于货物进出口和国际联系密切，2009年有国际金融危机，判断"③2009年进、出口额较上年均有下降主要受国际金融危机影响"正确。(3) 2009年货物出口额与2007年出口额相比：12017＜12205，所以，2009年货物出口额较2007年有下降。2009年的货物进出口总额为：10056＋12017＝22073（亿美元），2007年的货物进出口总额为：9561＋12205＝21766（亿美元），22073＞21766，所以2009年货物进出口总额比2007年有上升，因此判断"④2009年货物出口额与进出口总额较2007年均有下降"错误。综上所述，本题应选 A. ①③。

题目6【2010年山东省普通高等学校招生全国统一考试（基本能力测试）第六题"技艺因融合而精进，知识因融合而常新，文化因融合而繁荣，民族因融合而强盛。"第36（5）题】

正午时分，汽车在世博园区内沿直道行驶，透过汽车右侧车窗，小明向与汽车行驶路线垂直的方向望去，发现路边电杆上的太阳能电池板正面恰好面向自己。由此判断，汽车正在向_____方向行驶。

分析与解：正午时分，路边电杆上的太阳能电池板正面恰好面向南，根据小明是向与汽车行驶路线垂直的方向望去的，可知小明应在"路边电杆"的南面，小明走的直道是东西向的，再根据小明是"透过汽车右侧车窗"看的，可知，汽车正在向__正西__方向行驶。

用分解的方法

所谓分解法就是指把一个大问题分解成若干个小问题分别解决，然后把各个结果合起来，最后得到所要求的答案。这种方法在小学数学学习中有很多时候都要用到，小学生巧妙运用分解法也能解答一道高考中的题目。

题目：【2003年全国普通高等学校招生统一考试数学（文史类）试题第二大题填空题第（6）题】

如图，一个地区分为五个行政区域，现给地图着色，要求相邻区域不得使用同一颜色。现有四种颜色可供选择，则不同的着色方法共有（　　）种。（以数字作答）

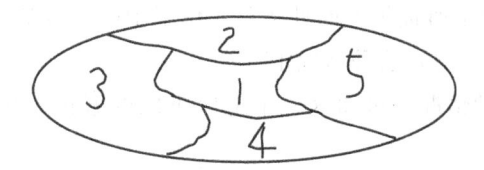

分析与解： 题中的条件告诉我们"有4种颜色可供选择"，就可以把4种颜色假定为A色、B色、C色、D色。再由题中的图形可知：这个地区的五个行政区域编号为1、2、3、4、5，其中1号区域位居中央。按照要求"相邻区域不得使用同一颜色"，我们给这些区域着色可以分解为以下几种情况：

（1）2号与4号区域着色相同，同时3号与5号区域着色不同。

在这种情况下，当2号区域着A色时，4号区域也一定着A色，那么把3号、1号、5号区域有顺序地着色，着色方法可以列成表一。

3号	1号	5号
B	C	D
B	D	C
C	B	D
C	D	B
D	B	C
D	C	B

2号	1号	4号
B	C	D
B	D	C
C	B	D
C	D	B
D	B	C
D	C	B

3号	1号	5号
B	C	B
B	D	B
C	B	C
C	D	C
D	B	D
D	C	D

表一　　　　　　表二　　　　　　表三

由表一可知这时有6种着色方法。而2号区域可以着A、B、C、D四种颜色，所以在这种情况下，一共有6×4＝24种着色方法。

（2）2号与4号区域着色不同，同时3号与5号区域着色相同。

在这种情况下，当3号区域着A色时，5号区域也一定着A色。那么，把2号、1号、4号区域有顺序地着色，着色方法可以列成表二，由表二可知，这时有6种着色方法。而3号区域可以着A、B、C、D四种颜色，所以在这种情况下，一共有6×4＝24种着色方法。

（3）2号与4号区域着色相同，同时3号与5号区域也相同。

147

在这种情况下，当2号区域着A色时，4号区域也一定着A色，那么，把3号、1号、5号区域有顺序地着色，着色方法可以列成表三。由表三可知，这时有6种着色方法。而2号区域可以着A、B、C、D四种颜色，所以在这种情况下，一共有6×4＝24种着色方法。

(4) 2号与4号区域着色不同，同时3号与5号区域着色也不同。

因为"相邻区域不得使用同一颜色"，在这种情况下，2号、4号、3号、5号区域就着了所提供的四种颜色，位于中间部分的1号区域就不能按要求着色了，所以(4)这种情况不存在。

综合以上几种情况，可知这一个地区不同的着色方法一共有24＋24＋24＝72种。

第二节　应用的智慧

突破各种常规的方法

我们解决问题，往往会出现按照常规方法解答非常困难的情况，这时，需要想方设法把常规突破，打开新思路，寻找新方法。在探索中常常会有奇妙的发现，能够找到解决问题的巧妙方法。

一、突破平面常规，打开立体思路

例1：一块蛋糕切三刀，最多能切多少块？

分析与解：按照常规，在同一平面上切三刀，三刀两两相交，最多可以切7块（如图1）。可是实际生活中的蛋糕是立体形状的，切蛋糕时完全可以联系生活实际，突破平面，立体考虑，在蛋糕的上面交叉切两刀，出现了4块，然后在立体蛋糕的中部横切一刀，这样先切成的蛋糕又被分成了上下两部分，即切成了4×2＝8（块）（如图2）。

图1　　　　图2

二、突破图内常规，打开图外思路

例2：公园中心有9棵树（如图3），园丁每天都要推车到树边浇水，而他的车子拐弯和后退都不灵活。所以，行车路线要尽量减少拐弯的次数。后来他琢磨出一条巧妙的行车路线，车子只要拐3次弯就可以浇一遍水。他是怎样走的？

分析与解：如果按照常规思路，仅在几棵树之间拐来拐去，很难找到答案，我们不妨走出图内，走到图外，把图内图外结合起来思考，解决问题就很轻松，方法也很巧妙（如图4）。园丁按照图示的路线走就可以了。

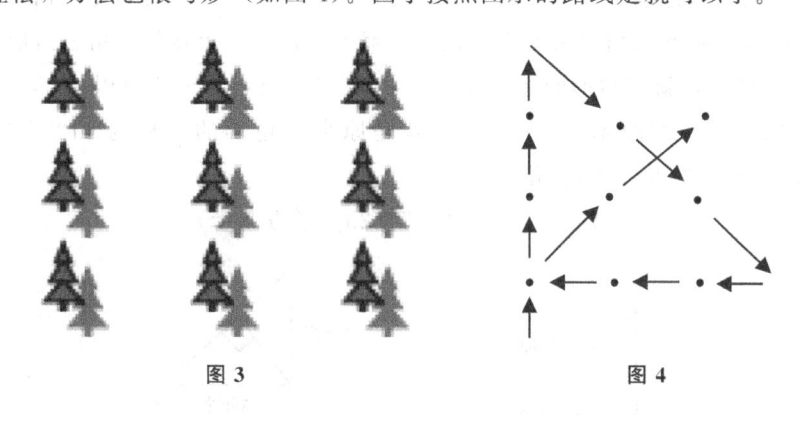

图3

图4

三、突破平移常规，打开倾斜思路

例3：有10个杯子放成一排，左侧5个装满水，右侧5个是空杯（如图5）。请问，最少移动几个杯子，才能使满杯与空杯相间排列（如图6）？

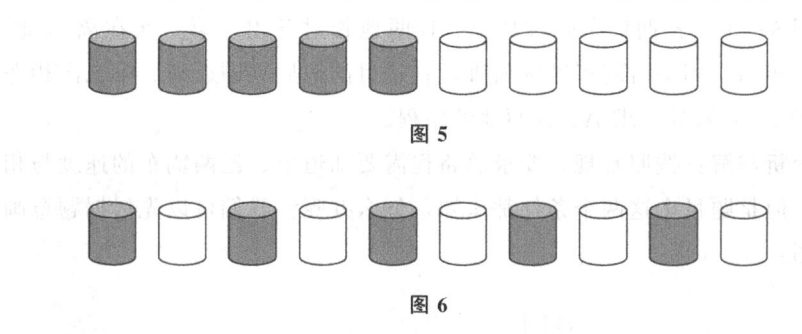

图5

图6

分析与解：常规的方法是，将左边第2个满杯与第7个空杯交换位置，将左边第4个满杯与第9个空杯交换位置。先后移动了第2、4两个满杯和第7、9两个空杯，共4个杯子。我们可以突破杯子在我们心中只许平移的常规，打开把杯子倾斜的思路，就可以得到具有独创性并且更为简单的方法：将第2、4杯中的水直接倒入第7、9杯中。这样，只移动了2、4两个杯子就解决了问题。

四、突破单一常规，打开组拼思路

例4：有一个等腰直角三角形（如图7），它的最长边为15厘米。这个三角形的面积是多少平方厘米？

分析与解：按照常规思路，要求三角形的面积需要先求三角形的底和高，而现在只知道三角形的底边，不知道三角形的高，很难求出三角形的面积。我们可以把这一常规思路突破，再拿一个与原来的三角形完全相同的三角形，与原来的三角形两条直角边重合就可以拼成一个新的直角三角形（如图8），这样，新三角形的底和高都是15厘米，新三角形的面积是15×15÷2＝112.5（平方厘米），它的一半就是原来三角形的面积为112.5÷2＝56.25（平方厘米）。综合算式为：

$$15×15÷2÷2＝56.25（平方厘米）$$

图7　　　　图8

五、突破部分常规，打开整体思路

例5：甲、乙两辆车同时从A、B两地相对开出，第一次在离A地75千米处相遇。相遇后两车继续前进，到达目的地后立即返回。第二次相遇在离B地55千米处。求A、B两地的路程。

分析与解：按照常规，要求总路程需要知道甲、乙两辆车的速度与相遇时间，但是题目中这两个条件都未知，怎么办呢？我们可以先根据题意画出线段图：

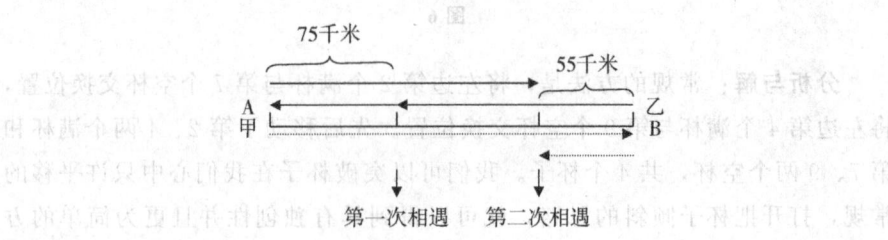

150

观察线段图，我们可以突破每一个部分条件，从全程的角度进行考虑。甲、乙两车从出发到第一次相遇，合走了一个全程，其中甲走了 75 千米。从图中可以知道，当第二次相遇时，甲、乙两车一共合走了三个全程，甲车就应该行了三个 75 千米，即 75×3＝225（千米）。从图中还可以看出，甲车一共行的路程比一个全程还多 55 千米，所以，全程为 225－55＝170（千米）。综合算式为：

$$75×3－55＝170（千米）$$

从上面的例子可以看出，我们解决问题时多考虑考虑实际情况、多一点奇思妙想，是可以把常规突破，轻松解决问题的。

错中求解的方法

一些同学在进行加、减、乘、除以及混合运算的计算过程中，有时粗心大意，将算式中的一些数字或符号抄错，就会使计算结果产生错误。如果我们能结合四则运算各部分之间的关系和计算法则，通过分析错因，从错题入手，就可以找到纠正错误的方法，从而得出正确的结果。

一、加法错中求解

例 1：小强在计算两个数相加时，把一个加数个位上的 1 错误地当作 7，把另一个加数十位上的 8 错误地当作 3，所得的和是 1958，原来两数相加的正确答案是多少？

分析与解：把一个加数个位上的 1 错误地当作 7，使和增加了 7－1＝6，这时原来的和是 1958－6＝1952；又把另一个加数十位上的 8 错误地当作 3，使和减少了（8－3）×10＝50，所以原来两数相加的正确答案是 1952＋50＝2002。综合算式为：

$$1958－(7－1)＋(8－3)×10＝2002$$

二、减法错中求解

例 2：小明在计算一道减法题时，把减数 298 错写成 289，计算结果是 3823。求这道减法题正确的结果是多少？

分析与解：根据"把减数 298 错写成 289，计算结果是 3823"，可以知道被减数是 3823＋289＝4112，这道减法题正确的结果是 4112－298＝3813。综合算式为：

$$3823＋289－298＝3813$$

三、乘法错中求解

例 3：一个学生在做两个整数的乘法时，把一个因数的个位 4 误作为 1，得出的乘积是 525；另一个学生也在做这道乘法，他把这个因数的个位 4 误作为 8，得出的乘积是 700。这道乘法正确的乘积应该是多少？

分析与解：我们把没有写错的因数称作第一个因数，把写错的因数称作第二个因数。根据题意可知，第二个因数的个位 4 误作为 1 进行计算，积就少了第一个因数的 4－1＝3 倍，525 就比正确的积少了第一个因数的 3 倍；第二个因数的个位 4 误作为 8 进行计算，积就多了第一个因数的 8－4＝4 倍，700 就比正确的积多了第一个因数的 4 倍；由此可以得出 700－525＝175 就相当于第一个因数的 3＋4＝7 倍，所以第一个因数是 175÷7＝25，正确的乘积是 525＋25×3＝600。算式为：

第一个因数是：(700－525)÷[(4－1)＋(8－4)]＝25

正确的乘积是：525＋25×(4－1)＝600

四、除法错中求解

例 4：小刚在计算一道除法题时，把被除数 171 错写成 117，结果商比原来少了 3，而余数恰好相同，求这道除法题中除数是多少？

分析与解：根据"小刚在计算一道除法题时，把被除数 171 错写成 117，结果商比原来少了 3，而余数恰好相同"，可知，171 与 117 的差 171－117＝54 一定是除数的 3 倍，所以除数为 54÷3＝18。综合算式为：

(171－117)÷3＝18

五、混合运算错中求解

例 5：欢欢在做计算题 (1800－□)÷25＋192 时，没有注意题里的括号，先用□里的数除以 25，然后再按加减运算的顺序计算，得 1968。这道题应该得多少？

分析与解：根据题意可知，欢欢是按照 1800－□÷25＋192＝1968 的顺序计算的，进而可以得出：□÷25＝1800＋192－1968＝24，□＝24×25＝600。所以，原题的算式是 (1800－600)÷25＋192，这道题应该得 (1800－600)÷25＋192＝240。

六、其他错中求解

例 6：老师在黑板上写了 13 个自然数，让小明计算它们的平均数（得数保留两位小数）。小明算出的答案是 12.43。老师说："最后一位数字错了，其他数字都对。"正确的答案是多少？

分析与解：根据老师说的话和小明算出的答案，以及近似数的保留要求，我们可以知道正确的答案在 12.40 与 12.49 之间，那么原来 13 个数的总和在 12.40×13＝161.2 与 12.49×13＝162.37 之间，由于原来 13 个数都是自然数，它们的和一定是一个整数，所以它们的总和是 162，它们的平均数（得数保留两位小数）是 162÷13≈12.46

用分组的方法

一些题目"庞大"，数目复杂的计算题，往往给人一种又繁又难的感觉。如果我们计算时注意观察，认真思考，根据题目特点，灵活运用分组的方法，就可能使计算简便、巧妙起来。

一、根据运算符号分组巧算

例 1：计算 98＋97－96－95＋94＋93－92－91＋……－4－3＋2＋1

分析与解：观察全式，可以发现每四个运算符号依顺序重复出现一次，所以可以以每四个数为一组进行计算。由于分的组中不包括最后两个数 2 和 1，因此一共有（98－2）÷4＝24（组）。

原式＝(98＋97－96－95)＋(94＋93－92－91)＋……＋(6＋5－4－3)＋(2＋1)

＝4×24＋3

＝96＋3

＝99

二、根据因数分组巧算

例 2：计算 2000×1999－1999×1998＋1998×1997－1997×1996

分析与解：题目中每两个相邻的乘法算式都有相同的因数，我们可以把含有相同因数的两个乘法算式相结合分为一组。

原式＝(2000×1999－1999×1998)＋(1998×1997－1997×1996)

＝1999×(2000－1998)＋1997×(1998－1996)

＝1999×2＋1997×2

＝(1999＋1997)×2

＝3996×2

＝7992

三、根据和分组巧算

例 3：计算 1991＋199.1＋19.91＋1.991

分析与解：题目中的小数都接近整数，我们可以先把题目中的每个小数都分拆成一个整数与一个小数的和；然后把所有整数相加的和分为一组，把所有小数相加的和分为一组。

原式＝1991＋(199＋0.1)＋(19＋0.91)＋(1＋0.991)

＝(1991＋199＋19＋1)＋(0.1＋0.91＋0.991)

＝2210＋2.001

＝2212.001

四、根据差分组巧算

例 4：计算 (2＋4＋6＋……＋1998＋2000)－(1＋3＋5＋……＋1997＋1999)

分析与解：题目中减号前被减数中的一个数减去减号后减数中的一个数，差都相等，可以把两个数相减差相等的分为一组，即 2－1＝1，4－3＝1，6－5＝1，……2000－1999＝1。一共可以分为 2000÷2＝1000（组）。

原式＝(2－1)＋(4－3)＋(6－5)＋……＋(1998－1997)＋(2000－1999)

＝1×1000

＝1000

四、根据积分组巧算

例 5：计算 $\underbrace{0.625 \times 0.625 \times \cdots \times 0.625}_{20 \text{ 个 } 0.625} \times \underbrace{8 \times 8 \times \cdots \times 8}_{21 \text{ 个 } 8} \times \underbrace{2 \times 2 \times \cdots \times 2}_{22 \text{ 个 } 2}$

分析与解：因为 0.625×8×2＝10，所以可以把 0.625，8，2 三个数相乘的积作为一组，一共有 20 组，最后再乘以分组剩下的一个 8 与两个 2。

原式＝$\underbrace{(0.625 \times 8 \times 2) \times (0.625 \times 8 \times 2) \times \cdots \times (0.625 \times 8 \times 2)}_{20 \text{ 个 }(0.625 \times 8 \times 2)} \times (8 \times 2 \times 2)$

＝$\underbrace{10 \times 10 \times \cdots \times 10}_{20 \text{ 个 } 10} \times 32$

＝32 $\underbrace{000 \cdots 0}_{20 \text{ 个 } 0}$

六、根据商分组巧算

例 6：60×7.8×0.98×3÷1.2÷1.3÷1.4÷1.5

分析与解：由于 60÷1.2，7.8÷1.3，0.98÷1.4，3÷1.5 的商都容易计算，所以可以根据商把它们分为四组，然后再把所得的商相乘。

原式＝(60÷1.2)×(7.8÷1.3)×(0.98÷1.4)×(3÷1.5)

　　＝50×6×0.7×2

　　＝300×0.7×2

　　＝420

用"口诀"的方法

在我们的日常生活和学习中，时刻离不开计算。怎样计算才能既正确又迅速，既合理又灵活呢？巧妙利用"口诀"是一种奇妙的方法，可以使我们的计算达到"神算子"的速度，从而提高我们的计算能力。

口诀一："折半添 0"。即一个数乘 5 的巧算是：先除以 2，再乘 10。

例 1：(1) 28×5＝(28÷2)×10＝140

　　　　(2) 386×5＝(386÷2)×10＝1930

口诀二："加半添 0"。即一个数乘 15 的巧算是：用这个数加上自己的一半，然后再添上一个 0，就可得出计算结果。

例 2：(1) 48×15＝(48＋24)×10＝720

　　　　(2) 294×15＝(294＋147)×10＝4410

口诀三："除以 4 添两 0"。即一个数乘 25 的巧算是：先用这个数除以 4，然后再用得到的数乘 100。

例 3：(1) 84×25＝(84÷4)×100＝2100

　　　　(2) 288×25＝(288÷4)×100＝7200

口诀四："乘大 1 补 25"。即个位数是 5 的相同两位数相乘的巧算是：先求出十位数字乘比它大 1 的数，再在末尾并列补上 25。

例 4：(1)　3 5 × ▶35 ＝ 1225

　　　　　　　3×(3＋1)

　　　　(2)　8 5 × ▶85 ＝ 7225

　　　　　　　8×(8＋1)

口诀五："添 0 减原数"。即一个数乘 9，在这个数后添一个 0，再减去与 9 相乘的那个数；一个数乘 99，在这个数后添两个 0，再减去与 99 相乘的那个数；一个数乘 999，在这个数后添三个 0，再减去与 999 相乘的那个数；……以此类推。

例5：(1) $18×9=18×10-18=180-18=162$

(2) $18×99=18×100-18=1800-18=1782$

(3) $18×999=18×1000-18=18000-18=17982$

口诀六："两头一拉，中间相加"。即一个数乘11的巧算是：用这个数的头作积的头，用这个数的尾作积的尾，用这个数的两个数字相加之和作积的中间数（如果相加满"十"则向前进"1"）。

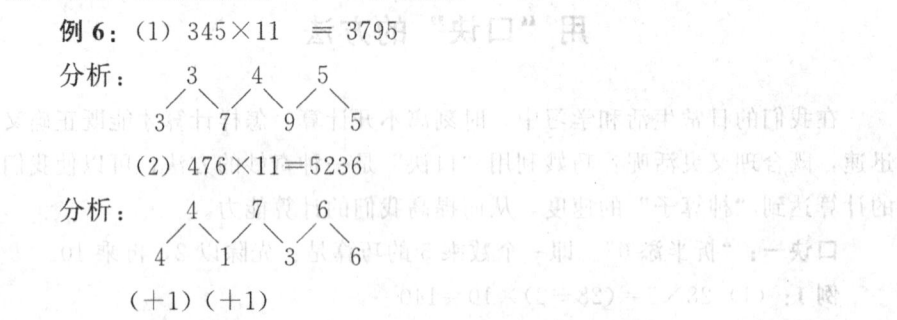

例6：(1) $345×11 = 3795$

分析：
```
      3   4   5
     / \ / \ / \
    3   7   9   5
```

(2) $476×11=5236$

分析：
```
      4   7   6
     / \ / \ / \
    4   1   3   6
   (+1)(+1)
    5   2   3   6
```

口诀七："两两一拉，隔位相加"。即一个数乘101的巧算是：把这个数的前两位和后两位拉开后照抄，中间的数用隔位相加的数得出（如果相加满"十"则向前进"1"）。

例7：(1) $325×101=32825$

分析：
```
      3 2 5
       ╳ ╳
    3 2 8 2 5
```

(2) $1632×101=164832$

分析：
```
      1 6 3 2
       ╳ ╳ ╳
    1 6 4 8 3 2
```

口诀八："个位与10之和的10倍加上个位积"。即十几乘十几的巧算是：个位数相加后再加上10，然后再乘10；两个个位数相乘得到积，所得的两个数相加。

例8：(1) $16×15=240$

分析：$(6+5+10)×10=210$

$6×5=30$

$210+30=240$

(2) $13×18=234$

分析：$(3+8+10)×10=210$

$3 \times 8 = 24$

$210 + 24 = 234$

口诀九："'头×(头+1)'与'尾×尾'连在一起"。即头同尾合十的两位数（一个两位数的十位数叫"首数"，也叫"头"，末尾那个数叫"尾"。两个数的首位数相同，称为"头同"，尾数之和是"10"，称为"尾合十"）相乘的巧算是：头×(头+1)，尾×尾，两数相连就是所求的乘积。

例9：（1）$72 \times 78 = 5616$

分析：头×(头+1) 是：$7 \times (7+1) = 56$

尾×尾是：$2 \times 8 = 16$

两数相连就是：5616

（2）$41 \times 49 = 2009$

分析：头×(头+1) 是：$4 \times (4+1) = 20$

尾×尾是：$1 \times 9 = 9$

因为"9"小于"10"，所以"20"与"9"相连时，在"9"的前面添一个"0"，那么两数相连就是：2009。

口诀十："'头×头+尾'与'尾×尾'连在一起"。即尾同头合十的两位数（两个数的尾数相同，称为"尾同"，头数之和是"10"，称为"头合十"。）相乘的巧算是：头×头+尾，尾×尾，两数相连就是所求的乘积。

例10：（1）$69 \times 49 = 3381$

分析：头×头+尾是：$6 \times 4 + 9 = 33$

尾×尾是：$9 \times 9 = 81$

两数相连就是：3381

（2）$83 \times 23 = 1909$

分析：头×头+尾是：$8 \times 2 + 3 = 19$

尾×尾是：$3 \times 3 = 9$

因为"9"小于"10"，所以"19"与"9"相连时，在"9"的前面添一个"0"，那么两数相连就是：1909。

利用"口诀"妙算，需要分析"数"和"运算"的特点，特点不同所用的口诀就会不同，只要我们善于将好的巧算方法提炼成口诀，妙算口诀就会丰富多彩，学生的计算能力就会持续提高，在激发学生学习兴趣的同时，还能培养学生分析、计算、归纳等多方面的能力。

特殊情况考虑的方法

不少问题，直接思考起来难度很大，这时，我们不妨尽量考虑问题的特殊情况，分析特殊情况与一般情况的联系，从而探索出解题的途径，获得解决问题的巧妙方法。

例1：正方形树林，它每边长1000米，里面有白杨树和榆树。小明从树林的西南角走入树林，开始向正北走，碰见一株白杨树就往正北走，碰见一株榆树就往正东走，……最后他走到了东北角上。问小明一共走了多少米距离？

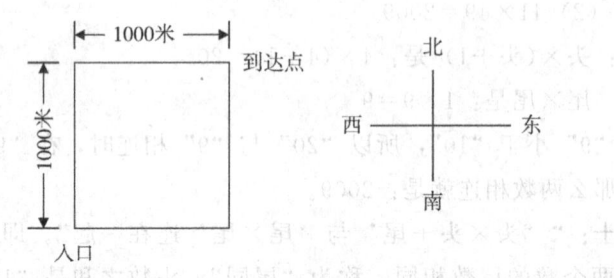

分析与解：对这个问题，从一般情况考虑，可能一筹莫展，因为在这片树林中，白杨树和榆树的多少、排列的规则、间隔的距离都一无所知，所以要计算小明一共走了多少米，好像是不可能的。如果我们从问题的特殊情况进行考虑，即假设树林中树的排列呈这样一种特殊情况：正方形树林的"入口"处的正北一条边上，除最北端点是榆树外，其余都是白杨树；"到达"点正西的一条边上都是榆树，那么小明按照规则走，就是从入口沿正方形树林最西面的一条边一直往北走，走到这条边的最北端，然后碰见了一株榆树就往正东走，沿正方形树林最北面的一条边一直走到"到达点"，这样正好走了正方形的两条边。所以小明一共走了1000×2=2000（米）。

例2：一共有100道题，甲做对了75道题，乙做对了72道题，丙做对了60道题。甲、乙、丙全做对的至少有多少道题？最多有多少道题？

分析与解：从已知条件可知，甲做错了100－75=25（道）题，乙做错了100－72=28（道）题，丙做错了100－60=40（道）题。

（一）要想求甲、乙、丙全做对的题至少有多少道，由于甲与乙、甲与丙、乙与丙之间做对题的情况之间有交叉现象，只考虑这些一般情况无法顺利求出所求问题。这时我们不妨从特殊情况考虑：在甲、乙、丙三人中，每个人做错的题都没有交叉现象，这时甲、乙、丙全做对的题就最少，那么三个人做错的题目一共有：25＋28＋40＝93（道），甲、乙、丙全做对的题至少就有：100－93＝7（道）。列成综合算式为：

100－[(100－75)＋(100－72)＋(100－60)]＝7(道)。

（二）要求甲、乙、丙全做对的题最多有多少道，我们不妨也从特殊情况考虑：在甲、乙、丙三人中，丙做错的题 40 道最多，假设甲做错的题与乙做错的题都在丙做错的 40 道题之中，这时甲、乙、丙全做对的题就最多，那么甲、乙、丙全做对的题最多有：100－40＝60（道）。列成综合算式为：

100－(100－60)＝60(道)。

用分解质因数的方法

一些有关乘积的实际问题，初看起来条件不足，解决起来无从入手。如果我们灵活运用分解质因数的方法，从分解的质因数入手，思路就会豁然开朗，能够达到"山重水复疑无路，柳暗花明又一村"的境界。

一、年龄问题

例 1：爷爷今年已经 84 岁了，有人问他："你的孙子都已长大成人了吧？"爷爷摸了摸雪白的胡须，笑着说："多数长大成人了，只有三个最小的孙子，他们三个年龄的乘积才只有我的年龄大呢！说来也巧，在这三个最小的孙子中，两个年龄相加正好等于另外一个的年龄。"这三个小孙子的年龄各有几岁？

分析与解：84 是三个孙子年龄的乘积，84 至少包含 3 个因数，我们可以看看它有哪些因数，把 84 分解质因数为：$84 = 2 \times 2 \times 3 \times 7$，分解质因数以后可以看出它有 4 个质因数，可是题目要求的是 3 个因数，而且其中有两个因数的和正好等于另一个因数，那么我们可以把这 4 个因数组合成三个数。在这 4 个因数中，最大的是 7，于是可以作以下组合：

$84 = (2 \times 2) \times 3 \times 7$ 　　$84 = 4 \times 3 \times 7$ 　　而 $4 + 3 = 7$

所以三个孙子的年龄分别为：3、4、7 岁。

二、名次问题

例 2：李明的哥哥是中学生，参加了全县的数学竞赛，并获得了一等奖。李明问："这次数学竞赛你得了多少分？获第几名？"哥哥回答说："我得的名次、分数和我的年龄乘起来就是 2910，你算一算我是第几名，得了多少分？"

分析与解：先将 2910 分解质因数：

2910＝2×3×5×97　　2910＝2×(3×5)×97　　2910＝2×15×97

把分解的 4 个质因数再组合成 3 个数，使它们分别代表名次、年龄和成绩。因为哥哥上中学，不可能是 2 岁、3 岁、5 岁、97 岁、2×3＝6（岁）、2×5＝10（岁），因此今年 15 岁、是第二名、得 97 分。

三、价钱问题

例 3：商店将积压的圆珠笔降价到每支不足 4 角出售，共卖得 31.93 元，积压的圆珠笔有多少支？每支圆珠笔降价之后卖多少元？

分析与解：31.93 元＝3193 分，将 3193 分解质因数：3193＝31×103。由此可以看出 31 分不足 4 角，103 分比 4 角多，所以可以断定共有 103 支圆珠笔，每支圆珠笔降价之后卖 31 分，即 0.31 元。

四、渡船问题

例 4：希望小学五年级有 90 名同学去郊游，途中要过一条河，船夫用几只小船分 3 次把所有的同学渡过河去。已知每只船载的人数都相等，并且至少载 2 人。问每次应有几只船？每只船载多少人？

分析与解：因为每只船所载的人数都相等，并且 3 次就把 90 人全部都渡过河去了，所以每次渡过河的人数相等，均为：90÷3＝30（人）。由于"每次渡河的总人数＝每只船上的人数×船数"，所以要把 30 分解质因数：30＝2×3×5。因为每只船所载的人数都相等并且至少载 2 人，所以每次渡河的船数与每只船上所载的人数有以下几种情况：

(1) 每只船载 2 人，用 3×5＝15（只）船；(2) 每只船载 3 人，用 2×5＝10（只）船；(3) 每只船载 5 人，用 2×3＝6（只）船；(4) 每只船载 2×3＝6（人），用 5 只船；(5) 每只船载 2×5＝10（人），用 3 只船；(6) 每只船载 3×5＝15（人），用 2 只船；(7) 每只船载 2×3×5＝30（人），用 1 只船。

五、分书问题

例 5：有图书 68133 本，平均分给市区的各个小学，学校数是一个质数，分到最后还余下 30 本书。问市区共有多少所小学？每个学校分得了多少本图书？

分析与解：根据题意，小学校数是一个质数，能整除 68133－30＝68103，并且大于 30，把 68103 分解质因数为：68103＝3×3×7×23×47，

68103 的大于 30 的质因数只有 47，所以市区共有 47 所小学，每个学校分得图书 3×3×7×23＝1449（本）。

六、拿物品问题

例 6：箱子里有 96 个苹果，如果不一次拿出，也不一个一个拿，要求每次拿出的个数同样多，拿到最后又正好不多不少，共有多少种拿法？

分析与解：这题实际上是求 96 的全部约数，96 有多少个约数，就有多少种拿法。要求 96 有多少个约数，可以先把 96 分解质因数为：96＝2×2×2×2×2×3。

解法 1：96 除有质因数 2 和 3 外，还有用质因数 2 和 3 两个两个搭配的约数：2×2＝4、2×3＝6；三个三个搭配的约数有：2×2×2＝8、2×2×3＝12；四个四个搭配的约数有：2×2×2×2＝16、2×2×2×3＝24；五个五个搭配的约数有：2×2×2×2×2＝32、2×2×2×2×3＝48。因为不一次拿出，所以不考虑六个质因数搭配的约数 2×2×2×2×2×3＝96；因为不一个一个拿，所以不考虑约数 1。数一数上面得到的约数可以知道符合要求的共有 10 个，因此，箱子中的 96 个苹果共有以上 10 种拿法。

解法 2：根据"一个合数约数的个数，等于它的质因数分解式中每个质因数的个数加 1 的连乘积"，96 有 5 个质因数 2，有 1 个质因数 3，可以知道：96 的约数有（5＋1）×（1＋1）＝12（个），减去一个一个拿的情况 1 这一个约数，再减去一次拿出的情况 96 这一个约数，就得到符合要求的 12－2＝10（个），所以箱子中的 96 个苹果共有 10 种拿法。

用分解质因数的方法解题，需要我们联系生活实际加以分析，在培养我们思维能力的同时，还能培养我们解决实际问题的能力，真是一举多得！

抓住不变量的方法

在日常生活中，经常会遇到溶液配比问题，即浓度问题。一般地，人们把溶解物质的物质，如水、酒精等叫作溶剂；被溶解的物质叫作溶质；溶质和溶剂组合成的液体叫作溶液。溶质和溶液的比值叫作浓度，用百分比表示。在解答浓度问题时，如果我们抓住其中的不变量，就可以使思路清晰起来，从而顺利解决问题。

一、溶质的量不变

例 1：把浓度是 95％的酒精 600 克稀释为浓度为 75％的消毒酒精，需要加入多少克蒸馏水？

分析与解：如果设需要加入 x 克蒸馏水，那么加蒸馏水后的消毒酒精有（600＋x）克，浓度是 95% 的酒精 600 克中含有酒精（600×95%）克，消毒酒精中含有酒精（600＋x）×75%（克），根据加入蒸馏水前后酒精溶液中酒精的质量没有变化，可以列方程得：

$$(600＋x)×75\% = 600×95\%$$
$$x = 160$$

答：需要加入 160 克蒸馏水。

例 2：一容器内有浓度为 15% 的盐水，若再加入 30 千克的水，则盐水的浓度为 10%，问这个容器内原来含有盐多少千克？

分析与解：如果设容器内原来有盐水 x 千克，容器内原来就含有盐 15%x（千克），那么加水后容器内有盐水（x＋30）千克，加水后容器内含有盐（x＋30）×10%（千克），根据加水前后容器内含有盐的质量没有变化，可以列方程得：

$$(x＋30)×10\% = 15\%x$$
$$x = 60$$

容器内原来含有盐的质量为：60×15% ＝ 9（千克）

答：这个容器内原来含有盐 9 千克。

二、溶剂的量不变

例 3：现有浓度为 20% 的糖水 300 克，要把它变成浓度为 40% 的糖水，需要加入多少克糖？

分析与解：由题意可知，把浓度为 20% 的糖水变成浓度为 40% 的糖水，需要在原有的糖水里加入糖。这样一来，在糖的质量增加的同时，糖水的质量也相应地增加，唯一没有变化的是水的质量。所以，根据水不变的特点，可以先求出 300 克浓度为 20% 的糖水中含有水：300×（1－20%）＝ 240（克）；再根据水的质量求出浓度为 40% 的糖水的质量为：240÷（1－40%）＝ 400（克）；最后用后来糖水的质量减去原来糖水的质量就是需要加入糖的质量：400－300＝100（克）。

例 4：水果仓库运来含水量为 90% 的一种水果 400 千克。一周后再测，发现含水量降低为 80%，现在这批水果的总质量是多少千克？

分析与解：本题如果将水果看成"溶液"，其中的水看成"溶质"，果看成"溶剂"，含水量看成"浓度"，这个问题就转化成了浓度问题。该问题中，"溶剂"的质量（即果的质量）不变。变化前"溶剂"的质量为 400×

（1－90％）＝40（千克），由于变化前后"溶剂"的质量（即果的质量）不变，所以，变化后"溶液"的质量即现在这批水果的总质量是40÷（1－80％）＝200（千克）。

三、溶液的量不变

例5：山羊博士进行科学实验，从装满200克浓度为50％的盐水的杯子中倒出40克盐水后，再倒入清水使杯装满。搅拌后再倒出40克盐水，然后再倒入清水使杯装满，这样反复三次后，杯中盐水的浓度是多少？

分析与解：根据题意可知，一次操作后杯中盐水的质量是不变的，总是200克，因此我们可以根据条件，求出每一次的盐水的浓度和溶质质量。①原来杯中盐水含盐量为：200×50％＝100（克）；②第一次倒出的盐水中含盐量为：40×50％＝20（克）；③第一次倒满清水后盐水的浓度为：（100－20）÷200＝40％；④第二次倒出的盐水中含盐量为：40×40％＝16（克）；⑤第二次倒满清水后盐水的浓度为：（100－20－16）÷200＝32％；⑥第三次倒出的盐水中含盐量为：40×32％＝12.8（克）；⑦第三次倒满清水后盐水的浓度为：（100－20－16－12.8）÷200＝25.6％。

例6：瓶内装满一瓶水，倒出全部水的$\frac{1}{2}$，然后灌入同样多的酒精，又倒出全部溶液的$\frac{1}{3}$，又用酒精灌满，然后再倒出全部溶液的$\frac{1}{4}$，再用酒精灌满，这时酒精占全部溶液的百分之几？

分析与解：根据题意可知，一次操作后瓶中溶液的质量是不变的，总是满瓶，可以把它看作单位"1"，因此我们可以根据条件，求出每一次的酒精的浓度。第一次倒入酒精时，酒精占$\frac{1}{2}$；第二次倒出全部溶液的$\frac{1}{3}$时，瓶中剩下的酒精占$\frac{1}{2}\times(1-\frac{1}{3})=\frac{1}{3}$，第二次倒入酒精时，酒精占$\frac{1}{3}+\frac{1}{3}=\frac{2}{3}$；第三次倒出全部溶液的$\frac{1}{4}$时，瓶中剩下的酒精占$\frac{2}{3}\times(1-\frac{1}{4})=\frac{1}{2}$，第三次倒入酒精时，酒精占$\frac{1}{2}+\frac{1}{4}=\frac{3}{4}=75\%$。

四、溶质的和不变

例7：甲、乙两种酒精浓度分别为70％和55％，现要配制浓度为65％的酒精3000克，应当从这两种酒精中各取多少克？

分析与解：设甲种酒精取了x克，则乙种酒精就取了（3000－x）克，根据在新酒精的配制前后，两种酒精中纯酒精的质量和不变，可以列方程得：

$$x \times 70\% + (3000-x) \times 55\% = 3000 \times 65\%$$
$$x = 2000$$

乙种酒精应取 3000－2000＝1000（克）。

答：应当从甲种酒精中取 2000 克，从乙种酒精中取 1000 克。

例 8：有浓度 8% 的盐水 200 克，需加入多少克浓度为 20% 的盐水，才能使之成为浓度为 15% 的盐水？

分析与解：根据题意，8% 的盐水中盐的质量为 （200×8%）克，在浓度为 8% 的盐水中加入盐才能使盐水浓度增加，题中加入的却是浓度更高的盐水，因此不管是溶质还是溶剂都在变化，不变的是溶质的和。如果设需加入 x 克浓度为 20% 的盐水，其中的含盐量为 20%x，那么浓度为 15% 的盐水有 （200＋x）克，其中的含盐量为 （200＋x）×15%（克），所以可以列方程得：

$$200 \times 8\% + 20\%x = (200+x) \times 15\%$$
$$x = 280$$

答：需加入 280 克浓度为 20% 的盐水。

五、多种量不变

例 9：在浓度为 40% 的盐水中加入 5 千克水，浓度变为 30%，再加入多少千克盐，浓度变为 50%？

分析与解：本题有多种不变量，即加水前后溶液中含盐的量不变与加盐前后溶液中所含水的质量不变。首先是往浓度为 40% 的盐水中加入 5 千克水，浓度变为 30%，在这个过程中，溶液中盐的含量不变，那么用 5 千克浓度为 30% 的盐水中所含盐的量 5×30%＝1.5（千克），除以加水前后溶液浓度的差值 40%－30%＝10%，就可以计算出原有的盐水的质量为：1.5÷10%＝15（千克），所以加盐前盐水的质量为 15＋5＝20（千克），加盐前溶液中含水的质量为 20×（1－30%）＝14（千克）。再根据加盐前后溶液中所含水的质量不变，可以求出加入盐后溶液的质量为 14÷（1－50%）＝28（千克），因此，需加入盐的质量为 28－20＝8（千克）。

巧借字母的方法

一些题目，如果借助字母计算或分析数量间的关系，往往会起到"山重水复疑无路，柳暗花明又一村"的巧妙作用。

例1：计算$\left(1+\dfrac{1}{2}+\cdots+\dfrac{1}{2005}\right)\times\left(\dfrac{1}{2}+\dfrac{1}{3}+\cdots\cdots+\dfrac{1}{2006}\right)-\left(1+\dfrac{1}{2}+\cdots+\dfrac{1}{2006}\right)\times\left(\dfrac{1}{2}+\dfrac{1}{3}+\cdots\cdots+\dfrac{1}{2005}\right)$。

分析与解：本题数多、式子长，直接计算很烦琐。由于几个相同的式子可以用一个字母表示，如果几个相同的式子在算式中重复出现，我们就可以利用这一点先把它们设为一个字母，请字母参与运算，从而使计算简便。所以，可以设$\dfrac{1}{2}+\dfrac{1}{3}+\cdots\cdots+\dfrac{1}{2005}=a$，那么原式就化为：

$$原式=(1+a)\times\left(a+\dfrac{1}{2006}\right)-\left(1+a+\dfrac{1}{2006}\right)\times a$$

$$=a+\dfrac{1}{2006}+a^2+\dfrac{1}{2006}-a-a^2-\dfrac{a}{2006}$$

$$=\dfrac{1}{2006}$$

例2：李明上山时平均每小时走3千米，下山时平均每小时走6千米，求他上、下山的平均速度。

分析与解：由于本题不知道山坡的长度，可以假设山坡的长度为S，那么李明上山用的时间为：$S\div 3=\dfrac{S}{3}$，下山用的时间为$S\div 6=\dfrac{S}{6}$，上、下山一共用的时间为$\dfrac{S}{3}+\dfrac{S}{6}$，上、下山的总路程为2S，所以他上、下山的平均速度为$2S\div\left(\dfrac{S}{3}+\dfrac{S}{6}\right)=4$（千米/时）。

例3：科学书店对顾客有一项优惠，凡购买同一种书100本以上，就按书价的90%收款。某学校到科学书店购买甲、乙两种书，其中乙种书的册数是甲种书册数的$\dfrac{3}{5}$，只有甲种书得到了90%的优惠，这时，买甲种书所付的总钱数是买乙种书所付总钱数的2倍。已知乙种书每本定价是4.5元，那么优惠前甲种书每本定价是多少元？

分析与解：这道题没有告诉购买甲种书和乙种书的本数，有条件不足的感觉，我们可以假设购买甲种书a册，那么购买乙种书$\dfrac{3}{5}a$册。根据"乙种书每本定价是4.5元"，可知买乙种书所付总钱数为$4.5\times\dfrac{3}{5}a$（元）。如果设优惠前甲种书每本定价是x元，买甲种书所付的总钱数就是$ax\times 90\%$

（元）。根据"买甲种书所付的总钱数是买乙种书所付总钱数的 2 倍"，可以列方程为：

$$ax \times 90\% = 4.5 \times \frac{3}{5}a \times 2$$

解得 $x=6$

答：优惠前甲种书每本定价是 6 元。

例 4：如下图所示，小蚂蚁从 A 点回家有两条路线可走，它走哪条路线近？

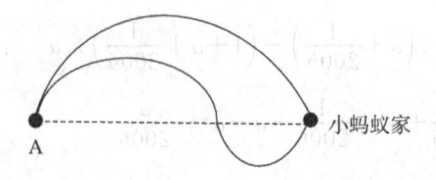

分析与解：本题图中没有数据，我们可以借助字母加以比较。假设小圆的直径为 a，中圆的直径为 b，那么，小圆的半圆弧长为 $\frac{1}{2}\pi a$，中圆的半圆弧长为 $\frac{1}{2}\pi b$，沿中圆和小圆的半圆弧走，走过的路程为：$\frac{1}{2}\pi a + \frac{1}{2}\pi b = \frac{1}{2}\pi (a+b)$。大圆的直径为 a+b，那么沿大圆的半圆弧走，走过的路程为 $\frac{1}{2}\pi(a+b)$。比较两条路线可知，两条路线的路程相等。

例 5：假设地球上的新生资源的增长速度是一定的，照此测算，地球上资源可供 110 亿人生活 90 年，或可供 90 亿人生活 210 年。为使人类能够不断繁衍，地球最多能养活多少亿人？

分析与解：假设地球上 1 亿人每年消耗的资源量为 a，那么 110 亿人生活 90 年消耗的资源量为 a×110×90＝9900a，90 亿人生活 210 年消耗的资源量为 a×90×210＝18900a。由"地球上资源可供 110 亿人生活 90 年"可知 110 亿人 90 年所消耗的资源量等于地球现有资源与 90 年中新生成的资源总和；由"地球上资源可供 90 亿人生活 210 年"可知 90 亿人生活 210 年所消耗的资源量等于地球现有资源与 210 年中新生成的资源总和，所以地球 210－90＝120（年）新生成的资源量为 18900a－9900a＝9000a，地球每年新生成的资源量为 9000a÷120＝75a，为了使人类能够不断繁衍，每年消耗的资源量不应超过地球每年新生成的资源量，因此地球最多能养活 75 亿人。

平方和与平方差

求几个自然数的平方和或求几个自然数的平方差，如果用一般方法计算，非常烦琐麻烦，并且计算正确率不高。这时，我们不妨根据数的特点先找出计算规律来，利用规律计算，就会使计算巧妙、速度快，并且正确率高。

一、连续自然数的平方和

例1：计算 $1^2+2^2+3^2+4^2+\cdots\cdots+9^2+10^2$

一般算法：按照运算顺序先算出每个数的平方得数，再利用加法结合率进行简便计算。

$1^2+2^2+3^2+4^2+5^2+6^2+7^2+8^2+9^2+10^2$
$=1+4+9+16+25+36+49+64+81+100$
$=(1+9)+(4+16)+(36+64)+(49+81)+(25+100)$
$=10+20+100+130+125$
$=385$

巧妙算法：我们可以通过计算先找一找巧妙计算的规律：

$1^2+2^2=(2\times2+1)\times(2+1)\times2\div6=5$
$1^2+2^2+3^2=(2\times3+1)\times(3+1)\times3\div6=14$
$1^2+2^2+3^2+4^2=(2\times4+1)\times(4+1)\times4\div6=30$
……

根据以上计算我们可以得到求几个连续自然数的平方和的规律：$1^2+2^2+3^2+4^2+\cdots\cdots+n^2=(2n+1)\times(n+1)\times n\div6$

利用以上规律我们可以把例1进行巧妙计算为：

$1^2+2^2+3^2+4^2+\cdots\cdots+9^2+10^2$
$=(2\times10+1)\times(10+1)\times10\div6$
$=21\times11\times10\div6$
$=385$

二、连续自然数的平方差

例2：$100^2-99^2+98^2-97^2+96^2-95^2+\cdots\cdots+4^2-3^2+2^2-1^2$

一般算法：按照运算顺序先算出每个数的平方得数，然后把每一组减法的差算出来。这时，计算得到的差组成了一个等差为4的数列，求出这个等差数列的和就可以了。

$$100^2-99^2+98^2-97^2+96^2-95^2+\cdots\cdots+4^2-3^2+2^2-1^2$$
$$=10000-9801+9604-9409+9216-9025+\cdots\cdots+16-9+4-1$$
$$=199+195+191+\cdots\cdots+7+3$$
$$=(199+3)\times50\div2$$
$$=202\times50\div2$$
$$=5050$$

巧妙算法：我们可以通过计算先找一找巧妙计算的规律：

$$100^2-99^2=100+99=199$$
$$98^2-97^2=98+97=195$$
$$96^2-95^2=96+95=191$$
……

由以上计算我们可以得到巧妙计算的规律：两个连续自然数的平方差，就等于这两个连续自然数的和。

利用以上规律我们可以把例2进行巧妙计算为：

$$100^2-99^2+98^2-97^2+96^2-95^2+\cdots\cdots+4^2-3^2+2^2-1^2$$
$$=100+99+98+97+96+95+\cdots\cdots+4+3+2+1$$
$$=(100+1)\times100\div2$$
$$=5050$$

三、只相差2的自然数的平方差

例3：计算 $19^2-17^2+15^2-13^2+\cdots\cdots+3^2-1^2$

一般算法：按照运算顺序先求出每个数的平方得数，然后算出每一组减法的差，把这些差加起来就是计算结果。

$$19^2-17^2+15^2-13^2+11^2-9^2+7^2-5^2+3^2-1^2$$
$$=361-289+225-169+121-81+49-25+9-1$$
$$=(361-289)+(225-169)+(121-81)+(49-25)+(9-1)$$
$$=72+56+40+24+8$$
$$=200$$

巧妙算法：我们可以通过计算先找一找巧妙计算的规律：

$$19^2-17^2=(19+17)\times2=36\times2=72$$
$$15^2-13^2=(15+13)\times2=28\times2=56$$
$$11^2-9^2=(11+9)\times2=20\times2=40$$
……

由以上计算我们可以得到巧妙计算的规律：两个只相差 2 的自然数的平方差，就等于这两个自然数的和的 2 倍。

利用以上规律我们可以把例 3 进行巧妙计算为：

$19^2-17^2+15^2-13^2+\cdots\cdots+3^2-1^2$
$=(19+17)\times2+(15+13)\times2+\cdots\cdots+(3+1)\times2$
$=(19+17+15+13+\cdots\cdots+3+1)\times2$
$=(19+1)\times10\div2\times2$
$=20\times10\div2\times2$
$=200$

余数在生活中的妙用

在有余数的除法里，余数要比除数小，巧妙利用有余数除法里的余数，可以解决许多有趣的生活中的问题。

一、妙用余数算彩灯

例 1：一个广场上的彩灯按照红、黄、绿的顺序依次组装，想一想，第 25 只彩灯是什么颜色？

分析与解：把三种颜色的彩灯看作一组，这样的组依次不断地重复出现，可以求 25 只彩灯共有：25÷3＝8（组）……1（只），余数为 1，这只彩灯是第 9 组中的第一只，所以第 25 只彩灯是红色的。列式为：

$$25\div3=8（组）\cdots\cdots1（只）$$

答：第 25 只彩灯是红色的。

二、妙用余数分物品

例 2：有 39 个橘子，最少拿走几个，就能使得 8 个小朋友分得同样多？每个小朋友分几个？

分析与解：要求"39 个橘子，最少拿走几个，就能使得 8 个小朋友分得同样多"，就是把 36 个橘子平均分成 8 份后，求余下的个数。列式为：

$$39\div8=4（个）\cdots\cdots7（个）$$

答：最少拿走 7 个，每个小朋友分 4 个。

三、妙用余数推算星期

例 3：欢欢问乐乐："今天是 4 日，星期六，到这个月的 30 日是星期几？"

分析与解：今天是 4 日，到这个月的 30 日还剩 30－4＝26（天），这 26

天里有几个星期余几天，即 $26÷7=3$（个）……5（天），余5天，星期六往后数5天就是星期四。列式为：

$$30-4=26（天）$$
$$26÷7=3（个）……5（天）$$

答：这个月的30日是星期四。

四、妙用余数算时间

例4：科学家进行一项试验，每隔5小时做一次记录。当做第7次记录时，挂钟时针指向9。第一次记录时，时针指向几？

分析与解：从第一次记录到第7次记录，中间有 $7-1=6$（次）间隔，每次间隔是5小时，从第一次记录到第7次记录共经过了 $5×6=30$（小时），时针12小时转一圈，经过的总时间里有几个12小时就转几圈，$30÷12=2$（个）……6（小时），可知转2圈还多6小时，时针指向9再向前推6小时，第一次记录时，时针指向 $9-6=3$。

五、妙用余数巧取胜

例5：两人轮流从1开始，依次报数，每人每次至少报1个数，最多报3个数，谁先报到30谁获胜，怎样才能获胜？

分析与解：先将要报的总数除以每次每人所报的个数的和，$30÷4=7……2$，余数是2，所以先要报2个数，然后再次报的个数与对方报的个数合起来是4，这样就能抢到2，6，10，14，18，22，26，30这些"制高点"，先报的人最后获胜。

第三节 发散的思维

分拆单位分数的方法

分子为1、分母是非0自然数的分数叫作单位分数，把一个单位分数分拆成几个单位分数相加的和，叫作单位分数的分拆。分拆单位分数，我们拓展运用已有的基础知识、巧妙运用有关公式、灵活运用已知规律，就可以把这一复杂问题简单化，轻轻松松解决问题。

题目：在等式 $\frac{1}{10}=\frac{1}{(\ )}+\frac{1}{(\ )}$ 的括号里填上适当的不同自然数，使等

式成立。

分析与解：

解法1：逆向思考分数的加法

从题目中式子的左边往右看，是分数的分拆，从右边往左看，是分数的加法，可见分数的分拆与分数的加法过程刚好相反。分数加法的主要步骤是通分、合并、约分，把分数加法的主要步骤逆向思考，就成为：

第一步：找约数。10的约数有：1、2、5、10。

第二步：扩分。把1/10的分子、分母都乘以两个约数之和。

$$\frac{1}{10} = \frac{1\times(1+2)}{10\times(1+2)} = \frac{1+2}{10\times 3}$$

第三步：拆分。把扩分所得的分数拆成两个分数之和，使两个约数分别成为两个分数的分子。

$$\frac{1}{10} = \frac{1\times(1+2)}{10\times(1+2)} = \frac{1+2}{10\times 3} + \frac{1}{10\times 3} + \frac{2}{10\times 3}$$

第四步：约分。把所得的两个分数约分，便得到要求的结果。

$$\frac{1}{10} = \frac{1\times(1+2)}{10\times(1+2)} = \frac{1+2}{10\times 3} + \frac{1+2}{10\times 3} = \frac{1}{10\times 3} + \frac{2}{10\times 3} = \frac{1}{30} + \frac{2}{30} = \frac{1}{30} + \frac{1}{15}$$

改变约数的取法，可以得到不同的解。如下：

$$\frac{1}{10} = \frac{1\times(1+5)}{10\times(1+5)} = \frac{1+5}{10\times 6} = \frac{1}{10\times 6} + \frac{5}{10\times 6} = \frac{1}{60} + \frac{1}{12}$$

$$\frac{1}{10} = \frac{1\times(1+10)}{10\times(1+10)} = \frac{1+10}{10\times 11} = \frac{1}{10\times 11} + \frac{10}{10\times 11} = \frac{1}{110} + \frac{1}{11}$$

$$\frac{1}{10} = \frac{1\times(2+5)}{10\times(2+5)} = \frac{2+5}{10\times 7} = \frac{2}{10\times 7} + \frac{5}{10\times 7} = \frac{1}{35} + \frac{1}{14}$$

$$\frac{1}{10} = \frac{1\times(2+10)}{10\times(2+10)} = \frac{2+10}{10\times 12} = \frac{2}{10\times 12} + \frac{10}{10\times 12} = \frac{1}{60} + \frac{1}{12}$$

$$\frac{1}{10} = \frac{1\times(5+10)}{10\times(5+10)} = \frac{5+10}{10\times 15} = \frac{5}{10\times 15} + \frac{10}{10\times 15} = \frac{1}{30} + \frac{1}{15}$$

以上六种分拆方法，其中取约数1、2与取约数5、10所得结果相同，取约数1、5与取约数2、10所得结果相同。

解法2：巧用公式 $\frac{1}{n} - \frac{1}{n+1} = \frac{1}{n\times(n+1)}$（n≠0）

因为 $\frac{1}{n} - \frac{1}{n+1} = \frac{1}{n\times(n+1)}$，所以 $\frac{1}{n} = \frac{1}{n+1} + \frac{1}{n\times(n+1)}$，当 $n=10$ 时，$\frac{1}{n+1} = \frac{1}{10+1} = \frac{1}{11}$，$\frac{1}{n\times(n+1)} = \frac{1}{10\times(10+1)} = \frac{1}{110}$，即 $\frac{1}{10} = \frac{1}{11} + \frac{1}{110}$

解法 3：巧用公式 $\dfrac{1}{n}-\dfrac{1}{n+d}=\dfrac{d}{n\times(n+d)}$ $(n\neq 0)$

由 $\dfrac{1}{n}-\dfrac{1}{n+d}=\dfrac{d}{n\times(n+d)}$，可知 $\dfrac{1}{nd}-\dfrac{1}{n(n+d)}=\dfrac{1}{d\times(n+d)}$，所以 $\dfrac{1}{nd}=\dfrac{1}{n(n+d)}+\dfrac{1}{d\times(n+d)}$

(1) 当 $nd=10$，即 $n=5$，$d=2$ 时，$\dfrac{1}{10}=\dfrac{1}{5\times 2}=\dfrac{1}{5\times(5+2)}+\dfrac{1}{2\times(5+2)}=\dfrac{1}{35}+\dfrac{1}{14}$

(2) 当 $nd=10$，即 $n=1$，$d=10$ 时，$\dfrac{1}{10}=\dfrac{1}{1\times 10}=\dfrac{1}{1\times(1+10)}+\dfrac{1}{10\times(1+10)}=\dfrac{1}{11}+\dfrac{1}{110}$

解法 4：巧用规律：把单位分数分拆成单位分数相加的和，可以分子、分母同乘以大于分母而小于分母 2 倍的自然数。

由于本题的分母是 10，分子、分母就可以同乘以大于分母 10 而小于分母 10 的 2 倍（20）的自然数，分别求解。解法如下：

$$\dfrac{1}{10}=\dfrac{1\times 11}{10\times 11}=\dfrac{1+10}{10\times 11}=\dfrac{1}{10\times 11}+\dfrac{10}{10\times 11}=\dfrac{1}{110}+\dfrac{1}{11}$$

$$\dfrac{1}{10}=\dfrac{1\times 12}{10\times 12}=\dfrac{2+10}{10\times 12}=\dfrac{2}{10\times 12}+\dfrac{10}{10\times 12}=\dfrac{1}{60}+\dfrac{1}{12}$$

其他情况不再一一求解。这种解法分子乘以大于分母而小于分母 2 倍的自然数后，要根据分母的情况灵活地把分子分成两个能与分母约分的数的和。

解法 5：巧用已知的分拆

10 的约数有：1、2、5、10。

(1) $10\div 2=5$，如果我们知道 $\dfrac{1}{2}=\dfrac{1}{3}+\dfrac{1}{6}$，就可以给 $\dfrac{1}{2}=\dfrac{1}{3}+\dfrac{1}{6}$ 的两边同乘以 $\dfrac{1}{5}$ 得：

$$\dfrac{1}{2}\times\dfrac{1}{5}=\dfrac{1}{3}\times\dfrac{1}{5}+\dfrac{1}{6}\times\dfrac{1}{5}，即 \dfrac{1}{10}=\dfrac{1}{15}+\dfrac{1}{30}$$

(2) $10\div 5=2$，如果我们知道 $\dfrac{1}{5}=\dfrac{1}{6}+\dfrac{1}{30}$，就可以给 $\dfrac{1}{5}=\dfrac{1}{6}+\dfrac{1}{30}$ 的两边同乘以 $\dfrac{1}{2}$ 得：

$$\frac{1}{5} \times \frac{1}{2} = \frac{1}{6} \times \frac{1}{2} + \frac{1}{30} \times \frac{1}{2}, \text{即} \frac{1}{10} = \frac{1}{12} + \frac{1}{60}$$

分数大小巧比较的方法

在分数的大小比较中，当要比较大小的两个分数的分子、分母都比较大，直接比较大小不方便时，可以找找它们与其他知识的联系，从侧面进行比较，往往可以得到巧妙的比较方法。

题目：比较 $\frac{111}{1111}$ 和 $\frac{1111}{11111}$ 的大小。

分析与解：

解法 1：比较它们的倒数

$\frac{111}{1111}$ 的倒数是 $\frac{1111}{111}$，$\frac{1111}{111} = \frac{1110+1}{111} = \frac{1110}{111} + \frac{1}{111} = 10 + \frac{1}{111}$，

$\frac{1111}{11111}$ 的倒数是 $\frac{11111}{1111}$，$\frac{11111}{1111} = \frac{11110+1}{1111} = \frac{11110}{1111} + \frac{1}{1111} = 10 + \frac{1}{1111}$，

因为 $\frac{1}{111} > \frac{1}{1111}$，所以 $10 + \frac{1}{111} > 10 + \frac{1}{1111}$，由于倒数较大的分数比较小，$\frac{111}{1111}$ 的倒数比 $\frac{1111}{11111}$ 的倒数大，因此 $\frac{111}{1111} < \frac{1111}{11111}$。

解法 2：比较它们与 1 的差

$\frac{111}{1111}$ 与 1 的差是：$1 - \frac{111}{1111} = \frac{1111}{1111} - \frac{111}{1111} = \frac{1000}{1111}$，

$\frac{1111}{11111}$ 与 1 的差是：$1 - \frac{1111}{11111} = \frac{11111}{11111} - \frac{1111}{11111} = \frac{10000}{11111}$，

如果利用分数的基本性质，把 $\frac{111}{1111}$ 与 1 的差的分子、分母同时扩大 10 倍，可以得到：$\frac{1000 \times 10}{1111 \times 10} = \frac{10000}{11110}$，这时 $\frac{10000}{11110}$ 与 $\frac{10000}{11111}$ 的分子相同，$\frac{10000}{11110} > \frac{10000}{11111}$，由于被减数相同时，差越大减数越小，所以 $\frac{111}{1111} < \frac{1111}{11111}$。

解法 3：根据一般规律比较

在分数的大小比较中，如果 $\frac{b}{a}$ 是一个真分数，我们比较一下它与 $\frac{b+c}{a+c}$（$c > 0$）的大小，把两个分数通分：$\frac{b}{a} = \frac{b \times (a+c)}{a \times (a+c)} = \frac{ab+bc}{a \times (a+c)}$，$\frac{b+c}{a+c} =$

$\dfrac{a\times(b+c)}{a\times(a+c)}=\dfrac{ab+ac}{a\times(a+c)}$。由 $b<a$ 可知 $ab+bc<ab+ac$，因此 $\dfrac{ab+bc}{a\times(a+c)}<\dfrac{ab+ac}{a\times(a+c)}$，$\dfrac{b}{a}<\dfrac{b+c}{a+c}$。由此我们可以得到规律：如果 $\dfrac{b}{a}$ 是一个真分数，那么 $\dfrac{b}{a}<\dfrac{b+c}{a+c}$（$c>0$）。我们可以利用这一规律比较本组分数的大小。原来的两个分数可以变形为：$\dfrac{111}{1111}=\dfrac{111\times10}{1111\times10}=\dfrac{1110}{11110}$，$\dfrac{1111}{11111}=\dfrac{1110+1}{11110+1}$。由上面的规律可知：$\dfrac{1110}{11110}<\dfrac{1110+1}{11110+1}$，所以 $\dfrac{111}{1111}<\dfrac{1111}{11111}$。

解盈亏问题的方法

把一定数量的物品，平均分配给一定数量的人，每人少分，则物品有余（盈）；每人多分，则物品不足（亏）。已知所余（所盈）和不足（所亏）的数量，求物品数量和人数的应用题叫盈亏问题。解答盈亏问题，我们可以运用不同的方法进行分析，进而找到各种各样的解答方法，有些方法还新奇巧妙、简单易懂。

题目：幼儿园大班的小朋友们分饼干，如果每人分 6 块饼干，就还剩 12 块；如果每人分 8 块饼干，就还缺 24 块。问这个班里共有多少个小朋友？共有多少块饼干？

分析与解：

解法 1：比较法

由每人分 6 块饼干变成每人分 8 块饼干，也就是每人多分 8－6＝2（块）饼干；饼干数从多出 12 块变成还缺 24 块，这就是说，两次所需饼干总数相差 12＋24＝36（块）。通过比较这两次变化可以看出：要求这个幼儿园大班小朋友的人数，就是求 36 里面含有多少个 2，所以幼儿园大班小朋友的人数为 36÷2＝18（人）。再根据"每人分 6 块饼干"可知这时分出饼干 6×18＝108（块），由"还剩 12 块"可知饼干的总块数为 108＋12＝120（块）。列成综合算式为：

小朋友的人数为：（12＋24）÷（8－6）＝18（人）

饼干的总块数为：6×18＋12＝120（块）

解法 2：对应法

根据题意，可以列出本题数量的对应关系如下：

$$\text{多少人？}\begin{cases}\text{每人分 6 块，} & \text{剩 12 块}\\ \text{每人分 8 块，} & \text{缺 24 块}\end{cases}\text{多少块？}$$

根据数量对应的关系可以看出：如果饼干的总数增加 24 块，则每人分得 8 块不多不少，这时每人分 6 块就剩 12＋24＝36（块）。为什么会剩 36 块呢？这是因为每人少分了 8－6＝2（块）。由此可以求出这个幼儿园大班小朋友一共有 36÷2＝18（人）。再根据"每人分 8 块饼干"可知这时分出饼干 8×18＝144（块），由"还缺 24 块"可知饼干的总块数为 144－24＝120（块）。列成综合算式为：

小朋友的人数为：(12＋24)÷(8－6)＝18（人）

饼干的总块数为：8×18－24＝120（块）

解法 3：画面积图法

本题有两个变化因素，一个是小朋友的人数，一个是饼干的块数。如果我们用长方形的横边（长）表示每人分得的饼干块数，竖边（宽）表示小朋友的人数，那么长方形的面积就表示饼干的总块数。如图：

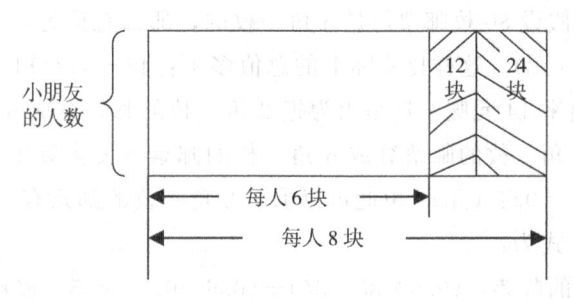

由上图可知，阴影部分的面积是 12＋24＝36（块），阴影部分的横边为两次每人分得的块数差是 8－6＝2（块），阴影部分的竖边为小朋友的人数是 36÷2＝18（人）。列成综合算式为：

小朋友的人数为：(12＋24)÷(8－6)＝18（人）

饼干的总块数为：6×18＋12＝120（块）

解法 4：列方程法

根据题意，第一次所分情况中饼干的总数与第二次所分情况中饼干的总数相等。如果设：有 x 个小朋友，那么第一次所分情况中饼干的总数为 $6x＋12$（块），第二次所分情况中饼干的总数为 $8x－24$（块）。列方程解为：

设：有 x 个小朋友

$$6x＋12＝8x－24$$

$$8x－6x＝24＋12$$

$$2x=36$$
$$x=18$$

饼干的总块数为：$6×18+12=120$（块）

灵活假设的方法

当遇到题目中要求两个未知量时，可以假设其中的一个未知量为另一个未知量或假设两个未知量是相等的或假设其中一个未知量为已知数量，然后按照题目的已知条件进行推算，把假设的内容加以调整，进而得到解决问题的正确方法。如果我们解决问题时能够根据具体情况灵活假设，就可以找到很多种解决问题的方法。

题目： 今有6角一枚的邮票和2角一枚的邮票共80枚，总值为34元。求这两种邮票各多少枚。

分析与解：

解法1： 假设80枚邮票都是6角一枚的，那么总值为：6角$=0.6$元，$0.6×80=48$（元）。这样比实际上的总值多了：$48-34=14$（元）。为什么比实际上多出来14元呢？这是因为把2角一枚的邮票算成6角一枚的邮票了。而每枚2角一枚的邮票算成6角一枚的邮票就要多算出来：2角$=0.2$元，$0.6-0.2=0.4$（元）。由此可以求出2角一枚的邮票有：$14÷0.4=35$（枚）。综合算式为：

2角一枚的邮票：$(0.6×80-34)÷(0.6-0.2)=35$（枚）

6角一枚的邮票：$80-35=45$（枚）

解法2： 假设80枚邮票都是2角一枚的，那么总值为：2角$=0.2$元，$0.2×80=16$（元）。这样比实际上的总值少了：$34-16=18$（元）。为什么比实际上少出来18元呢？这是因为把6角一枚的邮票算成2角一枚的邮票了。而每枚6角一枚的邮票算成2角一枚的邮票就要少算出来：6角$=0.6$元，$0.6-0.2=0.4$（元）。由此可以求出6角一枚的邮票有：$18÷0.4=45$（枚）。综合算式为：

6角一枚的邮票：$(34-0.2×80)÷(0.6-0.2)=45$（枚）

2角一枚的邮票：$80-45=35$（枚）

解法3： 假设6角一枚的邮票和2角一枚的邮票枚数相等，各40枚，那么总值为：6角$=0.6$元，2角$=0.2$元，$0.6×40+0.2×40=32$（元）。这样比实际上的总值少了：$34-32=2$（元）。为什么比实际上少出来2元呢？这说明6角一枚的邮票枚数比40枚多。如果把一枚6角的邮票算成2角的邮票就要少算：0.6－0.2＝0.4（元）。现在一共少了2元钱，由此能够看出6角一枚的邮票给少算了2÷0.4＝5（枚），所以6角一枚的邮票一共有40＋5＝45（枚）。综合算式为：

6角一枚的邮票：40＋[34－(0.6×40＋0.2×40)]÷(0.6－0.2)＝45（枚）

2角一枚的邮票：80－45＝35（枚）

解法4：假设一个适当的数，这个数不能超过题目条件中的80。假设6角一枚的邮票50枚、2角一枚的邮票30枚，那么总值为：6角＝0.6元，2角＝0.2元，0.6×50＋0.2×30＝36（元）。这样比实际上的总值多了：36－34＝2（元）。为什么比实际上多出来2元呢？这说明把6角一枚的邮票枚数假设多了，它不够50枚。到底多假设了多少枚呢？如果多假设一枚6角的邮票就得少假设一枚2角的邮票，这样自然就多出了：0.6－0.2＝0.4（元）。现在一共多出来2元钱，由此能够看出6角一枚的邮票给多算了2÷0.4＝5（枚），所以6角一枚的邮票一共有50－5＝45（枚）。综合算式为：

6角一枚的邮票：50－(0.6×50＋0.2×30－34)÷(0.6－0.2)＝45（枚）

2角一枚的邮票：80－45＝35（枚）

巧妙凑数的方法

在做添加运算符号的题时，如果题目的数字比较多、得数比较大，我们就可以先从等号左边凑出一个与结果比较接近的数，然后对算式中剩下的数字作适当的运算，从而使等式成立，这种方法称为凑数法。只要巧妙凑出数来，就可以得到多种多样的解法。

题目：在下面的数中间填上加号和减号，使计算的结果得100。

1 2 3 4 5 6 7 8 9＝ 100

你能想出几种填法？（人教版九年义务教育六年制小学数学第八册第58页思考题）

分析与解：

因为本题的数字多、得数大，并且1＋2＋3＋4＋5＋6＋7＋8＋9＝45＜100，所以可以采用凑数法进行解答。

填法1：把相邻的三个数字"1""2""3"组成三位数123，那么123－100＝23。剩下的数的和为：4＋5＋6＋7＋8＋9＝39，39比要调配的结果23多16，16是两个8。所以有：

$$123-4-5-6-7+8-9=100$$

填法 2：把相邻的三个数字"1""2""3"组成三位数 123，那么 123－100＝23。剩下的数中相邻的两个数字"4""5"可以组成 45，"6""7"可以组成 67，45 比 67 少：67－45＝22，22 比要调配的结果 23 少 1，正好剩下的"8"比"9"少 1。所以有：

$$123+45-67+8-9=100$$

填法 3：把相邻的三个数字"1""2""3"组成三位数 123，那么 123－100＝23。剩下的数中相邻的两个数字"6""7"可以组成 67，"8""9"可以组成 89，67 比 89 少：89－67＝22。22 比要调配的结果 23 少 1，正好剩下的"4"比"5"少 1。所以有：

$$123+4-5+67-89=100$$

填法 4：把相邻的三个数字"1""2""3"组成三位数 123，那么 123－100＝23。剩下的数中相邻的两个数字"4""5"可以组成 45，"6""7"可以组成 67，45 与 67 的和是：45＋67＝112，112 比要调配的结果 23 多：112－23＝89，正好剩下的"8""9"可以组成 89。所以有：

$$123-45-67+89=100$$

填法 5：相邻的两个数字"1""2"可以组成 12，"8""9"可以组成 89，12 与 89 的和为 101，101 比 100 多 1。剩下的数"3""4""5"的和为 12，"6"与"7"的和为 13，二者正好相差 1，所以有：

$$12+3+4+5-6-7+89=100$$

填法 6：相邻的两个数字"1""2"可以组成 12，"8""9"可以组成 89，12 与 89 的和为 101，101 比 100 多 1。剩下的数"3""4""6"的和为 13，"5"与"7"的和为 12，13 与 12 正好相差 1，所以有：

$$12-3-4+5-6+7+89=100$$

填法 7：相邻的两个数字"1""2"可以组成 12，"6""7"可以组成两位数 67，12 与 67 的和为：12＋67＝79，79 比 100 少：100－79＝21。剩下的数的和为：3＋4＋5＋8＋9＝29，29 比 21 多 8，正好 8 是两个 4。所以有：

$$12+3-4+5+67+8+9=100$$

填法 8：相邻的两个数字"2""3"可以组成 23，"7""8"可以组成两位数 78，23 与 78 的和为 101，101 比 100 多 1。剩下的数"1""5""6"的和为：1＋5＋6＝12，"4"与"9"的和为 13，12 与 13 正好相差 1，所以有：

$$1+23-4+5+6+78-9=100$$

填法 9：相邻的两个数字"2""3"可以组成 23，"5""6"可以组成两位数 56，23 与 56 的和为 79，79 比 100 少：100－79＝21。剩下的数的和为：1＋4＋7＋8＋9＝29，29 比 21 多 8，8 正好是两个 4。所以有：

$$1+23-4+56+7+8+9=100$$

填法 10：相邻的两个数"3""4"可以组成 34，"6""7"可以组成两位数 67，34 与 67 的和为：34＋67＝101，101 比 100 多 1。剩下的数"1""2""9"的和为：1＋2＋9＝12，"5"与"8"的和为 13，12 与 13 正好相差 1，所以有：

$$1+2+34-5+67-8+9=100$$

填法 11：相邻的两个数"7""8"可以组成 78，78 比 100 少 22。剩下的数的和为：1＋2＋3＋4＋5＋6＋9＝30，30 比 22 多 8，正好 8 是两个 4，所以有：

$$1+2+3-4+5+6+78+9=100$$

巧用三角板的方法

题目：用两个三角板画出 15°的角。

分析与解：此题有四种画法：

画法 1：一大减一小。就是先作一个大度数角，再在这个角内作一个适当的小度数角，两角之差就是所要画的角的度数。

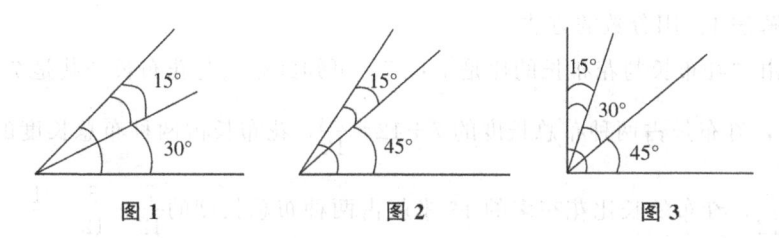

如：45°－30°＝15°（图 1），60°－45°＝15°（图 2）

图 1　　　图 2　　　图 3

画法 2：一大减两小。就是先作一个大度数角，再在这个角内连续作两个适当的小度数角，它们的差就是所要画的角的度数。

如：90°－45°－30°＝15°（图 3）

画法 3：两小减一大。就是连续作两个适当的小度数角，组成一个较大度数的角。然后在这两个角的度数和内减去一个大度数的角，所得的差就是所要画的角的度数。

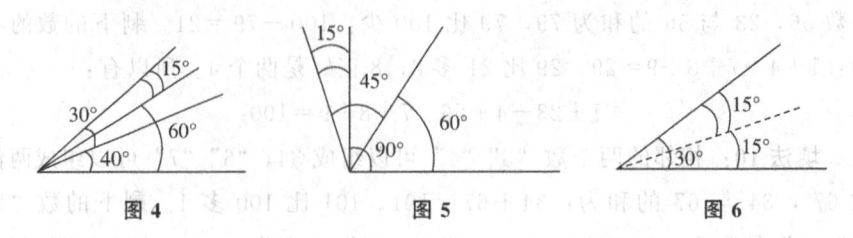

如：45°+30°-60°=15°（图4），60°+45°-90°=15°（图5）

图4　　　　　图5　　　　　图6

画法 4：先画后折。就是先用三角板画一个大度数的角，再适当地折叠得到15°的角。

例如：用三角板先画一个30°的角，然后把画好的30°的角对折，使角的两条边重合，折痕把30°角平均分成两份，其中的一份就是15°角（图6）。

依此类推，用三角板先画一个45°、60°、90°的角，也能折出15°的角。

分数、份数与比例的方法

同一道题，如果分别用分数、份数与比例的知识去分析，就可能得到相应的解答方法。

题目：红布的长比花布多18米，红布长与花布长的比是7∶5，两种布各多少米长？（山东科学技术出版社九年义务教育六年制小学数学《欢乐寒假》第37页"智慧金钥匙"）

分析与解：

解法 1：用分数的方法

由"红布长与花布长的比是7∶5"，可知红布长与花布长一共是7+5=12份，红布长占两种布总长度的 $7\div 12=\frac{7}{12}$，花布长占两种布总长度的 $5\div 12=\frac{5}{12}$，红布的长比花布多的18米就占两种布总长度的 $\frac{7}{12}-\frac{5}{12}=\frac{1}{6}$，那么两种布的总长度为：$18\div\frac{1}{6}=108$（米），红布的长度为：$108\times\frac{7}{12}=63$（米）；花布的长度为：$108\times\frac{5}{12}=45$（米）。列成综合算式为：

红布的长度：$18\div\left(\frac{7}{12}-\frac{5}{12}\right)\times\frac{7}{12}=63$（米）

花布的长度：$18÷\left(\dfrac{7}{12}-\dfrac{5}{12}\right)×\dfrac{5}{12}=45$（米）

解法 2：用份数的方法

根据"红布长与花布长的比是 7∶5"，可知红布的长如果有 7 份，花布的长就有 5 份，红布的长就比花布多 $7-5=2$ 份，再由"红布的长比花布多 18 米"，可以求出其中的一份就是 $18÷2=9$（米），红布的长为：$9×7=63$（米），花布的长为：$9×5=45$（米）。列成综合算式为：

红布的长度：$18÷(7-5)×7=63$（米）

花布的长度：$18÷(7-5)×5=45$（米）

解法 3：用比例的方法

设花布的长为 x 米，那么红布的长就为 $(x+18)$ 米，根据"红布长与花布长的比是 7∶5"可以列方程为：

$$\dfrac{x+18}{x}=\dfrac{7}{5}$$

$$x=45$$

$$x+18=63$$

答：红布 63 米长，花布 45 米长。

"比多比少"分数问题的多种方法

有关比多比少的分数应用题，其中的分数与比、份数有着内在的联系，根据它们之间的内在联系，可以把它们相互转化，灵活运用它们数量关系的转化，可以得到解答这类应用题的多种方法。

题目：幼儿园买来 120 张彩色电光纸，比买来的白纸少 $\dfrac{2}{5}$。这两种纸一共买来多少张？（人教版九年义务教育六年制小学数学第十二册 116 页"做一做"第 2 题）

分析与解：

一、分数方法

解法 1：如果把白纸的张数看作单位"1"，根据"彩色电光纸比买来的白纸少 $\dfrac{2}{5}$"，可以知道买来的 120 张彩色电光纸是买来白纸的 $1-\dfrac{2}{5}=\dfrac{3}{5}$，进而可以求出买来的白纸有 $120÷\dfrac{3}{5}=200$（张），因此，这两种纸一共买来

200＋120＝320（张）。综合算式为：

$$120÷\left(1-\frac{2}{5}\right)+120=320（张）$$

解法 2：根据"彩色电光纸比买来的白纸少 $\frac{2}{5}$"，可以知道买来的 120 张彩色电光纸是买来白纸的 $1-\frac{2}{5}=\frac{3}{5}$，那么白纸的张数是彩色电光纸的 $\frac{5}{3}$。这时把彩色电光纸的张数看作单位"1"，这两种纸的总数就是彩色电光纸的 $1+5/3=\frac{8}{3}$，因此，这两种纸一共买来 $120×\frac{8}{3}=320$（张）。综合算式为：

$$120×\left(1+\frac{5}{3}\right)=320（张）$$

解法 3：根据"彩色电光纸比买来的白纸少 $\frac{2}{5}$"，可以知道如果买来的白纸有 5 份，那么买来的彩色电光纸比白纸少 2 份，就有 5－2＝3 份，这两种纸的总数就是 3＋5＝8 份。彩色电光纸的张数就占这两种纸的总数的 $\frac{3}{8}$，因此，这两种纸一共买来 $120÷\frac{3}{8}=320$（张）。综合算式为：

$$120÷\frac{5-2}{5-2+5}=320（张）$$

二、归一方法

解法 4：根据"彩色电光纸比买来的白纸少 $\frac{2}{5}$"，可以知道如果买来的白纸有 5 份，那么买来的彩色电光纸比白纸少 2 份，就有 5－2＝3 份，这两种纸的总数就是 3＋5＝8 份。再根据"买来 120 张彩色电光纸"，可知其中的一份是 120÷3＝40（张），因此，这两种纸一共买来 40×8＝320（张）。综合算式为：

$$120÷(5-2)×(5-2+5)=320（张）$$

三、比例方法

解法 5：根据"彩色电光纸比买来的白纸少 $\frac{2}{5}$"，可以知道如果买来的白纸有 5 份，那么买来的彩色电光纸比白纸少 2 份，就有 5－2＝3 份，这两种纸的总数就是 3＋5＝8 份。由此可以得到：彩色电光纸的张数与两种纸的总数的比是 3∶8。因此可以列方程为：

解：设这两种纸一共买来 x 张。

$$\frac{120}{x}=\frac{5-2}{5-2+5} \quad \text{解比例得 } x=320$$

四、方程方法

解法 6：根据"彩色电光纸比买来的白纸少 $\frac{2}{5}$"可以得到等量关系：白纸的张数 $\times \left(1-\frac{2}{5}\right)=$ 彩色电光纸的张数。因此可以列方程为：

解：设买来白纸 x 张。

$$x\times\left(1-\frac{2}{5}\right)=120 \quad \text{解方程得 } x=200$$

这两种纸一共买来 $200+120=320$（张）

解法 7：如果设这两种纸一共买来 x 张，那么买来的白纸为 $(x-120)$ 张。根据等量关系：买来白纸的张数－彩色电光纸比买来的白纸少的张数＝彩色电光纸的张数。因此可以列方程为：

解：设这两种纸一共买来 x 张。

$$x-120-(x-120)\times\frac{2}{5}=120 \quad \text{解得 } x=320$$

答：这两种纸一共买来 320 张。

多种思路的一题十法

同一道题目，用不同的思路去分析，往往可以得到不同的解题方法，在用多种方法解答时，不仅能够发散我们的思维，而且能够培养我们的创新能力。

题目：枫叶服装厂接到生产 1600 件衬衫的任务。前 5 天完成了 20%。照这样计算，完成这项生产任务还需要多少天？

分析与解：

一、用数量的思路解答

解法 1：根据题意可以求出前 5 天生产衬衫 $1600\times 20\%=320$（件），那么平均每天生产衬衫 $320\div 5=64$（件），5 天之后这项生产任务还剩 $1600-320=1280$（件），用这项生产任务还剩的件数除以平均每天生产衬衫的件数就得到还需要生产的天数为：$1280\div 64=20$（天）。列成综合算式为：

$$(1600-1600\times 20\%)\div (1600\times 20\%\div 5)=20\text{（天）}$$

解法 2：根据题意可以求出前 5 天生产衬衫 $1600\times 20\%=320$（件），平均每天生产衬衫 320÷5＝64（件），那么完成这项生产任务一共需要 1600÷64＝25（天），所以还需要 25－5＝20（天）。列成综合算式为：

$$1600÷(1600×20\%÷5)-5=20（天）$$

二、用分数的思路解答

解法 3：把"枫叶服装厂接到生产 1600 件衬衫的任务"看作单位"1"，由"前 5 天完成了 20%"可以知道：每天完成总任务的 20%÷5＝4%，生产 5 天后剩下总任务的 1－20%＝80%，所以完成这项生产任务还需要的天数为 80%÷4%＝20（天）。列成综合算式为：

$$(1-20\%)÷(20\%÷5)=20（天）$$

解法 4：把"枫叶服装厂接到生产 1600 件衬衫的任务"看作单位"1"，由"前 5 天完成了 20%"可以知道：每天完成总任务的 20%÷5＝4%，进而可以求出完成总任务一共需要 1÷4%＝25（天），所以完成这项生产任务还需要 25－5＝20（天）。列成综合算式为：

$$1÷(20\%÷5)-5=20（天）$$

三、用倍比法解答

解法 5：由"前 5 天完成了 20%"可以知道：生产总任务的 20% 用 5 天，生产 5 天后剩下总任务的 1－20%＝80%。剩下的任务是前 5 天生产任务的 80%÷20%＝4 倍，那么生产剩下任务的时间也应该是前 5 天的 4 倍，即 5×4＝20（天）。列成综合算式为：

$$5×[(1-20\%)÷20\%]=20（天）$$

解法 6：生产总任务的 20% 用 5 天，要生产的总任务是前 5 天生产任务的 1÷20%＝5 倍，那么生产总任务所需要的时间也应该是前 5 天的 5 倍，即 5×5＝25（天），所以完成这项生产任务还需要 25－5＝20（天）。列成综合算式为：

$$5×(1÷20\%)-5=20（天）$$

四、巧求总天数解答

解法 7：根据"前 5 天完成了 20%"可以求出完成总任务需要 5÷20%＝25（天），所以完成这项生产任务还需要 25－5＝20（天）。列成综合算式为：

$$5÷20\%-5=20（天）$$

解法 8：根据"前 5 天完成了 20%"可以求出：完成总任务需要 5÷20%＝25（天），生产 5 天后还剩总任务的 1－20%＝80%，所以完成这

生产任务还需要 $25×80\%=20$（天）。列成综合算式为：
$$5÷20\%×(1-20\%)=20（天）$$

五、用比例方法解答

解法 9：已知每天生产的衬衫一定，所以生产的衬衫和所需要的天数成正比例，可以列方程解答。

解：设完成这项生产任务还需要 x 天。
$$\frac{5}{20\%}=\frac{x}{1-20\%} \quad 解方程得 x=20$$

六、列方程解答

解法 10：根据题意可知平均每天生产衬衫 $1600×20\%÷5$（件），前 5 天已经生产衬衫 $1600×20\%$（件），还需要生产衬衫 $1600-1600×20\%$（件），由题目中的等量关系：平均每天生产衬衫的件数×还需要的天数=还需要生产衬衫的件数，列方程得：

解：设完成这项生产任务还需要 x 天。
$$1600×20\%÷5×x=1600-1600×20\%$$
$$x=20$$

由上面的例子不难看出，我们在解题时，要用多种思路分析问题，这样有利于我们找到解决问题的最佳方法。

画出一个线段图得到的四种方法

一些数量关系较复杂的题目，如果依据题意画出线段图，再从不同的角度分析线段图，就有可能得到各种各样巧妙的解答方法。

题目：一班有 42 人。28 人参加数学小组，14 人参加语文小组。10 人两个小组都参加了。有几个人两个小组都没有参加？（人教版九年义务教育六年制小学数学第七册第 51 页思考题）

分析与解：全班有 42 人，参加数学小组、语文小组的有四种情况：①参加数学小组，没有参加语文小组，即只参加数学小组。②参加语文小组，没有参加数学小组，即只参加语文小组。③语文、数学两个小组都参加了。④语文、数学两个小组都没有参加。根据以上分析，题目中的条件和问题可以用下面的线段图表示：

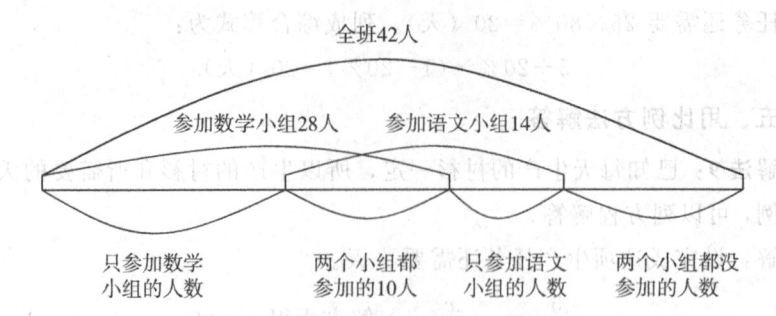

| 数学采珍 |

```
                        全班42人
            参加数学小组28人        参加语文小组14人

    只参加数学      两个小组都      只参加语文     两个小组都没
    小组的人数     参加的10人      小组的人数     参加的人数
```

解法1：从图中可以看出，只参加数学小组的人数是：28－10＝18（人）。只参加语文小组的人数是：14－10＝4（人）。如果从总人数中去掉只参加数学小组的人数、再去掉只参加语文小组的人数、再去掉两个小组都参加的人数，就得到：两个小组都没有参加的人数是：42－18－4－10＝10（人）。列成综合算式是：

$$42－(28－10)－(14－10)－10＝10（人）$$

解法2：观察、分析线段图，我们可以知道，从总人数中去掉参加数学小组的28人，可以得到：只参加语文小组的人数与两个小组都没参加的人数之和，为：42－28＝14（人）。再从只参加语文小组的人数与两个小组都没参加的人数之和中去掉参加语文小组的14人，就得到：两个小组都参加的10人被去掉两次后两个小组都没有参加的人数，为：14－14＝0（人）。因为两个小组都参加的10人被去掉了两次，所以得再补回去一次，才能正好得到两个小组都没参加的人数，为：0＋10＝10（人），列成综合算式为：

$$42－28－14＋10＝10（人）$$

解法3：从上图可以看出，参加数学小组的28人中有参加语文小组的，同时，参加语文小组的14人中有参加数学小组的。如果把两者加起来，那么既参加数学小组又参加语文小组的人就统计了两次。所以，从参加数学小组的人数与参加语文小组的人数之和里减去两个小组都参加的人数，就得到：只参加数学小组的人数、两个小组都参加的人数、只参加语文小组的人数三者之和，为：28＋14－10＝32（人）。那么两个小组都没参加的人数为：42－32＝10（人）。列成综合算式为：

$$42－(28＋14－10)＝10（人）$$

解法4：分析上图，根据全班42人，参加数学小组的有28人，就可以得到：只参加语文小组与两个小组都没参加的人数之和，为：42－28＝14（人）。再根据全班42人，参加语文小组的有14人，可以得到：只参加数学小组与两个小组都没参加的人数之和为：42－14＝28（人）。如果把只参加语文小组与两个小组都没参加的人数之和、只参加数学小组与两个小组都没参加的人数之和、两个小组都参加的人数三者加起来，为：14+28+10=52（人），这样就比全班人数多出了一个两个小组都没参加的人数，所以两个小组都没参加的人数为：52-42=10（人），列成综合算式为：

(42-28)+(42-14)+10-42=10（人）

多种规律的一种填法

找规律填空的题目，我们可以从不同的角度观察数据，从而找出数据之间的联系，得到不同的规律，在根据不同的规律进行解答时，却有一种奇妙的现象，那就是答案往往只有一种。

例1：先找出规律，然后在括号里填上适当的数。

33、17、9、5、3、（ ）

分析与解：

解法1：仔细观察、分析可以发现规律：每一个数与1的和除以2都等于它后面的数。根据这一规律从前往后依次推算为：(33+1)÷2=17，(17+1)÷2=9，(9+1)÷2=5，(5+1)÷2=3，(3+1)÷2=2，所以（ ）里应填的数为：2。

解法2：在这列数中，前5个数每相邻两个数的差依次是：16、8、4、2，由此可以看出这几个差中的规律是：每一个差除以2都等于后面的差。由此可以推算出最后一个差为：2÷2=1。所以（ ）里填的数应为：3-1=2。

例2：先找出规律，然后在括号里填上适当的数。

0、1、2、4、7、12、20、（ ）

分析与解：

解法1：仔细观察、分析可以发现规律：从第三个数开始，每一个数都等于它前面两个数的和加1。根据这一规律从前往后依次推算为：0+1+1=2，1+2+1=4，2+4+1=7，4+7+1=12，7+12+1=20，12+20+1=33。所以（ ）里应填的数为：33。

解法2：在这列数中，前7个数每相邻两个数的差依次为：1、1、2、3、5、8。由此可以看出这几个差中的规律是：从第三个差开始，每一个差都等于它前面两个差的和。根据这一规律，可以推算出最后一个差：5+8=13。因此，（ ）里的数应为：20+13=33。

例3：找规律，在空格里填上适当的数。

6	10	8
18	30	24
20	32	

解法 1：从横行观察，分析表格中的数可以发现：（6+10）÷2＝8，(18+30)÷2＝24，即每一横行前两个数的和除以 2 都等于第三个数。根据这一规律，空格中应填的数为：(20+32)÷2＝26。

解法 2：从竖行观察，分析表格中的数可以发现：6×3＝18，18+2＝20；10×3＝30，30+2＝32；即每一竖行第一个数乘 3 得第二个数，第二个数加 2 得第三个数。根据这一规律，空格中应填的数为：24+2＝26。

一个问题的四种思路八种方法

一些实际问题，如果我们用不同的思路去思考，就可以得到不同的解题方法。有一道有着对应关系的实际问题，我们用四种思路分析，就得到了八种解决方法。

题目：买 3 支圆珠笔和 2 支毛笔共用去 6.20 元；买 2 支圆珠笔和 3 支毛笔共用去 5.30 元。1 支圆珠笔和 1 支毛笔各多少元？

分析与解：
根据题目条件，我们可以列出以下对应关系：
3 支圆珠笔用的钱＋2 支毛笔用的钱＝6.20 元 …… ①
2 支圆珠笔用的钱＋3 支毛笔用的钱＝5.30 元 …… ②

一、用单价和的思路解题

解法 1：把上面的①、②两式相加可以知道：5 支圆珠笔和 5 支毛笔共用去：6.20+5.30＝11.50（元），1 支圆珠笔和 1 支毛笔共用去：11.50÷5＝2.30（元），那么 3 支圆珠笔和 3 支毛笔共用去 2.30×3＝6.90（元）。再对比"买 3 支圆珠笔和 2 支毛笔共用去 6.20 元"可以得到：1 支毛笔用 6.90－6.20＝0.70（元），对比"买 2 支圆珠笔和 3 支毛笔共用去 5.30 元"可以得到：1 支圆珠笔用 6.90－5.30＝1.60（元）。列成综合算式为：
1 支毛笔的价钱：(6.20+5.30)÷(3+2)×3－6.20＝0.70（元）
1 支圆珠笔的价钱：(6.20+5.30)÷(3+2)×3－5.30＝1.60（元）

解法 2：把上面的①、②两式相加可以知道：5 支圆珠笔和 5 支毛笔共用去：6.20+5.30＝11.50（元），1 支圆珠笔和 1 支毛笔共用去：11.50÷

5＝2.30（元），那么 2 支圆珠笔和 2 支毛笔共用去 2.30×2＝4.60（元）。再对比"买 3 支圆珠笔和 2 支毛笔共用去 6.20 元"可以得到：1 支圆珠笔用 6.20－4.60＝1.60（元），对比"买 2 支圆珠笔和 3 支毛笔共用去 5.30 元"可以得到：1 支毛笔用 5.30－4.60＝0.70（元）。列成综合算式为：

1 支圆珠笔的价钱：6.20－(6.20＋5.30)÷(3＋2)×2＝1.60（元）

1 支毛笔的价钱：5.30－(6.20＋5.30)÷(3＋2)×2＝0.70（元）

二、用数量化相同的思路解题

解法 3：比较①、②两式可以看出：两式买圆珠笔的支数不一样，买毛笔的支数也不一样，如果上面的①乘 2，②乘 3，就可以把圆珠笔的支数化相同，进而得到：

6 支圆珠笔用的钱＋4 支毛笔用的钱＝6.20×2＝12.40（元） ……③

6 支圆珠笔用的钱＋9 支毛笔用的钱＝5.30×3＝15.90（元） ……④

用④－③可以得到：9－4＝5（支）毛笔所用的钱为：15.90－12.40＝3.50（元），那么 1 支毛笔的价钱为：3.50÷5＝0.70（元）。

再根据"买 3 支圆珠笔和 2 支毛笔共用去 6.20 元"可以得到：买 2 支毛笔用去 0.7×2＝1.40（元），买 3 支圆珠笔用去 6.20－1.4＝4.80（元），那么 1 支圆珠笔的价钱为：4.8÷3＝1.60（元）。列成综合算式为：

1 支毛笔的价钱：(5.30×3－6.20×2)÷(3×3－2×2)＝0.70（元）

1 支圆珠笔的价钱：(6.20－0.70×2)÷3＝1.60（元）

解法 4：如果上面的①式乘 3，②式乘 2，就可以把毛笔的支数化相同，进而得到：

9 支圆珠笔用的钱＋6 支毛笔用的钱＝6.20×3＝18.60（元） ……⑤

4 支圆珠笔用的钱＋6 支毛笔用的钱＝5.30×2＝10.60（元） ……⑥

用⑤－⑥可以得到：9－4＝5（支）圆珠笔所用的钱为：18.60－10.60＝8（元），那么 1 支圆珠笔的价钱为：8÷5＝1.60（元）。再根据"买 3 支圆珠笔和 2 支毛笔共用去 6.20 元"，可以得到买 3 支圆珠笔用去 1.6×3＝4.8（元），买 2 支毛笔用去 6.20－4.8＝1.40（元），那么 1 支毛笔的价钱为：1.40÷2＝0.70（元）。列成综合算式为：

1 支圆珠笔的价钱：(6.20×3－5.30×2)÷(3×3－2×2)＝1.60（元）

1 支毛笔的价钱：(6.20－1.6×3)÷2＝0.70（元）

三、用单价差的思路解题

解法 5：根据题意，可以画出下面的实物图：

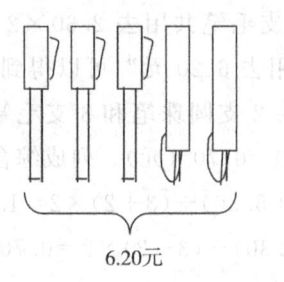

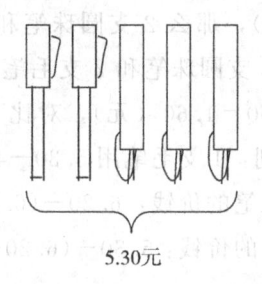

比较前后两组图形，如果把前后两图中的相等部分画掉，可以得出下图：

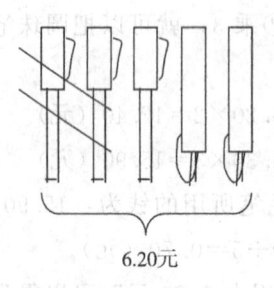

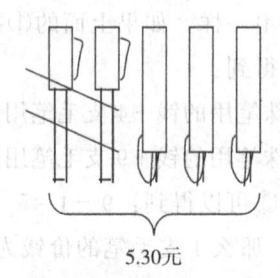

6.20元　　　　　　　　5.30元

通过观察图形可以知道，前一种情况比后一种情况多出的钱，就是1支圆珠笔比1支毛笔贵的钱为：6.20－5.30＝0.90（元）。根据"买3支圆珠笔和2支毛笔共用去6.20元"，如果把买的2支毛笔全看作圆珠笔，所用的钱数就会比原来多：0.90×2＝1.80（元），那么买3＋2＝5（支）圆珠笔就用去6.20＋1.80＝8（元），买1支圆珠笔用8÷5＝1.60（元）。买1支毛笔用：1.60－0.90＝0.70（元）。列成综合算式为：

1支圆珠笔的价钱：[6.20＋(6.20－5.30)×2]÷(3＋2)＝1.60（元）
1支毛笔的价钱：1.60－(6.20－5.30)＝0.70（元）

解法6：把上面的①、②两式相减可以知道：1支圆珠笔比1支毛笔贵：6.20－5.30＝0.90（元）。根据"买3支圆珠笔和2支毛笔共用去6.20元"，如果把买的3支圆珠笔全看作毛笔，所用的钱数就会比原来少：0.90×3＝2.70（元），那么买3＋2＝5（支）毛笔就用去6.20－2.70＝3.50（元），买1支毛笔用3.50÷5＝0.70（元）。买1支圆珠笔用：0.70＋0.90＝1.60（元）。列成综合算式为：

1支毛笔的价钱：[6.20－(6.20－5.30)×3]÷(3＋2)＝0.70（元）
1支圆珠笔的价钱：0.70＋(6.20－5.30)＝1.60（元）

四、用单价和与单价差的思路解题

解法7：把上面的①、②两式相加可以求出：5支圆珠笔和5支毛笔共用去：6.20＋5.30＝11.50（元），1支圆珠笔和1支毛笔共用去：11.50÷5＝2.30（元）；把上面的①、②两式相减可以求出：1支圆珠笔比1支毛笔贵：6.20－5.30＝0.9（元）。由以上分析可以知道：买2支圆珠笔要用2.30＋0.9＝3.20（元），买1支圆珠笔要用3.20÷2＝1.60（元）。买1支毛笔要用1.60－0.90＝0.70（元）。列成综合算式为：

1支圆珠笔的价钱：[(6.20＋5.30)÷(3＋2)＋(6.20－5.30)]÷2＝1.60（元）

1支毛笔的价钱：1.60－(6.20－5.30)＝0.70（元）

解法8：把上面的①、②两式相加可以求出：5支圆珠笔和5支毛笔共用去：6.20＋5.30＝11.50（元），1支圆珠笔和1支毛笔共用去：11.50÷5＝2.30（元）；把上面的①、②两式相减可以求出：1支圆珠笔比1支毛笔贵：6.20－5.30＝0.90（元）。由以上分析可以知道：买2支毛笔要用2.30－0.90＝1.40（元），买1支毛笔要用1.40÷2＝0.70（元）。买1支圆珠笔要用0.70＋0.90＝1.60（元）。列成综合算式为：

1支毛笔的价钱：[(6.20＋5.30)÷(3＋2)－(6.20－5.30)]÷2＝0.70（元）

1支圆珠笔的价钱：0.70＋(6.20－5.30)＝1.60（元）

检验的不同方法

当你解决一道实际问题后，应当检验一下解答得是不是正确。检验的方法多种多样，如果从不同的角度分析寻找实际问题数量间相等的关系，就会得到不同的检验方法。

题目【人教版九年义务教育六年制小学数学第十一册70页第5题】

李小红看一本80页的故事书，第一天看了全书的$\frac{1}{5}$，第二天看了全书的$\frac{1}{4}$。还剩多少页没有看？

分析与解：把全书的页数看作单位"1"，先求出还剩的页数占全书总页数的分率：$1-\frac{1}{5}-\frac{1}{4}=\frac{11}{20}$，再求剩下的页数：$80\times\frac{11}{20}=44$（页）。列成综合算式为：

$$80\times\frac{1}{5}\left(1-\frac{1}{5}-\frac{1}{4}\right)=44（页）$$

检验方法 1：从数量的角度检验

先算第一天与第二天一共看了的页数：$80\times\left(\dfrac{1}{4}+\dfrac{1}{5}\right)=36$（页），然后算两天看的页数加上剩下的页数：$36+44=80$（页）。把最后算得的数与题目条件中告诉的故事书的总页数 80 页相比较，二者相等，说明解答正确。列成综合算式为：

$$80\times\left(\dfrac{1}{4}+\dfrac{1}{5}\right)+44=80（页）$$

检验方法 2：从分率的角度检验

先算剩下的 44 页占全书 80 页的分率：$44\div80=\dfrac{11}{20}$，再算前两天看的页数占全书的分率：$\dfrac{1}{5}+\dfrac{1}{4}=\dfrac{9}{20}$，然后二者相加：$\dfrac{11}{20}+\dfrac{9}{20}=1$。算后看一看得数是不是等于单位"1"，等于，说明解答正确。列成综合算式为：

$$44\div80+\left(\dfrac{1}{5}+\dfrac{1}{4}\right)=1$$

通过不同的角度检验应用题，不仅会增强分析解答问题的自信心，而且还会感到解题思路更加开阔。

多种方法的一个算式

一些实际问题，有多种解答方法，这些方法的列式却只有一个，非常新奇有趣。

题目【北师版义务教育课程标准实验教科书小学数学五年级上册第 86 页第 10 题】

求下面图形中阴影部分的面积。

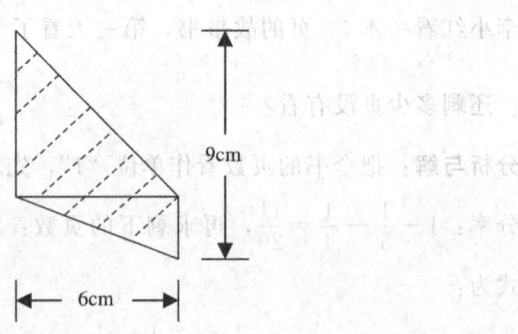

分析与解：

解法1： 把题目中的阴影部分添补成一个长9cm、宽6cm的长方形，面积为 $9\times6=54$（cm²）（如图一），由于图形①与图形②的面积相等，图形③与图形④的面积相等，那么阴影部分的面积是添补成的大长方形面积的一半，是 $54\div2=27$（cm²）。综合算式为：

$$9\times6\div2=27\text{（cm}^2\text{）}$$

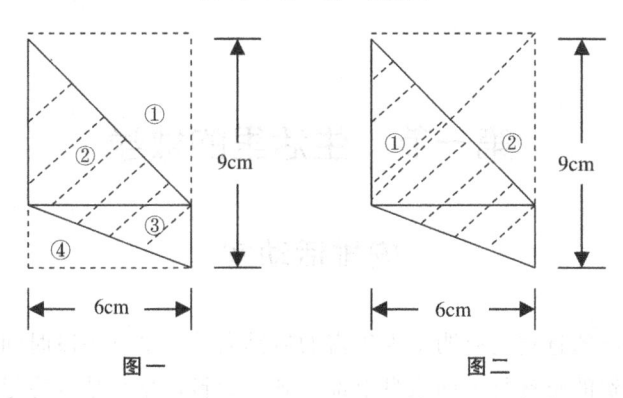

图一　　　　　　　　图二

解法2： 把题目中的图形分割、平移（如图二），把阴影部分①平移到空白部分②，阴影部分就可以变成一个底9cm、高6cm的大三角形，面积为：

$$9\times6\div2=27\text{（cm}^2\text{）}$$

解法3： 观察原题的图形可知，这个阴影部分是一个梯形，其上下底的和是9厘米，高是6厘米，所以阴影部分的面积是：

$$9\times6\div2=27\text{（cm}^2\text{）}$$

第六章　数学故事采珍

第一节　生活里的数学

安排活动室

孙贺同学的爸爸是启明星少年宫的后勤人员。最近一段时间少年宫正在搞装修，孙贺的爸爸每天回家身上都沾满了涂料，累得精疲力尽，吃完晚饭就急忙睡觉。

一天，孙贺同学正在家做作业。爸爸风风火火地从外面回到了家，一边换衣服一边念叨："装修！装修！装修完了还来事了！"妈妈问："到底是什么事？这么难办，还把你急成这样！"爸爸气喘吁吁地说："我们少年宫有八个活动室，分别在我们一至四楼的1、2号房间。原来都安排得好好的，装修之后，上级领导一视察，说原来那样安排得不合理，需要重新安排。我们少年宫的领导班子马上开会研究，研究来研究去，最后研究出了一张通知书。他们把这个通知书交给了我，让我按照通知书把八个活动室安排好。我一看安排通知书可傻了眼，越看越糊涂，实在不知道怎么办了，给另外几个人看了看，他们也没看懂，领导真会难为人！我无奈之下，只好回家来了！"

孙贺在旁边听了爸爸的话，连忙跑过来说："爸爸！是什么样的通知书？拿来给我看看！"

爸爸把通知书交给孙贺，孙贺拿过通知书仔细看起来，只见上面写着：

通　知

老孙同志：

请把音乐、舞蹈、美术、书法、棋类、摄影、航海、英语等八个活动室按以下要求安排：

---

(1) 一楼是舞蹈室和摄影室；
(2) 航海室的上面是棋类室，下面是书法室；
(3) 美术室和书法室在同一层楼上，美术室的上面是音乐室；
(4) 音乐室和舞蹈室都设在单号房间。

少年宫办公室
×月×日

孙贺看过之后说："要求这么多，各项要求之间的关系这么复杂，一时还真看不出应该怎样安排，难怪你发愁了！这种情况只有列表解决了。列表可以把各项要求条理化，就不会把要求搞错、弄混或遗漏了！"

爸爸着急地说："别卖关子了，快点说吧！"

孙贺说："我们在表格的横栏写上音乐、舞蹈、美术、书法、棋类、摄影、航海、英语八个活动室的名称，竖栏写上101、102、201、202、301、302、401、402这八个活动室的号码。如果把某个活动室安排在哪个楼层号，就在对应的格中画肯定符号（＋），如果不安排，就画上否定符号（－）。根据要求(1)，除了舞蹈室和摄影室，一楼其他各室所对应的格中都要画上否定符号（－）。又根据要求(4)，舞蹈室设在单号房间，可以断定101是舞蹈室，102是摄影室。"

孙贺看了看听得入了神的爸爸、妈妈，接着说道："根据要求(2)可以知道，航海室在3楼，因为航海室的下面不是一楼的舞蹈室和摄影室，上面还有棋类室。并且航海室一定在双号房间，因为航海室的下面是书法室，要求(4)说音乐室设在单号房间，要求(3)说'美术室的上面是音乐室''美术室和书法室在同一层楼上'，从而可知美术室也在单号房间，书法室在双号房间。因此，航海室为302，棋类室为402，书法室为202。再根据要求(3)可以知道：美术室为201，音乐室为301。最后剩下的401房间就是英语室。如下表。"

	音乐	舞蹈	美术	书法	棋类	摄影	航海	英语
101	－	＋	－	－	－	－	－	－
102	－	－	－	－	－	＋	－	－
201	－	－	＋	－	－	－	－	－
202	－	－	－	＋	－	－	－	－
301	＋	－	－	－	－	－	－	－
302	－	－	－	－	－	－	＋	－
401	－	－	－	－	－	－	－	＋
402	－	－	－	－	＋	－	－	－

爸爸接过孙贺填好的活动室安排表，对着通知的要求验证了一遍，然后感慨地说："有了这张表，我就不用发愁了！谢谢你！我的棒小伙！"

第二天，爸爸按照孙贺的方法成功安排了八个活动室，受到了领导的一致好评。

怎样装石雕

刘通同学每天从家到学校上学，都要经过正在修建的"月河桥"旁边。由于邻居赵叔叔是这座桥的修建工人，所以刘通每天经过时都与工人们打声招呼、问声好。

一天中午，刘通吃过午饭上学去，快到"月河桥"了，远远地就看见几个工人围在一起议论着什么。刘通刚来到他们旁边，就听见赵叔叔高喊："刘通同学，快过来，来给我们帮帮忙！"刘通同学边走过去边说："你们大人的事，我小孩能帮上什么忙？"赵叔叔说："这事还非得你这个学生帮忙不可！"刘通来到工人们跟前，赵叔叔说："我们几个人正在商议一件事情，商议来商议去也没有个头绪。"刘通说："是什么事呀？"赵叔叔说："我们打算在桥的两侧栏杆上安装32块青龙、白虎石雕，两端的石雕离桥头都要是10米，要使每相邻的两块石雕的间隔相等，相邻的两块石雕的间隔应该是多少米呢？"

刘通听了之后，问道："这座桥有多长？"赵叔叔忙说："是127米！"刘通接着问："石雕的长和宽分别是多少？是把石雕竖着安装还是横着安装？"赵叔叔说："石雕的长2米，宽0.8米；石雕当然是横着安装，如果竖着安装，哪有2米多高的桥栏杆呢？"

工人王叔叔说："我的设计方案是：由于桥的两侧都要安装，就要把桥长127米乘2，得 $127 \times 2 = 254$（米），然后再除以32块石雕中的32，就得到相邻的两块石雕的间隔是 $254 \div 32 \approx 7.94$（米），在实际安装中取个近似数也是可以的。"

工人李叔叔说："老王的设计没有考虑到'两头的石雕离桥端都要是10米'，应该从桥长中减去 $10 \times 2 = 20$（米），还剩 $127 - 20 = 107$（米），107米乘2，得 $107 \times 2 = 214$（米），然后再除以32块石雕中的32，才得到相邻的两块石雕的间隔是 $214 \div 32 \approx 6.69$（米）。"

刘通听了两位叔叔的设计，说："你们说得都不对！都没有注意我们要求的是'相邻的两块石雕的间隔'，即间隔长度，也没有注意我们给桥栏杆安装石雕是一侧一侧的分别安装,而不是把两侧的桥栏杆接成一条直线再安装。正确的安装设计是:我们从桥的总长度127米中去掉两头占的2个10米,即10×2=20(米),再去掉16块石雕占的长度:2×16=32(米),就得到所有间隔的总长度:127-20-32=75(米);由于在桥的两侧栏杆上安装32块花纹石雕,所以桥栏杆的每一侧都要安装32÷2=16(块),桥的一侧安装16块石雕,这时就有16-1=15(个)间隔,间隔的总长度除以间隔数就是每个间隔的米数为75÷15=5(米)。"

赵叔叔听了,感慨地说:"谢谢!谢谢同学!你们听听,刘通同学说得多全面、多详细。我们按照刘通同学说的间隔米数抓紧安装吧!"

刘通看着工人叔叔们忙碌的身影,笑了笑,转身上学去了。

巧测树高

星期天,张老师带领同学们去郊游。天空骄阳似火,同学们已走得气喘吁吁,可同学们兴趣十足,仍唱着歌向前走着。这时,他们看到了路边的一棵高高的白杨树,张老师说:"大家快点走!到那棵大树下我们休息。"

来到大树下,只见这棵树枝繁叶茂、高耸入云。同学们在树荫下说笑起来。郭云同学说:"大家往上看,这棵树真高!它到底有多高呢?"黄晨同学说:"可惜我没有带卷尺,如果有卷尺,我爬上树给你量量。"王弘同学说:"你就是猴子爬到树梢也难呀!不好量。""把树砍倒再量!"不知是谁大声说了一句。同学们都笑了,边笑边说:"砍倒!那可能吗?"张老师说:"大家都动动脑筋、想想办法吧!"

李坤同学大声说:"我带来了尺子!"李跃同学问:"在哪儿?拿出来看看!"李坤把手一张说:"我手中有尺子!"又走了一步说:"我脚下也有尺子!"他看大家还不明白,连忙说:"张开手,我一拃是20厘米;走一步,我一步的平均长度是0.64米。"郭云说:"这么说,我们身上都有尺子,可惜我不知道我身上的尺子有多长。"张老师说:"李坤真是个有心人!大家听一听,他怎样用身上的尺子测量树高?"

李坤从地上捡起一根树枝,从头开始拃了5拃,把多余的折断说:"我一拃是20厘米,5拃就是20×5=100厘米,也就是1米。"然后他请张彤同学帮忙,走到树荫外,把树枝直立在地上,再拃树枝的影子,是6拃半,即20×6+10=130厘米,即1.3米。李坤又走到大树下,从树根处开始,在树影中直直地往树影的顶部走去。到了树影的顶部又走回到树根说:"我去时走了21步，回来时走了19步。用（21＋19）÷2＝20步，我平均一次走20步，也就是说树影的长度大约是20步。用0.64×20＝12.8米。有了以上数据，我们可以计算了。由于树枝的影长与树枝的高度之比等于大树的影长与大树的高度之比，如果我们设大树的高度为 x 米，可以列出比例为：1.3：1＝12.8：x，$x=\frac{128}{13}$，那么这棵大树的高度是 $\frac{128}{13}$ 米。大家说，我测得准不准！"

班长刘虹说："测得太准了，看你来来回回地忙，真有点大工程师的劲头，看你都累出汗了，快歇歇吧！"

吴斌说："太好了！我现在知道怎么样'学以致用'了。"

张老师说："我们每个人身上都有测量工具，如果善于利用，可以帮助我们解决很多实际问题。李坤巧妙利用一拃的长度、一步的长度与比例的知识测出了树高，真了不起！"

张老师话音刚落，大家鼓起了热烈的掌声。

查找次品

百货商场的门前停着一辆小货车，车上装着十箱微型家电。售货员小张与小马正忙着往店里搬运，部门经理老孙指挥着、摆放着。三个人累得气喘吁吁、满头大汗。

刚搬完、摆好，正想坐下休息一会儿，电话铃响了。小张走过去，拿起电话，问："谁呀？"对方回答："你们店里是否刚运进一批微型家电？"小张说："是！"对方说："我是这批家电的厂家，真对不起，由于工作人员的失误，这十箱中混进了一箱次品，因为这种次品外观与正品一模一样，毫无区别，只是每件重量轻了1克，致使工作人员一不小心把次品当正品发货了，请你们找出来，我们给换成正品。麻烦了，麻烦了！"小张听对方客气，一个劲地道歉，就爽快地答应了。放下电话，对小马、老孙说明了情况。

老孙问："怎么查找？"

小张说："就是，这也太难了！一箱一箱地称吧！刚忙完，又得再称十次。真烦人！"

小马说："别忙，先看看产品说明书，看能不能发现点什么。"

他们拿出产品说明书一看，知道每件正品重10克。

小马说："这就行了，不用那么麻烦了，我们称一次就可以查出次品。"

小张说:"是真的吗?有那么容易?"

小马说:"你看我的!你只要把秤拿来就可以了。"

小马说完,拿出圆珠笔,在每箱商品的箱子上,顺次写上了:1、2、3、4、……9、10。

然后从第1箱中取出一件微型家电,从第2箱中取出两件,从第3箱中取出三件,依次类推,直到从第10箱中取出十件。

这时,小张正好也拿来了秤。小马把这 $1+2+3+4……+9+10=55$ 件微型家电放在一起过秤,称的重量为546克。

小马毫不犹豫地说:"第4箱里都是次品。"

小张问道:"你怎么这么快就知道了?"

小马说:"如果它们全是正品,应重550克,现在混进了次品,当然要比550克轻些。而我们称出的总重量为546克,即比标准重量550克轻了 $550-546=4$ 克,每件次品比正品轻了1克,这就说明其中混进了4件次品,而只有第4箱里拿出的微型家电是4件。所以,第4箱里都是次品。总之,根据实际称得的重量与标准重量的差额,一下子就可揪出次品的源头。"

老孙称赞道:"小马,你真聪明呀!"

小马道:"这算什么!就是这十箱家电中混进了几箱次品,我只称一次也能解决问题。"

小张说:"别吹牛了,如果这十箱家电中混进了若干箱次品,并且每个箱子中有很多件,比如有1000件,你能只称一次就解决问题吗?"

小马说:"这不难。我从1号箱中取1件,2号箱中取2件,3号箱中取 $2×2=4$ 件,4号箱中取 $2×2×2=8$ 件,依次类推,直到从10号箱中取出 $2×2×2×2×2×2×2×2×2=512$ 件。然后将 $1+2+4+8+……+521=1023$ 件家电一起过秤。正如上面所说的,如果它们全是正品,就应重10230克,这是一次新的"标准重"。现在既然混进次品,当然要比10230克轻些。假如实际重量只有10180克,即轻了 $10230-10180=50$ 克,由于50可以分拆为: $50=32+16+2$,从"2"可以推出是第2箱中装着次品;从 $16=2×2×2×2$,是4个2相乘,可以推出第5箱中装着次品;从 $32=2×2×2×2×2$,是5个2相乘,可以推出第6箱中装着次品,从而可以得出2、5、6箱中装着次品。"

老孙听完,不由自主地说:"小马,你灵活用数学知识解决实际生活中的难题,真是一位人才!"

小张也竖起了大拇指说:"兄弟,你真行!"

分摊车费

星期天，刘畅同学非常想念姥姥，他给妈妈说了以后，妈妈同意他单独一人去姥姥家，临走时，妈妈一再嘱咐："路上要小心，要注意安全。"刘畅安慰说："我又不是第一次去，妈妈，你就放心吧！"

由于姥姥家在乡下，又不通公共汽车，得租机动三轮车。刘畅来到了汽车站，找到了出租车司机，刚谈妥价钱：到姥姥家4公里，要付4元钱。又走来一位乘客说："小同学，我和你朝同一个方向走，我们乘坐同一辆车可以吗？"刘畅回答："很好呀！我们一起走还可以说说话呢。"那位乘客说："我要在走至8公里的地方下车。司机师傅！我们两个人一共要付多少钱？"司机说："一共收12元钱，你们两人算算应该怎样分摊车费吧？"那位乘客很快说道："这还不好算，小同学乘车4公里，分摊4元钱；我乘车8公里，分摊8元钱，合起来正好够司机师傅12元钱的车费。"

刘畅没有应声，默默计算了一会儿说："乘客叔叔认为，我乘车4公里，自己乘车8公里，一共乘车4＋8＝12（公里），于是，我的乘车路程是总路程的$\frac{4}{12}$，所以我应摊车费$12×\frac{4}{12}=4$（元）；乘客叔叔的乘车路程是总路程的$\frac{8}{12}$，所以他应摊车费$12×\frac{8}{12}=8$（元）。这样算不正确，因为我们两人并没有一共走12公里路，司机师傅开车到8公里的地方我们就全部下完车了。"

那位乘客问："应该怎么算？"

刘畅说："应该这样考虑：全部路程的车费是12元，全部的路程是8公里，两人一起坐了4公里，那么我们一起坐的路程是全部路程的$\frac{4}{8}$，应共同付车费$12×\frac{4}{8}=6$（元），每人应分摊$6÷2=3$（元），所以我只分摊车费3元钱；而乘客叔叔个人又坐剩下的8－4＝4（公里），那么你自己还应付$12×\frac{4}{8}=6$（元），所以你一共应分摊车费3＋6＝9（元）。"

那位乘客听刘畅说完，笑着说："还真是这个理！就按你说的分摊车费。"

两人付完车费，坐上车，说说笑笑地出发了。

哥儿俩同时到达

张敏的家住在山区，交通不方便，从家到车站有 13 千米的路程。她的两个哥哥在县城上高中，每回家一次，全家就像过节一样欢天喜地、热热闹闹。

星期天的下午，张敏的两个哥哥要从家返校了。大哥哥张浩说："爸！妈！敏敏！我们要回学校了。车站有一班车是下午 4 点的，这班车很准时，我们就坐这班车。"爸爸说："好！我骑摩托车送你们俩。可是，咱家的摩托车太小，一次只能带一个人，我就来回跑吧！"二哥哥张炎说："爸！每次你先把我送到车站，我就在那儿等呀！等呀！真是躁死人了！看看能不能充分利用这辆摩托车，使我和哥哥同时动身又同时到达呢？这样，我就不用在车站傻等了！"大哥哥张浩说："现在已经下午 3 点了，你这样一折腾，可别晚了点？那得算算最少需要多少时间才能不停地赶到车站。"妈妈说："你们哥儿俩步行能走多快？骑摩托车能骑多快？"大哥哥张浩说："我们俩步行每小时只能走 5 千米。"爸爸说："我骑摩托车每小时能行 50 千米。"妈妈心疼儿子，满怀关切地说："那你们爷几个好好算一算，应该怎么走吧！"

张敏想了一会儿说："从家出发时，大哥哥步行，爸爸用车把二哥哥送到 D 点，这时，二哥哥步行，爸爸骑摩托车返回来，在 C 点接大哥哥坐车，当二哥哥到车站时，摩托车恰好赶到。"张敏边说边画出了下图：

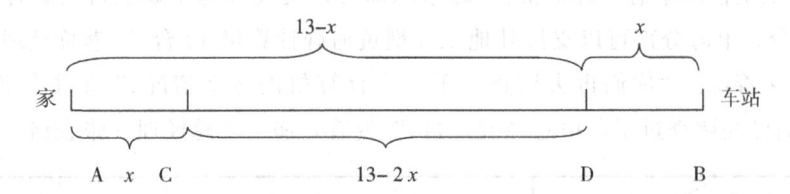

```
         13-x              x
   ┌──────────────┐ ┌──────────┐
家 ├──────┬───────────────┬──────┤ 车站
   A   x  C    13-2x      D     B
```

爸爸不解地问："你说的 C 点啦，D 点啦在什么地方？我不好把握呀！"

张敏信心十足地说："爸爸！你听我接着说。要想做到我说的这种情况并不难。需要这样做：大哥哥步行和坐车的时间恰好等于二哥哥步行和坐车的时间。很明显，大哥哥和二哥哥坐车的时间相等，步行的时间也相等，步行的路程也相等。如图，设 AC 的距离为 x 千米，那么 DB 也为 x 千米。当大哥哥走完 x 千米时，爸爸骑车行驶的路程是 $(13-x)+(13-2x)$ 千米，他们所用的时间相等，所以，可以列出方程：

$$\frac{x}{5}=\frac{(13-x)+(13-2x)}{50}$$

解方程得 $x=2$，也就是说爸爸先骑车带着二哥哥行驶 $13-2=11$（千米），即到达 D 点，就要赶快返回来再骑车带大哥哥去车站。怎么样？爸爸！好掌握了吧！看着你摩托车的里程表就可以了。"

爸爸高兴地说："我女儿就是聪明！我能做到！"

张敏一甩自己的马尾辫，接着说："大哥哥步行的时间是 $2\div 5=0.4$（小时），坐车的时间是 $(13-2)\div 50=0.22$（小时），一共是 $0.4+0.22=0.62$（小时），也就是我两个哥哥从家到车站要用 0.62 小时，即 37 分 12 秒，现在是下午 3 时 10 分，现在就出发的话 3 时 10 分 $+37$ 分 12 秒 $=3$ 时 47 分 12 秒就能赶到车站，离 4 点还有 10 多分钟！完全可以这样做。"

大哥哥张浩笑着说："小学生也敢在我们高中生面前显威风，勇气可嘉！能力更可嘉！好妹妹，谢谢你了！"说完，爷三个出发了。

紧急调运计算机

明智公司在全国各地建立了计算机销售网络，以诚信为本，生意蒸蒸日上，越做越红火。

一天，重庆和武汉分部同时向北京总部来电：重庆急需 123 型黄河牌计算机 60 台，武汉急需 123 型黄河牌计算机 80 台。北京总部立即做出反应，李总经理安排王主任总体调度。

王主任向李总经理汇报："北京总部可以支援外地 123 型黄河牌计算机 100 台，上海分部可以支援外地 123 型黄河牌计算机 40 台。"李总经理听了之后接着说："你们再去调查一下每台计算机的运费情况。"王主任说道："我们已经调查过了，请总经理过目。"说着，递给李总经理一张表格：

每台运费 起点 \ 终点	武汉	重庆
北京	40	80
上海	30	60

李总经理看了看表格说："怎样调运，才能使总的运费最省呢？"

王主任皱了皱眉头说："这个，我还没有算出来，我回去算一算。"

"王叔叔，你不用回去了，我已给你算好了！"话音一落，从后面走出一位小学生，是李总经理的大头儿子。

王主任一看，笑了，说："李亮，快帮帮叔叔吧！"

李亮同学指着计算机运费调查表说："上海分部只能支援外地40台计算机，为了方便，这40台计算机就不能分开来运了，或者全部给重庆或者全部给武汉，这样就有两种调运方法。第一种调运方法是：上海的40台全部给重庆，需要运费$60×40=2400$（元）；北京需要给重庆$60-40=20$（台），运费为$80×20=1600$（元）；北京就要给武汉80台，运费为$40×80=3200$（元）；这样总运费为$2400+1600+3200=7200$（元）。第二种调运方法是：上海的40台全部给武汉，需要运费$30×40=1200$（元）；北京需要给武汉$80-40=40$（台），运费为$40×40=1600$（元）；北京就要给重庆60台，运费为$80×60=4800$（元）；这样总运费为$1200+1600+4800=7600$（元）。两种方法加以比较7200元＜7600元，可以看出来是第一种调运方法运费最省，可以比第二种调运方法节省$7600-7200=400$（元）。"

李总经理听儿子说完，高兴地说："太好了！就按李亮说的第一种方法去调运吧！"

王主任边鼓掌边说："李亮同学，谢谢你，你给我们节省了时间，时间就是金钱呀！"说完，调运计算机去了。

抓阄的"学问"

学校要举行数学竞赛，规定每班10人参加。六一班的数学老师已经选好了9位同学，在最后一位同学的选择上却犯了愁，因为有张亮、王通、田路、徐彤四位同学，不论上课表现、课下作业还是平时考试，老师都很满意。为了平等对待，不打消每位同学的学习积极性，老师决定采用传统的"抓阄"法进行选择，即在四张小纸上写上1、2、3、4，然后捏成纸团让四人各抓一个，最后抓取"1"号的同学参加数学竞赛。

谁不想参加数学竞赛呢？这是既能锻炼自己又能在班级中赢得同学们的尊重的好机会。因此，纸阄做好以后，抓阄的先后又成了争论的问题。

张亮说："我先抓！后抓就没有机会了。"

王通说："我先抓！后抓机会就小了。"

田路说："先抓后抓机会都一样，因为如果你先抓抓到了，我当然就没有机会了；可是，大家还要想一想，如果你先抓没有抓到，就会把更多的机会留给我，我后抓抓到的机会就更大了。"

徐彤说:"先抓后抓都一样,拿到1号纸团的可能性都是$\frac{1}{4}$。原因是:

第一个抓阄的人,可能性很显然是$\frac{1}{4}$。

第二个抓阄的人,是在第一个未拿到1号纸团的情况下抓的,可能性还剩$1-\frac{1}{4}=\frac{3}{4}$,这时他要从剩下的三个纸团中抓取,这时的可能性占$\frac{1}{3}$,而这$\frac{1}{3}$是在剩余的$\frac{3}{4}$的可能性的基础上抓的,所以第二个抓阄的人抓取1号纸团的可能性是:$\frac{3}{4}\times\frac{1}{3}=\frac{1}{4}$。

第三个抓阄的人,是在第一个与第二个都未拿到1号纸团的情况下抓的,可能性还剩$1-\frac{1}{4}-\frac{1}{4}=\frac{1}{2}$,这时他要从剩下的两个纸团中抓取,这时的可能性占$\frac{1}{2}$,而这$\frac{1}{2}$是在剩余的$\frac{1}{2}$的可能性的基础上抓的,所以第三个抓阄的人抓取1号纸团的可能性是:$\frac{1}{2}\times\frac{1}{2}=\frac{1}{4}$。

同样道理,第四个抓阄的人抓取1号纸团的可能性是:$1-\frac{1}{4}-\frac{1}{4}-\frac{1}{4}=\frac{1}{4}$。

所以说,不论先抓后抓,拿到1号纸团的可能性都是$\frac{1}{4}$。"

老师听了以上同学的说明,就不再抓阄,当即决定让徐彤同学参加数学竞赛。

同学们,老师听了徐彤同学的说明,为什么就不再抓阄,而是当即决定让她参加数学竞赛了呢?

隔多长时间发一次车

张旭同学从学校回家要走一段枣庄至台儿庄的枣台公路。一天放学后,张旭同学走在枣台公路的人行道上回家。走着走着,他发现对面开来的公共汽车每隔6分钟遇见一次,而背后开来的公共汽车每隔12分钟超过他一次,并且每辆公共汽车开的速度差不多都一样。他很高兴自己发现了这样有趣的规律,就继续迈着匀速的步子往前走着,边走边验证着自己的新发现,通过验证他知道这个规律会一直持续下去，他非常激动，感到西下的太阳正向他微笑，树上的小鸟在为他歌唱！突然，他想起了一个问题：这条路线上的公共汽车是隔多长时间发一次车，才能出现以上情况呢？他一时想不起来，感到非常困惑！

回到家，张旭同学急忙把自己的发现和问题都告诉了爸爸。爸爸听了之后，夸奖他说："爱因斯坦说过：'发现一个问题比解决一个问题更重要。'你真了不起，发现了新规律、新问题！你不要放弃，再仔细研究研究。"张旭同学走进自己的书房，埋头研究起来。

过了一会儿，张旭来到爸爸跟前，高兴地说："爸爸！我研究出来了，公共汽车是每隔8分钟发一次车！"爸爸说："说说你的想法！"张旭说："由于枣台公路上的公共汽车发车的时间是固定不变的、每辆公共汽车开的速度差不多都一样，所以每相邻两辆汽车的距离相等，我们假设为 S。当人与汽车相向而行时，每6分钟人与汽车相遇，这时我们可以得到：汽车的速度＋人的速度＝$\frac{S}{6}$；当人与汽车同向而行时，每12分钟汽车追上人，这时我们可以得到：汽车的速度－人的速度＝$\frac{S}{12}$。如果我们把 $\frac{S}{6}$ 与 $\frac{S}{12}$ 相加可以得到：$\frac{S}{6}+\frac{S}{12}=$汽车的速度＋人的速度＋汽车的速度－人的速度＝汽车的速度＋汽车的速度＝汽车的速度×2，因此，汽车的速度为：$\left(\frac{S}{6}+\frac{S}{12}\right)\div 2=\frac{S}{8}$，于是我们用每相邻两辆汽车的距离除以汽车的速度，可以得到这条路线上的公共汽车是间隔 $S\div\frac{S}{8}=8$（分钟）发一次车。爸爸，我说得对不对？"爸爸说："到底对不对，去汽车站问一下就知道了！"

第二天，张旭同学来到汽车站一问，这条路线上的公共汽车实际发车时间的间隔与自己的研究完全相同，他高兴极了，他感到：对一时想不明白的问题研究研究，会有意想不到的收获，真是不错！

阶梯教室里的参赛选手

学校数学竞赛在阶梯教室举行，张圆是班级的竞赛选手之一，她把所有的试题做完之后，还没有到交卷时间。她检查了一遍试卷，没有发现一点错误，于是高兴起来。猜想自己准能考100分。她左看看，同学们在做题，右看看，同学们还在做题，她感到没有必要在这儿坐等了，就站起身，拿起卷子纸和文具盒，走到最前面的讲台把卷子交上了，因为自己第一个交卷而得意扬扬！张圆交完卷子转过身，向正在竞赛的选手们望去，只见每一排参赛选手都不相邻而坐，整个阶梯教室只有最后一排空荡荡的没有坐一个人，其余的座位都按照不相邻而坐的规则坐满了人，自己刚坐过的在第五排的座位好像在看着自己呢！她想问："到底一共有多少选手参加比赛呀？"她没好意思问监考老师，就疑惑地走出了阶梯教室。

张圆是个有心人，她在一次次来阶梯教室中早已把阶梯教室的情况了解得一清二楚：阶梯教室一共有 16 排座位，其中第一排有 10 个座位，以后每一排比前一排多一个座位。张圆问自己："以我知道的阶梯教室的情况，难道就不能自己算出参加本次竞赛的选手人数吗？"问过自己之后，她没有回本班的教室，而是在阶梯教室门口，开动脑筋，认真思考起来。

张圆想了一会儿，开始分析：第一排有 10 个座位，由于参赛选手不相邻而坐，如果用●代表座位，用△代表参赛选手，可以画出第一排所坐选手的图形：

那么第一排只可以坐 5 人；第二排有 11 个座位，由于参赛选手不相邻而坐，如果用●代表座位，用△代表参赛选手，也可以画出第二排所坐选手的图形：

那么第二排只可以坐 6 人；张圆以此类推出了坐满人的前 15 排的所有情形，并列出了表格如下：

排数	1	2	3	4	5	6	7	8	9	10	11	12	13	14	15
座位数	10	11	12	13	14	15	16	17	18	19	20	21	22	23	24
可坐人数	5	6	6	7	7	8	8	9	9	10	10	11	11	12	12

张圆把表中每一排可坐的人数全部加起来是：5＋6＋6＋7＋7＋8＋8＋9＋9＋10＋10＋11＋11＋12＋12。她从头至尾观察了一遍算式中的数据，很快找出了简便计算的方法：算式中的第一个数 5 先不看，把第二个数 6 与最

后一个数 12 相加得 18，第三个数 6 与倒数第二个数 12 相加得 18，第四个数 7 与倒数第三个数 11 相加得 18，以此类推，一共可以得到 7 个 18。整个算式的巧算过程为：5＋6＋6＋7＋7＋8＋8＋9＋9＋10＋10＋11＋11＋12＋12＝5＋(6＋12)×7＝5＋126＝131（人）。算出结果，张圆激动地冲口而出："一共有 131 人！"

张圆再也控制不住自己，勇敢地又走进阶梯教室，问监考老师："老师！这次参加竞赛的一共有多少选手？"老师不解地问："131 人，你问这干吗？"张圆大声说："我自己计算出来了，老师再见！"说完，张圆高兴地向自己的教室走去。

捆扎啤酒中的数学

暑假里，刘宝明同学常常在自己家开的批发部里给爸爸、妈妈帮忙。

一天，一位顾客买了两瓶啤酒，刘宝明的爸爸将两瓶啤酒捆扎在一起（如图 1），捆了 4 圈，打好结后让顾客带走了；第二位顾客买了 3 瓶啤酒，刘宝明的爸爸将 3 瓶啤酒捆扎在一起（如图 2），捆了 4 圈，打好结后让顾客带走了；第三位顾客买了 4 瓶啤酒，刘宝明的爸爸将 4 瓶啤酒捆扎在一起（如图 3），捆了 4 圈，打好结后让顾客带走了。

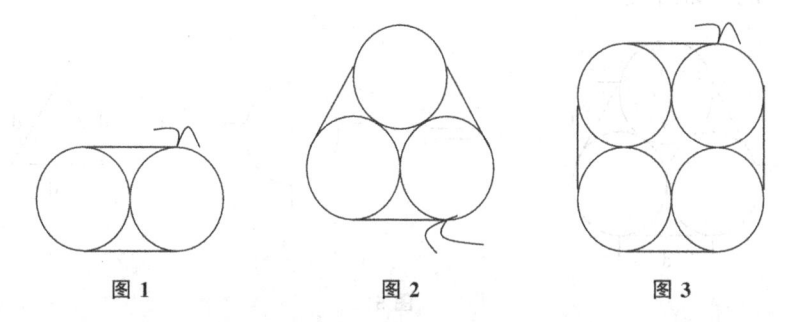

图 1　　　　图 2　　　　图 3

顾客全都走了之后，刘宝明同学看着顾客的背影，好奇地问："爸爸，你捆扎得真熟练，你为什么这样捆扎啤酒呢？"爸爸说："这样捆扎啤酒又省事又结实，顾客携带方便。可是，这样一来，用去了我们不少绳子，你知道刚才三位顾客用去了我们多少绳子吗？"刘宝明回答说："这是个新问题，让我仔细研究研究！"

刘宝明同学找来直尺，量了量圆形的啤酒瓶底，瓶底的直径是 7 厘米；又量了量爸爸打好的绳结，打好绳结用绳子 10 厘米。然后就画图研究起来。

十分钟之后，刘宝明来到爸爸跟前，向爸爸说道："爸爸！我研究出来了！我先说捆扎两瓶啤酒的情况。你看（指着图1），用绳子捆4圈的长度就是指周长的4倍。这个图形的周长组成可分为两类：一类是线段的长度，一类是弧的长度。通过观察分析不难发现：这个图形中的两条弧可以拼成一个直径为7厘米的整圆，每条线段的长度都等于直径的长度。那么，该图形的周长就等于圆的周长加上两条直径的长度。（如图4）

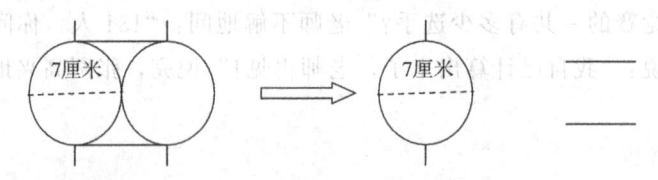

图 4

计算是这样的：该图形的周长是 3.14×7+7×2=35.98（厘米），捆扎4圈用绳子的长度是 35.98×4=143.92（厘米），加上打结用的10厘米，一共用绳子 143.92+10=153.92（厘米）。"

爸爸笑了笑，高兴地说："呵！你还真研究出来了，了不起！再接着说！"

刘宝明同学一脸的得意，接着指指点点地说道："我再说说捆扎3瓶啤酒的情况。如图5：

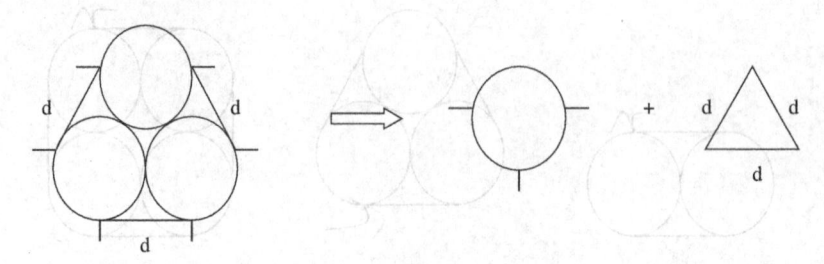

图 5

这样就把图形中的三个弧拼成了一个整圆，三条线段的长相当于三条直径的长，即该图形的周长等于一个圆周长与三条直径长度的和。那么，该图形的周长是 3.14×7+7×3=42.98（厘米），捆扎4圈用绳子的长度是 42.98×4=171.92（厘米），加上打结用的10厘米，一共用绳子 171.92+10=181.92（厘米）。"

刘宝明同学越说越来劲，不等爸爸说话，就接着说道："捆扎4瓶啤酒的情况就如图6：

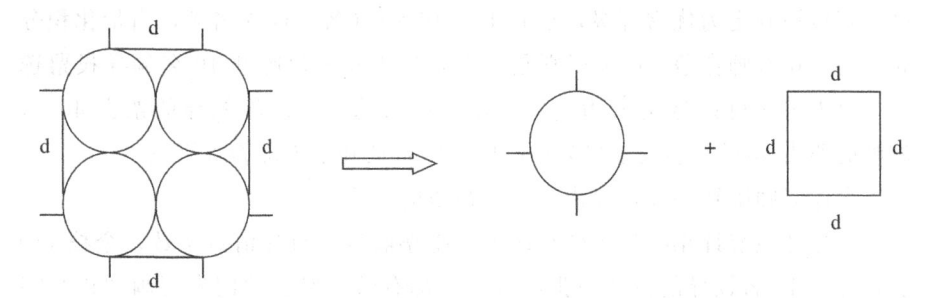

图 6

这样就可以把 4 个弧拼成一个整圆，四条线段的长相当于四条直径的长，即该图形的周长等于一个圆周长与四条直径长度的和。那么，该图形的周长是 3.14×7+7×4＝49.98（厘米），捆扎 4 圈用绳子的长度是 49.98×4＝199.92（厘米），加上打结用的 10 厘米，一共用绳子 199.92＋10＝209.92（厘米）。所以这三次捆扎啤酒一共用去绳子的长度是：153.92＋181.92＋209.92＝545.76（厘米）＝5.4576（米）。"

爸爸听刘宝明说完，非常兴奋，大声说："好家伙！三次捆扎就用去了我 5 米多绳子，这是小意思，算不了什么，我为我们宝明会研究问题而高兴！"

刘宝明又迫不及待地说："在研究中我总结出了规律！听好了：把几个等圆物体捆扎在一起，只要能捆扎成长方形、三角形这样的规则图形，捆几个这样的等圆物体，其周长就等于一个圆周长与几条直径的和。爸爸我说得怎么样？"

爸爸说："太好了！像你这样乐于研究，学习成绩能不棒吗？要坚持下去啊！要是捆扎木棒的工人叔叔知道了你的研究成果，那就更好了！"

"谢谢夸奖！"刘宝明说完，又帮助爸爸、妈妈卖东西去了。

老师，这样算不对

岁末年首，品尝收获的季节。一个学期结束了，实验小学的全体教师在报告厅里集合进行业务实绩考核。

业务考核办公室主任宣读考核意见，意见中规定：（一）全校有 84 名老师参加业务考核，按照 20％的比例，有 84×20％＝16.8≈17（名）教师将被确定为优秀等级。（二）根据学校量化积分，已有 16 名老师量化积分较高，直接被确定为优秀等级，还有 17－16＝1（名）优秀名额，由量化积分相同的 5 位教师竞争。竞争规则是：①全校 110 名教师和 10 名领导投票选举，每人最多可以选两人为优秀，也可以只选一人。②领导的票占 40％，教师的票占 60％。③投票得分最高的老师将被确定为优秀等级。

全体老师踊跃参加，投出了他们神圣的一票。

业务考核统计小组胡主任组织人员把票收齐，首先清点票数，全校 110 名教师和 10 名领导的投票一张不少，全部有效。然后他们先用画"正"字的方法统计一般老师的投票情况：

王治：正、正、正、正、正、正、丅 ……34
张严琪：正、正、正、正、正、正、正、正、正、正、丅 ……59
韩建侠：正、正、正、正、正、正、正、丅 ……42
程传文：正、正、正、正、正、正、正、正、丅 ……49
于洪梅：正、正、正、正、正 ……25

接着，他们又统计了领导的投票情况：

王治：一 ……1
张严琪：正 ……5
韩建侠：正 ……4
程传文：正、丅 ……8
于洪梅：丅 ……2

胡主任说道："大家都很辛苦，把领导和一般老师的票数汇汇总，算算吧！"统计小组成员马老师说："领导的票占 40％，40％＝0.4，把领导的票数乘 0.4；教师的票占 60％，60％＝0.6，把老师的票数乘 0.6；然后把两个得数加起来就可以了。"统计小组的老师们一阵紧张地计算，结果出来了：

王治：　　1×0.4　＋34×0.6　＝20.8
张严琪：　5×0.4　＋59×0.6　＝37.4
韩建侠：　4×0.4　＋42×0.6　＝26.8
程传文：　8×0.4　＋49×0.6　＝32.6
于洪梅：　2×0.4　＋25×0.6　＝15.8

胡主任仔细看了看选票结果，说："张严琪老师得 37.4 分，分数最高；程传文老师得 32.6 分，第二名。看来张严琪老师是优秀，程传文老师就不是优秀了。"

这时，马老师的学生胡博文（实验小学六年级的学生）来找马老师，问一道数学题。看了看选票的计算结果说："老师，这样计算不对！"

马老师惊奇地问:"这样算不对?为什么?"

胡博文想了想说:"领导的票占 40%,如果 10 位领导全都投了一位老师的票,这位老师就得 10 票,他就应该得 40 分;如果一位老师得了领导的 5 票,他就应该得 40÷2=20(分)。程传文老师得了领导的 8 票,他的领导分数应该大于 20 分而小于 40 分。你们算的 8×0.4=3.2(分)当然是错的。"

胡主任赞许地点了点头,笑着问:"胡博文同学,你说说,应该怎样算才对?"

胡博文同学说:"算最后得分,应该分两步。第一步,算老师得多少领导分。因为'领导的票占 40%',一位老师的得分满分是 100 分,领导的投票满分应该是 100×40%=40(分)。领导的投票全部有效,先看这位老师的得票数占领导有效票的几分之几,如程传文老师得了领导的 8 票,就占领导有效票的 $8÷10=\frac{8}{10}$;再用 40 分乘老师的得票数占领导有效票的几分之几,就是老师得到的领导分,如程传文老师得到的领导分是 $40×\frac{8}{10}=32$(分)。第二步,算老师得多少一般老师分。因为'教师的票占 60%',一位老师的得分满分是 100 分,教师的投票满分应该是 100×60%=60 分。教师的投票全部有效,先看这位老师的得票数占教师有效票的几分之几,如程传文老师得了一般教师的 49 票,就占教师有效票的 $49÷110=\frac{49}{110}$;再用 60 分乘老师的得票数占教师有效票的几分之几,就是老师得到的一般教师分,如程传文老师得到的一般教师分是 $60×\frac{49}{110}=26.73$(分)。所以程传文老师的总得分是 32+26.73=58.73(分)。"

胡主任听胡博文说完,双眼注视着胡博文,说道:"你把综合算式列出来看看吧!"

胡博文同学拿起笔,唰唰唰,把程传文老师的得分综合算式列了出来:

$$40×\frac{8}{10}+60×\frac{49}{110}=58.73(分)$$

胡主任指了指原来的计算结果说:"胡博文同学说得太好了,我们的学生今天教了我们,来!我们按照胡博文所说的方法再重新计算一遍。"

业务考核统计小组的老师们又重新把每一位老师的得分计算了一遍,结果如下:

王治：$40\times\dfrac{1}{10}+60\times\dfrac{34}{110}=22.55$（分）

张严琪：$40\times\dfrac{5}{10}+60\times\dfrac{59}{110}=52.18$（分）

韩建侠：$40\times\dfrac{4}{10}+60\times\dfrac{42}{110}=38.91$（分）

程传文：$40\times\dfrac{8}{10}+60\times\dfrac{49}{110}=58.73$（分）

于洪梅：$40\times\dfrac{2}{10}+60\times\dfrac{25}{110}=21.64$（分）

胡主任看着正确的计算结果，说："程传文老师的分数最高，是58.73分，得优秀的应该是程传文老师，而不是张严琪老师！"

马老师感慨地说："数学对就是对，错就是错，来不得半点马虎！我们老师也有错就改！'师不必不如弟子，弟子不必不如师'，我们的学生潜力无穷呀！我们差一点对不起程传文老师，这就要感谢胡博文同学了！"

胡博文同学谦虚地说："我还差远了！"说完，和马老师一起研究数学题去了。

玩"抢报30游戏"无敌手

一天，吃过中午饭，孟新同学来到学校，离上课的时间还早着呢！他走到临班，找到了龚聪同学说："听说你玩'抢报30游戏'没有敌手，敢不敢和我较量较量？"龚聪说："这有什么，玩就玩！你先说说游戏规则吧！"孟新高兴地说："第一，我们俩从1到30轮流连续报数，谁先报到30这个数，谁就获胜。第二，每人每次最多报三个数，至少报一个数，每人报的每个数不得与自己报过的数或对方报过的数重复，也不得跳过任何一个数。"龚聪说："规则就是这样的。我们可以比赛了，谁先来？"孟新说："咱三局两胜，我先报两次，你先报一次，可以吗？"龚聪自信地说："就让你先报两次，我照样赢！"

孟新报："1，2"；龚聪报："3"；孟新报："4，5，6"；龚聪报："7，8"；孟新报："9，10"；龚聪报："11"；孟新报："12，13"；龚聪报："14"；孟新报："15，16"；龚聪报："17，18"；孟新报："19，20，21"；龚聪报："22"；孟新报："23，24"；龚聪报："25，26"；孟新报："27，28，29"；龚聪报："30"。龚聪报完之后说："怎么样？我获胜了吧！该我先来了！"

龚聪报:"1,2,3";孟新报:"4";龚聪报:"5";孟新报:"6,7";龚聪报:"8,9,10";孟新报:"11,12";龚聪报:"13,14";孟新报:"15,16,17";龚聪报:"18";孟新报:"19,20";龚聪报:"21,22";孟新报:"23,24,25";龚聪报:"26";孟新报:"27,28";龚聪报:"29,30"。孟新说:"把第三局比完,我不信连一局都赢不了!"龚聪说:"接着来!"

孟新报:"1";龚聪报:"2";孟新报:"3,4";龚聪报:"5,6";孟新报:"7,8,9";龚聪报:"10";孟新报:"11,12";龚聪报:"13,14";孟新报:"15,16,17";龚聪报:"18";孟新报:"19";龚聪报:"20,21,22";孟新报:"23";龚聪报:"24,25,26";孟新报:"27";龚聪报:"28,29,30"。龚聪又一次获胜。

孟新一脸的灰心,无奈地说:"你连胜三次,真厉害!你有什么获胜的秘诀?能不能给我说一说?求求你了!"

"你真想知道?"

"真想知道!"

龚聪说道:"听我详细地给你说一说:第一步:要想取胜,就必须先抢到30。第二步:要先抢到30,又必须往前倒推4个数,先抢到26。因为如果先抢到26,对方只能报27,或27,28,或27,28,29。如果对方报27,那么我就报28,29,30获胜;如果对方报27,28,那么我就报29,30获胜;如果对方报27,28,29,那么我就报30获胜。第三步:要先抢到26,又必须往前倒推4个数,先抢到22。因为要是先抢到22,对方只能报23,或23,24,或23,24,25。如果对方报23,那么我就报24,25,26,能保证先抢报26;如果对方报23,24,那么我就报25,26,能保证先抢报26;如果对方报23,24,25,那么我就先抢报到了26。接着再向前倒推,应依次先抢:18,14,10,6,2,要先抢到2,必须先报'1,2',这样就一定能获胜了。"

孟新说:"要先抢报的数这么多,不好记,快抢起来那还不弄混了!"

龚聪说:"非常好记!我们把要先抢报的数按顺序排列起来为:2,6,10,14,18,22,26,30。找找有什么规律?"

孟新说:"对!有规律:第一个数是2,往后依次加上4就是要先抢报的数。"

龚聪说:"还有一个规律:要先抢报的数都是4的倍数减去2。比如:$2=4\times1-2$,$6=4\times2-2$,$10=4\times3-2$。找到这些规律就好记了!"

孟新不解地问:"你知道先抢报 2 一定能获胜,刚才你玩游戏的时候,为什么不先抢报 2 呢?"

龚聪回答说:"第一局,你先抢报 1,2。我一听,感到你已经知道必胜秘诀,心想要输。可是,报着报着才知你没有掌握这个秘诀,就故意扰乱你了!"

孟新说:"佩服!佩服!你不仅知道必胜秘诀,还搞心理战!"说完,拍了一下龚聪的肩膀,回自己的班级准备上课去了。

选票中的数学

一天,孙静同学回到家,放下书包,一会儿坐下看看书,一会儿站起来在屋里踱几圈。妈妈看见了,关心地问:"静静,有什么事情?你这么坐卧不安的?"孙静说:"有一件大事,把我紧张死了!"妈妈放下手中的活摸着孙静的头说:"快!说说是什么事?"孙静说:"我们班准备选 3 名班委,然后从这三人中根据各自的特长任命为班长、中队长和学习委员,谁知却有 8 个候选人,我就是候选人之一。妈妈,我太想当选了,紧张得要命。明天每位候选人有两分钟的演讲,这演讲词我就是静不下心来写嘛!"爸爸在旁边说:"你们班打算怎么选举呢?"孙静说:"选举是这样规定的:我们班有 61 位同学,全班每个人只允许投一次票,而票面上只可以写一个人的名字。"爸爸说:"别紧张,我们一起来分析分析。"

妈妈说:"这有什么可怕的,你们班 61 个人,如果全部都选你,你准当选,放心吧!"

孙静两手一摊,无奈地说:"这太难了,我哪能保证全班同学都选我呀?"

爸爸说:"不要全班同学都选你,我看只要你们班有一半的同学选你,你也准当选,要对自己有信心!"

孙静说:"要一半同学选我那也得 30 多人呀!有点难,我心虚得很。"

爸爸说:"你也分析分析,给自己打打气!"

孙静沉思起来,想着想着,眉头舒展了,心情愉快了,稳稳地往沙发上一坐,挥了挥手说:"爸!妈!我有信心了!你们听我说:首先,我要确保自己当选,我的得票数一定要在前三名的位置,那对我威胁最大的总共 8 名候选人当中,不是得票靠后的几个人,而是得票数列第 4 名的人。其次,要确保我自己当选,我就得考虑最危险的投票情况,那就是投票都给了我们 4

个人，而其他那 4 个人没有得到一票，都是 0 票。这时，我们有竞争力的 4 个人平均得票数是：61÷4＝15.25（张）。只要我的得票数超过了这个平均数 15.25 张，也就是得票数只要够 16 张，我就准当选。你们说仅仅是打动 16 个人的心，这有什么难的！"

爸爸说："再给你点信心，你已经打动了 1 个人的心，16－1＝15（张），你只要再去打动 15 个人的心就足够了！"

孙静激动地说："爸爸说得对，我当然要选我自己一票了，如果我自己都不选我自己，那谁还相信我！"

妈妈高兴地说："听人家说最难的就是战胜自己，你现在做到了，你一定会当选的。"

第二天，孙静凭着激扬的演讲和超强的自信心，征服了大部分同学，得票数远远超出了 15.25 张，竟然获得了 39 张选票，把其他选手远远地落在后面，成功当选。

赚了还是赔了

星期天，艳阳高照，和风徐徐，妈妈带着小明和小亮兄弟俩走在宽敞的大道上，他们一家人有说有笑，要去买新衣服！

挑来挑去，来到了恒得利服装店，店老板是一位精明强干的小伙子。小明看中了一件褂子，问："多少钱一件？""90 元！"小亮看中了一件裤子，问"多少钱一件？""90 元！"

妈妈笑了笑问："两件都要，每件 50 元怎么样？""不卖！不卖！这样我赔到家了！"

小明摸了摸褂子，认认真真地说："再加 10 元钱，每件 60 元钱可以吗？"店老板看着小明小大人的样子，忍俊不禁地笑了，说："如果我这样卖的话，褂子赔了 $\frac{1}{5}$，裤子赚了 $\frac{1}{5}$，你说，这两件衣服在一起卖，我是赚了还是赔了？你要是能够算出来，我就卖给你！你要是算不出来，一件 90 元，一分钱也不能少。敢不敢接受挑战？"小明无比自信地回答："敢！"说完，兄弟俩紧张地思考起来。

过了一会儿，小亮双拳一挥，大声说："我算出来了。先说裤子：60 元一件卖，赚了 $\frac{1}{5}$，就是赚了进价的 $\frac{1}{5}$，把进价看作单位'1'，卖价是进价的

$1+\frac{1}{5}=\frac{6}{5}$，进价为 $60\div\frac{6}{5}=50$（元）。再说褂子：60元一件卖，赔了 $\frac{1}{5}$，就是赔了进价的 $\frac{1}{5}$，把进价看作单位'1'，卖价是进价的 $1-\frac{1}{5}=\frac{4}{5}$，进价为 $60\div\frac{4}{5}=75$（元）。两件衣服的进价和为 $50+75=125$（元），卖价和为 $60+60=120$（元），$125-120=5$（元），所以你赔了5元钱！老板，我算得怎么样？"

店老板指着小亮说："对极了！真不简单！再说说，同样是 $\frac{1}{5}$，一赚一赔不是互相抵消了吗？我怎么还赔了？"

小明接过来说："赚了 $\frac{1}{5}$，是赚了裤子进价的 $\frac{1}{5}$，把裤子的进价看作单位'1'；赔了 $\frac{1}{5}$，就是赔了褂子进价的 $\frac{1}{5}$，把褂子进价看作单位'1'，单位'1'不一样，所以不能互相抵消了，你的褂子进价高，你赔得就多，你的裤子进价低，你赚得就少，两相比较，当然你要赔了！"

店老板鼓起了掌，说："说话算话，赔了我也要卖给你们，确实要好好奖励你们！"

小明和小亮穿着新衣服，跟着妈妈回家了，他们知道：多学知识真重要，能够帮助自己做很多事情！

第二节 童话中的数学

蜗牛爬树比赛

在森林里一棵10米高的白桦树下，居住着蜗牛兄弟俩。它们经常爬到5米高的树权上去听小鸟唱歌。每天向上爬，蜗牛哥哥总是领先，还不断地催促弟弟。可是，时间长了，蜗牛弟弟悟出了一个道理：哥哥白天爬上4米，夜里滑下3米，实际上每天只前进1米；而自己呢？白天爬上3米，夜里滑下2米，实际上每天也前进1米。别看哥哥白天爬得快，实际上每天前进的路程是一样的。

为了显示一下自己的本领，蜗牛弟弟决心与蜗牛哥哥举行一次正式的爬树比赛。于是，在一天晚上，它讽刺哥哥说："哼，你摆什么哥哥架子！咱们前进的路程是一样的。如果不服气，从明天早晨起，咱们进行爬树比赛，终点是树顶。只要我不落后于你，你今后就不能再摆当哥哥的臭架子。"

蜗牛哥哥说："你吵什么！哥哥就是哥哥，弟弟就是弟弟。我爬得就是比你快嘛！不好好锻炼，吵有什么用？"

哪知蜗牛哥哥这么一说，更把蜗牛弟弟激火了，非闹着比赛一下不可。蜗牛哥哥只好同意了。

第二天，蜗牛弟弟请来一只小鸟当裁判。兄弟俩在树下准备好，小鸟站在树枝上大声喊："预备——开始！"

比赛开始了。第一天，它们前进的路程一样；第二天，它们前进的路程仍然相同。蜗牛弟弟看着哥哥说："怎么样？谁爬得快？还摆不摆哥哥的臭架子了？"蜗牛哥哥说："别得意得太早！比赛还没到终点，怎么能分出胜负呢？"说完，哥哥昂着头，继续向上爬去。

又过了几天，蜗牛哥哥第一个爬到了终点。等到弟弟到了终点，哥哥说："怎么样，服气了吧？"弟弟说："哥哥，你爬得真快呀！祝贺你取得了第一名！为什么会这样呢？小鸟，你旁观者清，能给我解释一下吗？"

小鸟说："你们兄弟俩的比赛，关键在最后一天。

哥哥最后一天爬上 4 米，由于到了终点，就不再滑下去了，其余还剩 $10-4=6$（米），每天前进的路程是 $4-3=1$（米），其余的用了 $6\div1=6$（天），所以爬上树顶共用了 $6+1=7$（天）。

弟弟最后一天爬上 3 米，由于到了终点，就不再滑下去了，其余还剩 $10-3=7$（米），每天前进的路程是 $3-2=1$（米），其余的用了 $7\div1=7$（天），所以爬上树顶共用了 $7+1=8$（天）。

因此，蜗牛哥哥比弟弟提前 1 天爬上了树顶。小弟弟，现在你明白了吧？"

从此以后，蜗牛弟弟虚心地向哥哥学习，兄弟俩快乐地生活着。

小老鼠偷油喝

很久很久以前，小老鼠和大花猫是一对好朋友。它们一起在枣红马开的香油坊里打工挣了一坛香油，平时舍不得吃，准备过年时一起享用，就把香油藏在一所破庙里。

过了几天，小老鼠和大花猫一起玩耍后，大花猫往地上一躺，喘着粗气说："可爱的小老鼠兄弟，请过来！"小老鼠来到大花猫跟前问："猫大哥，有什么事?"大花猫伸了伸懒腰说:"我们前几天藏在破庙里的香油不知怎么样了,你去看看少了没有?"小老鼠说:"你自己为什么不去?"大花猫说:"你是兄弟我是哥,当然你要听我的,你就多跑跑腿锻炼锻炼吧!"小老鼠磨磨蹭蹭地来到破庙,找到香油,围着香油转了几圈,看了看,香油一点儿也没有少。空气中飘着一点香油的香味,小老鼠深深地吸了一口,感觉自己全身的骨头都酥了。它不由自主地拍了拍香油坛子,鼻子在坛子上嗅了嗅,它完全被这坛香油征服了,颤抖着打开了坛子的盖,坛子中立刻飘出了浓浓的香味,小老鼠再也控制不住自己,把嘴插进香油里猛喝起来。它咕咚咕咚地喝了一阵抬起头,看了看坛中的香油,已被它偷吃了原来的$\frac{1}{5}$,它闭着眼睛自言自语:"真好喝!再喝一口吧!千万不能多喝了!"说着就又喝了一大口,不多不少正好是4克。小老鼠用舌头舔舔嘴巴,盖好坛子,重新藏好,来到了大花猫身边,小心翼翼地告诉大花猫:"香油一点儿也没有少!"大花猫听了,放心地睡起了懒觉。

又过了几天,大花猫对小老鼠说:"好兄弟,我听说最近小偷很多,不知道我们的香油少了没有,你再去看一看吧!"小老鼠心里暗自庆幸,嘴里却说:"怎么又是我去?"大花猫说:"枣红马又请我去它那儿干活了,实在走不开。"小老鼠说:"那好吧!"说完,飞快地向破庙跑去。小老鼠急急忙忙来到破庙,找出坛子,打开盖子,把头往坛子里一趴,大口大口地喝起香油来。喝完一气看了看,又被它偷吃了上一次剩下的$\frac{1}{4}$。它边看边说:"来一次不容易,再喝一口吧!"说着就又喝了一大口,不多不少正好是3克。小老鼠把香油藏好,回来对大花猫说:"一点儿也没有少!"大花猫拍了拍小老鼠说:"兄弟,辛苦你了!"

又过了几天,小老鼠对大花猫说:"哥哥,我得去看看咱的香油了,我这几天非常担心,可别让谁偷去了!"大花猫正躺在房前晒太阳,听了之后,不耐烦地说:"快去看看吧!"小老鼠兴高采烈地来到破庙,先偷吃了上一次剩下的$\frac{1}{3}$,又美滋滋地喝了一口,不多不少正好是2克。小老鼠回来对大花猫说:"一点儿也没有少!"大花猫"哼"了一声,懒洋洋地继续晒太阳。

快过年了,大花猫拉着小老鼠来到破庙,找出香油坛子一看,坛子里面空空荡荡,连一滴香油也没有。大花猫转过脸来,对着小老鼠,气呼呼地说:"香油哪儿去了?快给我说实话!"小老鼠卷曲着身体,小声地把自己前三次偷油吃的情况说了一遍。大花猫听完,大声说:"你第三次偷吃之后不是还有剩余吗?怎么现在一点儿也没有了?"小老鼠停了一会儿,很不情愿地说:"我又偷吃了一次,最后一次我把第三次偷吃剩下的10克全部都偷吃了。"大花猫听了之后,火冒三丈,指着小老鼠说:"你要赔!你要赔!"小老鼠说:"我赔,我赔,那你得算算,我们开始藏的这坛香油有多少呀?"大花猫说:"好!我算,你给我好好在那儿待着!"

大花猫心想:"这点小问题还能难倒我,解决这样的问题采用倒推还原法非常容易。我算完就要你的好看!"想完就仔细算了起来:"小老鼠最后偷吃的10克香油是第三次还没有吃的时候的油量的$\left(1-\frac{1}{3}\right)$少2克,那么第三次还没有吃的时候的油量的$1-\frac{1}{3}=\frac{2}{3}$就是$10+2=12$(克),所以第三次还没有吃的时候的油量是:$12\div\frac{2}{3}=18$(克);这18克是第二次还没有吃的时候的油量的$\left(1-\frac{1}{4}\right)$少3克,那么第二次还没有吃的时候的油量的$1-\frac{1}{4}=\frac{3}{4}$就是$18+3=21$(克),所以第二次还没有吃的时候的油量是:$21\div\frac{3}{4}=28$(克);这28克是第一次还没有吃的时候的油量的$\left(1-\frac{1}{5}\right)$少4克,那么第一次还没有吃的时候的油量的$1-\frac{1}{5}=\frac{4}{5}$就是$28+4=32$(克),所以第一次还没有吃的时候的油量是:$32\div\frac{4}{5}=40$(克)。这40克就是这坛香油原来的重量。小老鼠!我算出来了,你听见了吗?"

大花猫又喊了几声,就是没有小老鼠的回音。原来小老鼠在大花猫解决问题的时候早偷跑了。从那以后,大花猫整天琢磨着逮小老鼠,它们成了死敌,小老鼠也被动物们骂为"小偷"!

投掷比赛的记分出现了问题

一年一度的动物运动会又开始了。由于去年动物运动会的裁判中出现了假哨、黑哨、感情哨,所以,今年的动物运动会增添了新工作,那就是裁判监督员工作。小白马以它一贯的龙马精神以及它的精打细算,在激烈的竞争中胜出,经大赛组委会批准,荣任裁判监督员。这可是令裁判员害怕,受运动员拥戴的工作呦!

小白马来到了投掷比赛的现场,冠军已在大笨象与小巧猴之间产生了。获得冠军的小巧猴抓耳挠腮、兴高采烈地准备领奖。失败的大笨象垂头丧气,站在那儿喘着粗气,口中念念有词:"只差4分!真可惜!"小白马看了看比赛规则:投中目标一次记20分,未中目标一次则倒扣12分。参赛选手各投10次,得分最高者获胜。小白马又看了看记分牌:大笨象136分,小巧猴140分。确实记分牌上显示着大笨象比小巧猴少140-136=4(分)。这时,孔雀小姐捧着金牌走过来,颁奖就要开始了!小白马大声说:"等一等,记分出现了问题!颁奖活动推迟一下!"这一声大喝,乐队停止了演奏,孔雀小姐愣在了当地,其他运动员面带着困惑围了过来。小白马接着说:"把裁判乌鸦先生请来,我们一起核查核查比赛的记分。"

一会儿,裁判乌鸦先生来到了颁奖现场,小白马看着记分牌说:"我们先来分析一下大笨象的成绩136分。按照比赛规则,假设大笨象10次全投中,可得20×10=200(分),这比大笨象的实际得分高出200-136=64(分)。也就是说大笨象一共失掉64分,这说明大笨象并不是10次全投中,而且未投中一次不仅得不到20分,还要倒扣12分,那就要失掉20+12=32(分),所以大笨象未投中64÷32=2(次),投中了10-2=8(次)。乌鸦先生,我分析得对不对?"裁判乌鸦说:"非常对!我的记分没有出现问题呀!"小白马接着说:"大笨象的成绩是没有出现问题,我们再来分析小巧猴的成绩140分。假设小巧猴10次全投中,可得20×10=200(分),这比小巧猴的实际得分高出200-140=60(分)。这也说明小巧猴并不是10次全投中,而且未投中一次要失掉20+12=32(分),那么小巧猴未投中60÷32=□(次),这不能得到整数商,未投中的次数怎么会不是整数次呢?是不是记分出现了问题?乌鸦先生?"裁判乌鸦的头上冒出了冷汗,嗫嚅地说:"看来是出了点问题,是哪儿出了问题呢?"

小白马晃了晃头说道:"我来帮你查一查吧!如果小巧猴10次全投中,那么可得到20×10=200(分);如果小巧猴未投中一次,投中9次,它就失掉20+12=32(分),可得到200-32=168(分);如果小巧猴未投中2次,投中8次,它就失掉(20+12)×2=64(分),可得到200-64=136(分);如果小巧猴未投中3次,投中7次,它就失掉(20+12)×3=96(分),可得到200-96=104(分)。乌鸦先生,你为小巧猴记的分是140(分),往下就不用接着算了,因为168分、136分、104分与你记的140分很接近,再接着算就相差越来越大了。小巧猴的成绩一定在168分、136分、104分之中。现在你知道问题出在哪儿了吗?"裁判乌鸦老实地说:"谢谢小白马先生，我知道了。小巧猴投中了 7 次，未投中 3 次，我的计算是：$20\times 4=140$（分），我忘了倒扣的 $12\times 3=36$（分）了，小巧猴正确得分应该是 $140-36=104$（分）。与你的分析结果一样！"小白马说："快承认错误，宣判正确的比赛结果吧！"裁判乌鸦拿起话筒，大声说："对不起大家，我把小巧猴的成绩算错了，它的正确得分应该是 104 分，获得冠军的是得 136 分的大笨象！"

大家听后，欢呼声响成一片，直夸赞：小白马真棒！小白马笑着说："是我数学学得好！"

这届动物运动会结束后，小白马被评为最佳裁判监督员，裁判乌鸦受到了处罚，两年内不准再从事裁判工作。

智当小猴王

一群小猴子来到桃园，看到桃子个个饱满，又大又红，它们急忙爬上桃树，摘了起来。树上的猴子摘，地上的猴子数，很快，它们就摘了 1350 个桃子，并且把这些桃子堆成了一堆。它们围着桃堆手拉着手跳起舞来。

小猴高高突然停止了跳舞，说："我们一起过得很快乐，可是，我们做事情很乱，也很慢，就因为我们没有统筹的安排，缺少一个小猴王，我们现在选一位小猴王怎么样？"

小猴星星说："好！我举双手赞同！"

小猴子们一致鼓掌通过。

小猴快快说："我们有 25 个篮子，现在就把我们摘的桃子装进篮子里，每个篮子里装的桃子数要一样多，谁知道每个篮子里应该装多少个桃子？谁最先说出来，我们就推举它当我们的小猴王，大家同意不同意？"

"同意！同意！"

只见有的小猴子望着桃堆指指画画，有的小猴子拿着桃枝在地上又写又画，有的小猴子抓耳挠腮地想。

小猴乐乐第一个举起手来说："我知道了！我知道了！是 54 个桃子！"

小猴快快不服气地说："你这么快就说出来了，肯定是蒙的，不算事！"

小猴乐乐笑了笑说："嘿嘿，我有窍门！我们把各自算的方法说给大家听听，你就知道我为什么这么快了。快快你就先说说吧。"

小猴快快龇了龇牙说："我先说就我先说。我是列竖式算的。"说着把自己列的竖式写了出来：

$$\begin{array}{r}54\\25{\overline{\smash{\big)}\,1350}}\\\underline{125}\\100\\\underline{100}\\0\end{array}$$

小猴乐乐笑着说:"这样做太慢了!"

小猴星星抢着说:"我是这样算的:$1350\div25=(1000+350)\div25=1000\div25+350\div25=40+14=54$。"

小猴高高说:"把1350分成两个数,用这两个数分别除以25,再把两部分商相加,不用列竖式就能算出得数,这样做快多了!"

小猴乐乐挠了挠耳朵,说:"看我的:$1350\div25=(1350\times4)\div(25\times4)=5400\div100=54$。怎么样?这样做巧不巧,快不快?"

小猴高高站起身来,说:"根据除数25的特点,被除数、除数同时乘4,除数25乘4得100,这样做太容易口算了、太巧妙了、太棒了!确实是乐乐胜利了,我们就选乐乐当小猴王好不好?"

大家齐声说:"好!好!好!"

小猴子们把它们的小猴王架起来抛向天空,庆祝起来。

小熊找错

森林运动会正在如火如荼地举行,"加油!""加油!"声响彻推铁环比赛的赛场。只见小象喷喷和小猴挠挠正各自推着铁环用力向前冲。小象喷喷不慌不忙、稳中加速;小猴挠挠集中精力、满头大汗。到了冲刺阶段,小象喷喷一个急推冲线,夺得了冠军,小猴挠挠过了一会儿才歪歪扭扭地完成比赛。

小猴挠挠气喘吁吁地说:"这次比赛我输了,主要是你的铁环直径是我的2倍,所以你的铁环滚1圈,我要滚4圈才能追上。"

小象喷喷得意扬扬地说:"是吗?我认为不是这个原因,主要是我的技术好。"

裁判员小熊憨憨晃晃悠悠地来到它们面前,慢吞吞地说:"小猴说错了!"

小猴挠挠一脸的不屑,说:"我说错了,错在哪儿?"

小熊憨憨说:"小象喷喷的铁环直径是小猴挠挠的2倍,如果小猴挠挠铁环的直径为 d，小象喷喷的铁环直径就为 2d，小猴挠挠铁环的周长为 πd，小象喷喷铁环的周长为 2πd，小象喷喷铁环的周长是小猴挠挠的 $2πd÷πd=2$ 倍。小猴挠挠铁环的面积为 $π×(d÷2)^2=\frac{1}{4}πd^2$，小象喷喷铁环的面积为 $π×(2d÷2)^2=πd^2$，小象喷喷铁环的面积是小猴挠挠的 $πd^2÷\left(\frac{1}{4}πd^2\right)=4$ 倍。由此可以看出，当小象喷喷铁环的直径是小猴挠挠的 2 倍时，小象喷喷铁环的周长是小猴挠挠的 2 倍，小象喷喷铁环的面积是小猴挠挠的 4 倍。小象喷喷的铁环滚 1 圈，滚过的是周长，所以小象的铁环滚 1 圈，小猴挠挠的铁环滚 2 圈就赶上了。小猴挠挠错算成面积了，因此说错了！"

小猴挠挠还想说些什么的时候，只听有人大喊了一声："小兔毛毛得冠军了！它在 100 米赛跑中，跑出了 13 秒的好成绩。"又有人大喊："小狗机灵第二名，它跑出了 15 秒，它比小兔毛毛只慢了 2％，真可惜！"

小熊憨憨迈着大步，来到它们跟前，说："大家静一静，请听我说，你们说的话中有错误！"

"有错误？我不相信！"

"你是怎么得出小狗机灵比小兔毛毛慢 2％的？"

"小兔毛毛跑了 13 秒，小狗机灵跑了 15 秒，小狗机灵比小兔毛毛慢了 $15-13=2$（秒），因为是 100 米比赛，所以就慢了 $2÷100=0.02=2％$。"

小熊憨憨着急了，大声说："不能这样算，正确的算法是：小狗机灵比小兔毛毛慢了 $15-13=2$（秒），比的是小兔毛毛跑 100 米所用的时间，应该把小兔毛毛跑 100 米所用的时间看作单位'1'，慢了的应该是小兔毛毛跑 100 米所用时间的百分之几才对，为：$2÷13≈0.1538=15.38％$。"

"对！对！对！我把单位'1'的量看错了！"

小熊大手一挥，说："话要想好了再说，要注意影响呦！请大家继续比赛！"

这场运动会真是好戏不断哪！

龟兔赛跑新传

自从上一次"龟兔赛跑"兔子输了之后，兔子到哪儿都被朋友看不起，受到动物世界的一致责备，认为兔子太骄傲了，就应该受到惩罚。兔子在家里卧薪尝胆，经过一段时间的休整，准备从哪儿失败就从哪儿爬起来，再和乌龟进行一次较量。

这一天，艳阳高照，兔子来到了麻雀城，找到了在动物世界中威望极高的麻雀城主，把自己的想法告诉了他，请麻雀城主一定要帮助自己。在兔子的一再央求之下，麻雀城主终于答应组织这次比赛。麻雀城主请来喜鹊、猴子、老黄牛当裁判，然后又请来乌龟，乌龟在兔子的优惠条件以及大家的一再劝说之下，才勉强同意再与兔子比赛一次。

第二天，大家来到了麻雀城城门口，麻雀城主说："本次比赛的出发点就在这儿，终点在喜鹊城，由喜鹊在那儿当终点裁判。从我们麻雀城到喜鹊城是一条笔直的马路，路两旁有标着路程里数的里程碑，总路程是6600米。本次比赛如果兔子先到达终点是兔子获胜，如果乌龟先到达终点或乌龟与兔子同时到达终点都是乌龟获胜。现在是下午2点，比赛开始！"

一声发令枪响，比赛开始了，乌龟与兔子同时向前出发。兔子看看乌龟、看看自己、再看看马路边的里程碑，知道乌龟以每分30米的速度向前爬行，自己以每分330米的速度向前奔跑，自己向前奔跑的速度是乌龟的10倍还多，这令兔子非常高兴，兔子想："以这样的速度比赛，自己想不获胜都难！上一次比赛因为我睡觉我失败了，这一次，我要既睡觉又获胜，让大家对我心服口服、改变看法！"兔子看了一下手表自言自语地说："已经跑了10分钟了，那就睡一觉吧，睡一觉也不影响胜利！"兔子说完就停了下来，在路边的大树下睡着了。

一觉醒来，兔子看了看手表，已经是下午5时30分了，算一算：从下午2时10分到下午5时30分，自己一共睡了5时30分－2时10分＝3时20分，也就是睡了200分钟。乌龟呢？兔子往前看了看，看不到，往后看了看，也看不到。兔子又自言自语地说："看不到你乌龟，我能计算出来你在哪儿？我跑了10分钟就睡觉了，那我已经跑了330×10＝3300（米），乌龟已经爬了10＋200＝210（分），也就是已经爬了30×210＝6300（米），那么现在乌龟在我兔子前面6300－3300＝3000（米）。我在乌龟到达终点之前还能不能追上乌龟呢？只要我能在乌龟到达终点之前追上乌龟，我就获胜了，因为我跑得快！"兔子开始计算了："我每分钟比乌龟多跑330－30＝300（米），我追上乌龟就要用时间3000÷300＝10（分），在我追上乌龟时乌龟已经爬了10＋200＋10＝220（分），也就是乌龟已经爬了30×220＝6600（米），总路程是6600米，不好！这样我就和乌龟同时到达终点，还是我输了！"兔子这时着急地掉下了眼泪，"怎么办呢？怎么办呢？"兔子不停地问自己，"有了——加快速度！我辛苦辛苦，每分比原来快100米，看看行不行？那么我每分就跑430米了，我每分钟比乌龟多跑430－30＝400

（米），我追上乌龟就要用时间 3000÷400＝7.5（分），在我追上乌龟时乌龟已经爬了 10＋200＋7.5＝217.5（分），也就是乌龟已经爬了 30×217.5＝6525（米），总路程是 6600 米，当我追上乌龟时，离终点还有 6600－6525＝75（米），这时还没有到达终点！这样我就获胜了！"兔子这时又有了信心，用每分 430 米的速度飞一般地向前跑去！

在离终点还有 10 米左右的地方，兔子追上了乌龟，兔子向乌龟摆了摆手，冲向了终点，兔子获胜了！喜鹊、老黄牛都来向兔子祝贺！兔子边擦汗边把自己根据计算调整奔跑速度的事情向大家说了，喜鹊拍着兔子说："是学习数学救了你！"兔子不解地问："我真不明白，我实际追上乌龟时离终点的距离为什么与计算不一致呢？"喜鹊说："你在那儿计算也需要时间呀！"兔子说："对，我在那儿计算、想主意一共用了两分钟，实际与我的计算不一致就是这两分钟造成的！"等兔子说完，大家给兔子献上了鲜花。

小马过河新编

小马过河之后，他知道办什么事情不能只询问别人，还要自己亲自做一做，试一试。

这一天，小马部队搞军事演习。小马所在的小分队由 19 匹马组成，由于他们这个小分队机动、灵活，作战能力强，部队对他们越来越重视。部队首领交给他们一项到敌人后方侦探敌情的艰巨任务。

他们一行 19 匹马翻山越岭，悄悄地接近着目标。突然，一条大河挡住了去路。河水流得急，河上没有桥，怎么过河呢？队长命令："抓紧时间找船，尽快过河，时间就是胜利！"他们找呀找，终于在一个小渡口找到了一条船。没有摆渡者，只是在船的旁边有一个说明牌，上面写着："船上每次只能坐 4 名战士。"

马队长说："大家快快想一想，我们怎么渡河？至少要渡几次，才能使我们全部过河？"

马参谋说："虽然小船每次能坐 4 名战士，但在船返回时，必须有 1 名战士划船返回。因此，每次只能有 4－1＝3（名）战士上岸。我们一共有 19 名战士，19＝18＋1，先用 18÷3＝6（次），剩下的 1 名战士最后再用一次过河，我看至少一共要渡 6＋1＝7（次）。"

一匹老马说："你这样算不对，最后一次不必返回了，最后一次有 4 名战士上岸。最后一次前面就有 19－4＝15（名）战士，这 15 名战士要渡

$15÷3＝5$（次），再加上最后一次，也就是一共要渡 $5＋1＝6$（次）。"

马参谋一听，着急地说："你说最后一次不必返回就不返回了？那剩这1名战士怎么办？"

小马在一旁说："不要再争了！我们实际渡一渡不就知道了吗？"

马队长说："好了！我们现在就渡河，小马和我一起指挥。"

小马说："听我口令！第一次：坐4名战士，1名战士划船返回，也就是 $4－1＝3$（名）战士上岸；第二次：坐4名战士，1名战士划船返回，也就是 $4－1＝3$（名）战士上岸；……第五次：坐4名战士，1名战士划船返回，也就是 $4－1＝3$（名）战士上岸。"

马队长说："现在数一数，已经渡过了几名战士？还剩几名战士？"

小马说："前面每次有 $4－1＝3$（名）战士上岸，已经有 $3×5＝15$（名）战士上岸，还剩 $19－15＝4$（名）战士。"

马队长说："好！我们最后4名战士一起渡河！这样，一共就正好渡了 $5＋1＝6$（次）。"

小马部队全部渡过河，老马说："马参谋，我说得怎么样？是谁错了？"

马参谋惭愧地低下了头，说："是我错了，最后一次真的不必返回了，我的算法中剩的那1名战士，和前面每次上岸的3名战士一起，正好是 $1＋3＝4$（名）战士，正好最后一次一起上岸。"

小马说："知错就改，真是好同志！"

马队长一声令下，他们又继续出发了。

掷 骰 子

一天傍晚，微风清拂着大地，太阳光把大地与草垛都涂了一层红色。在草垛旁边，小白兔与小鸭子正在做掷骰子游戏。骰子是一个六面分别刻有：

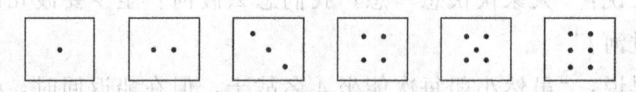

点样的小正方体。他们俩每次掷一个骰子，每次说一个数，看谁每次说的数与掷出骰子的数目相同，谁说得对就算谁赢。小鸭子边掷边说："6——6——6"，结果掷出了"5"。小白兔接过骰子来，边掷边说："3——3——3"，结果正好是"3"。小白兔高兴地竖起了长长耳，翘起了短短尾，咧开三瓣嘴吹起了口哨。

骄傲的大公鸡走过来说："有什么了不起，敢和我比比吗？"

小白兔勇敢地说："有什么不敢，比就比！"

大公鸡说："掷一个骰子没意思！"

小白兔说："掷一个骰子点数的出现有6种可能，那就是1、2、3、4、5、6，每一种点数出现的可能性是一样的，这样公平公正，怎么会没意思呢？"

大公鸡摇了摇头说："这太简单了！玩这么简单的游戏有什么意思！要玩，我们就玩掷两个骰子的游戏。"

小白兔自信地说："好吧！你说怎么玩？"

大公鸡说："我们各掷10次，每次说一个数，看谁每次两个骰子数目的和说对了几次，谁说对的次数多谁赢。"

小白兔和大公鸡开始边掷骰子边说数，小鸭子忙着为他们俩记着数。大公鸡每次说的数不是6就是7，而小白兔每次说的数不是8就是9，俗话说："八九不离十"嘛！结果各掷10次之后，大公鸡说对了7次，小白兔只说对了5次。这可把大公鸡乐坏了，一阵"喔喔"高叫。

小白兔气呼呼地说："不行，再比一次！"第二轮比赛，小白兔与大公鸡说的数都没有变，结果大公鸡说对了8次，小白兔只说对了6次，小白兔又失败了。

小白兔耷拉着头问："公鸡大哥，你为什么总是赢呢？能给我说说吗？"

大公鸡抖了抖翅膀说："天机不可泄露！"

小鸭子不慌不忙地说："你们比赛的时候，我边看边想，已经想通了其中的奥秘。掷出的两个骰子的组合情况可以这样列出来：

2＝1＋1

3＝1＋2＝2＋1

4＝1＋3＝3＋1＝2＋2

5＝1＋4＝4＋1＝2＋3＝3＋2

6＝1＋5＝5＋1＝2＋4＝4＋2＝3＋3

7＝1＋6＝6＋1＝2＋5＝5＋2＝3＋4＝4＋3

8＝2＋6＝6＋2＝3＋5＝5＋3＝4＋4

9＝3＋6＝6＋3＝4＋5＝5＋4

10＝4＋6＝6＋4＝5＋5

11＝5＋6＝6＋5

12＝6＋6

所以两个骰子的数目和为 7 时，有 6 种组合形式，这就是说 7 出现的可能性最多；而 6 和 8 其次，都有 5 种组合形式；9 和 5 再次，都有 4 种组合形式；到 2 和 12 出现的可能性就非常小了，都只有 1 种组合形式。由此，大公鸡与小白兔相比，大公鸡说的数 6、7 更容易出现，尤其是掷的次数越多，大公鸡就越容易赢。公鸡兄弟，我说得对不对？"

大公鸡红着脸说："小鸭子真聪明，说得对极了！"

小白兔说："应该向小鸭子学习，不要太自私嘛！"

大公鸡忙向小白兔道歉说："对不起！下次有什么好玩的，我一定说出来与大家分享。"

三个小精灵互相笑了笑，接着玩起了掷骰子游戏。

悟空分桃

花果山今年的桃子大丰收，个个又大又红，又脆又甜。一只老猴的面前放了一堆桃子，桃子的附近站了一群猴子。只见猴儿们看着桃子瞪大了眼睛，有的抓耳、有的挠腮、有的流口水，还有的急得乱叫，其中一只小猴沉不住气了，大声说道："老猴爷爷！快分给我们吃吧！"

老猴挠挠头说："别急！别急！为了公平合理，我给大家平均分，全分给你们，每只猴儿可以分到 12 个，保你们吃得咂巴咂巴嘴直叫好！"群猴齐说："那就快点分吧！"

"慢着！"又跑来了一群猴子，它们边跑边喊，"不要全分给它们，要全分给我们！"老猴子看了看跑来的群猴，说："为什么要全分给你们？""这些桃子是我们摘的，当然要全分给我们！"一只猴子晃着脑袋说。老猴想了想说："要是全分给你们，每只猴子可得 15 个。"

"不能这样分！"远处的另一群猴子也跑了过来，说，"要分也得全分给我们！"猴儿们气愤地问："凭什么要全分给你们？"一只猴子回答道："施肥、浇水都是我们干的，就得全分给我们。"老猴对着这群猴子，看了又看，说："要是把这堆桃子全分给你们，那每只猴子可得 20 个！"

"不能全分给它们，不能全分给它们，我们也付出了很多劳动的！"猴儿们边喊叫边撕扯了起来。老猴爷爷大手一挥说："大家停一停，你们三群猴子其实都付出了劳动，我要把这堆桃子平均分给你们每只猴儿，大家看怎么样？""好！我们同意！那就快分吧！"老猴爷爷说："别着急，让我先数一数你们三群猴子一共有几只，然后再分。"

"不用数了！每只猴子分5个！我来也！"只见悟空从天而降。众猴儿欢欣雀跃，大声喊叫："大圣来了！大圣来了！"

一只小猴跑到悟空跟前说："大圣，不数出来我们有多少只，你怎么知道我们每人分5个的？"另一只小猴说："大圣有火眼金睛，他早就看出来了！"

悟空拍了拍两只小猴的头说："我不是看出来的，我是算出来的。"一只小猴迫不及待地问："大圣！快告诉我们是怎么算出来的吧？"

悟空不紧不慢地说道："根据'每只猴子分得的桃子数×猴子总数＝桃子总个数'，桃子总数就是那一堆桃，是不变的，可以得到：12×第一群猴子的只数＝桃子总个数，15×第二群猴子的只数＝桃子总个数，20×第三群猴子的只数＝桃子总个数。这说明桃子总个数是12、15和20的公倍数，它们的最小公倍数是60。这样，桃子的总个数是60、120、180……那么第一群猴子的只数是：60÷12＝5（只）、120÷12＝10（只）、180÷12＝15（只）……第二群猴子的只数是：60÷15＝4（只）、120÷15＝8（只）、180÷15＝12（只）……第三群猴子的只数是：60÷20＝3（只）、120÷20＝6（只）、180÷20＝9（只）……所以，把桃子总数同时分给三群猴子，平均每只猴子可以分到：60÷(5＋4＋3)＝5（个）、120÷(10＋8＋6)＝5（个）、180÷(15＋12＋9)＝5（个）……由此看来平均每只猴子总是分到5个。"

"大圣真聪明！"老猴夸赞道。"快按照大圣说的分吧！"小猴们争抢着说。

每只小猴都分到了桃子，它们在悟空周围蹦蹦跳跳地边玩边吃起桃子来。

第七章　数学探究采珍

第一节　探讨与争鸣

解开"困惑"

《中小学数学》（小学版）2005年第7－8期刊登了张老师的《我的困惑》一文，拜读之后，笔者深为张老师课堂的高度开放、学生的精彩发言而喝彩，同时也为张老师没能解决学生的疑团产生困惑而遗憾。现在，笔者就张老师的困惑试作一下解释。

《我的困惑》文中的困惑是：在教完人教版第六册教材47页的例3：（69÷23）后，让学生用刚学的试商方法尝试完成例4：（430÷62）。在汇报反馈时，出现这样两种试商结果：

①430÷62＝6……58　　　　　　　　②430÷62＝7还差4

$$\begin{array}{r}6\\62{\overline{\smash{\big)}\,430}}\\372\\\hline58\end{array}\qquad\qquad\begin{array}{r}7\\62{\overline{\smash{\big)}\,430}}\\434\\\hline4\end{array}$$

（余数58表示58个1）　　　　　　　（余数4在个位上）

第①种方法师生都认为是对的。第②种方法开创者的解释为："大家都认为430不够减434，但我们不一定要从上往下减，也可以从下往上减的。""就是用434减430，余4。因为商7所得的积是434，430与434差4，所以我在430÷62的后面写出商7还差4。"面对第②种方法与开创者的解释，师生不能明确判断它是对还是错，从而产生了困惑。由于这里面有减法、减法竖式、除法、除法竖式、余数等一系列数学问题，我们不妨把这些知识从头厘清，只要厘清这些关键点，困惑就会自然而然地解开。

230

我们不妨顺着小学生对减法的认识说起。人教版九年义务教育六年制小学教科书《数学》(以下所说《数学》均指该版本)第一册第11页这样教学减法：第一幅图(图意)是一位女同学手拿一绿一红两只气球。教材用"⇨"指向第二幅图，第二幅图(图意)是绿气球还在女同学手中，红气球飞出了手外。图下面列式介绍为：

$$2-1=1$$

$$:$$

减号
2减1等于1

这是小学生正式学习减法的开始，也是小学生理解减法意义的开始。这样教学符合人民教育出版社出版的《小学数学教材教法》所说的："这样可以使学生既看到原来的数和去掉的数，又看到剩下的数，便于学生理解：从一个数里面去掉一部分，求还剩多少用减法计算。"由此我们不难看出：小学生理解减法是从一个数减去一个比它小或与它相等的数开始的，小学生理解的减法不是用一个数减去一个比它大的数。我们接着看看小学生第一次学习减法竖式的情况。《数学》第二册第81页"不退位减法"的例1这样讲解：

65减3，怎样口算？

也可以写成竖式，用笔算。

由此我们不难看出：在减法竖式中，被减数写在竖式的上面，减数写在被减数的下面，计算是从上往下减，不能从下往上减；计算减法时，是用被减数减去减数得到差，如果用减数减去被减数，既不能画出上面例1的算理图，也不能计算。《数学》第2册第84页又明确指出："笔算两位数减法要记住三条：1. 相同数位对齐；2. 从个位减起；3. 个位不够减，从十位退1，在个位上加10再减。"这是小学生学习到的第一个减法法则，以后的减法学习都在此基础上不断发展。从这个法则中我们也不难看出：是从被减数的个位减减数的个位开始计算，然后再用被减数的十位减减数的十位，如果反过来，用减数减去被减数，显然是不行的。

关于减法的概念，上海教育出版社出版的《小学数学教师手册》第24—25页中有明确的说明："设a、b是两个非负整数。如果存在一个非负整数c，能够使b+c=a，那么c叫作a与b的差，记作a-b=c，a叫作被减数，b叫作减数，符号'-'叫作减号，读作'减'，求两个数的差的运算，叫作减法。""在非负整数集合里，任意两个整数的差不一定存在，也就是说，在非负整数集合里，减法运算不是总能施行的（如2-3）。但如果两个数的差存在，那么它是唯一的。"由此我们不难看出：《我的困惑》文中第②种方法中"430-434"在例题中是不能施行的，如果施行那就是错误的。

我们再从除法的角度进行分析。小学生第一次学习除法竖式是在《数学》第三册第101页例7：

$$\text{除数}\cdots\cdots 2\overline{\smash{\big)}\begin{array}{l}4\\8\\\underline{8}\\0\end{array}}\begin{array}{l}\cdots\cdots\text{商}\\\cdots\cdots\text{被除数}\\\cdots\cdots\text{减去2和4的乘积}\end{array}$$

从这里我们可以知道：在除法竖式中，应该用被除数减去除数和商的乘积，不能用除数和商的乘积减去被除数，应该"从上往下减"，而不可以"从下往上减"。既使《全日制义务教育数学课程标准（实验稿）》强调"应重视口算，加强估算，鼓励算法多样化"，也要遵循一定的规则。俗话说："没有规矩，不成方圆。"如果在新课改的光环下谁想怎么样谁怎么样，不去遵循数学的基本规则，那就会产生混乱。在除法计算中，我们就应该遵循《数学》教材中明确指出的"笔算减法的计算法则"和"笔算除法的计算法则"，这样才能使学生计算得有理有据、清楚明白，才能使学生在已有知识的基础上不断发展。

关于除法和有余数的除法，上海教育出版社出版的《小学数学教师手册》第40页说："设a、b是两个自然数（b≠0），如果存在一个自然数c，能够使b×c=a，那么c叫作a与b的商，记作a÷b=c，其中a叫作被除数，b叫作除数，符号'÷'叫作除号，……，求两个数的商的运算叫作除法。"第41页说："如果两个整数相除不能得到整数商，那么被除数中最多含有的除数的个数，叫作不完全商，所余的部分，即被除数减去不完全商与除数的乘积所得的差，叫作余数。于是，就有被除数=除数×不完全商+余数，这种除法叫作带余数除法或者叫作有余数除法。在有余数除法中：（1）余数必须小于除数，(2) 不完全商和余数都是唯一的。"由此我们可以知道：在有余数除法中，余数是被除数减去不完全商与除数的乘积得到的，而不能用不完全商与除数的乘积减去被除数。那么《我的困惑》文中第②种方法用 434（商 7 与除数 62 的乘积）减去 430（被除数），得到的 4，就不能叫余数，这只能是学生自己的一种用大数减小数的运算，在本除法竖式中这样做既不符合概念也不符合法则，是不对的。我们还可以知道：在一道除法算式中只能有一个商，也只能有一个余数。在《我的困惑》文中第①种方法 $430 \div 62 = 6 \cdots\cdots 58$，第②种方法 $430 \div 62 = 7$ 还差 4（在竖式下面说：余数 4 在个位上），这样一个除法算式 $430 \div 62$，出现了两个商 "6" "7"，出现了两个余数 "58" "4"，在这两种方法中只能有一个是正确的，不能像《我的困惑》文中有的同学所说的："老师，这两种都行！"那哪种方法正确呢？当然是商 6 余 58 是正确的，那也就是说商 7 还差 4 是错误的。

再者，数学教材中重要的数学概念与教学思想都体现了螺旋上升的原则，《我的困惑》文中第②种方法，它没有知识的生长点，因为从小学一年级的除法学习直至学习《我的困惑》文中的例 4，都是在一种符合规则的原则下逐级递进学习的。这时，突然要打破学生的计算规则（四则运算的计算法则）势必要造成混乱。《我的困惑》文中第②种方法也不利于后续学习，首先它不利于学生对试商的进一步学习。例如《我的困惑》文中的例 4，在试商时，如果出现被除数 430 减去商与除数的乘积 434 不够减这种情况，教材的处理是"商 7 大了，改商 6"。如果像"第②种方法"那样"从下往上减"就不能让学生体验试商的过程。其次，它不利于后面小数除法的学习。例如《数学》第九册第 16 页"除数是整数的小数除法"例 2 的计算：

① $117 \div 36 =$ ② $117 \div 36 =$

$$
\begin{array}{r}
3 \\
36 \overline{)117} \\
108 \\
\hline
9
\end{array}
\qquad
\begin{array}{r}
4 \\
36 \overline{)117} \\
144 \\
\hline
27
\end{array}
$$

教材采用的是第①种方法，它能够继续除下去，并且教材也继续除下去了，得到了小数商。第②种方法如何继续往下除呢？显然是不可能的。

因此，从减法的有关知识和除法的有关知识，都能说明《我的困惑》文中的第②种方法是错误的。面对这种方法，教师应发挥《全日制义务教育数学课程标准（实验稿）》中所说的"教师是数学学习的组织者、引导者与合作者"中"引导者"的作用，引导学生分析这种方法的错误原因，在纠错中让课堂出彩、让学生加深对正确计算方法的理解。

关于"左、右"教学的一些体会

最近读了《中小学数学》(小学版)2004年7-8期赵老师写的《关于"左、右"教学的一点疑问》(以下简称《疑问》)一文,文中的疑问是:图(2)、(3)中左、右的确定应以老人或小羊为参照物呢,还是以看的人为准呢?在教学中这类问题时常遇到,在此谈一谈笔者的一些体会:关于确定左、右的标准,应该分几种情况来具体情况具体分析。

一、如果面对的是人,那就应该以所面对的人为标准

1998年修订版的《现代汉语词典》对"左、右"的解释为:"左:面向南时靠东的一边(跟右相对)。右:面向南时靠西的一边(跟左相对)。"如果我们面向南,平伸两背,左手指的那一边是东面、左边,右手指的那一边是西面、右边。所以,在日常生活中,我们常常靠我们的两手来确定左右,以靠左手那边的为左,以靠右手那边的为右。儿童认识左右也是从认识自己的左右手开始的,如果分不清自己的左右手,那也就分不清左右了。由于我们所面对的人有左右手,那当然以所面对的人的左手那边为左、右手那边为右。

例如,在给学生排座位时,老师在讲台上面向学生并指挥学生就座,让第二位同学坐在第一位同学的左边,虽然是老师发出的指令,但第二位同学也是坐在第一位同学的左手那边,而不是坐在面向他的老师的左手那边。

再如,两位同学面对面相距5米远站着,第一位同学左手那边有一支铅笔、右手那边有一支钢笔,第二位同学请第一位同学把右边那支笔拿过来,第一位同学拿过来的一定是他右手那边的那一支钢笔,而不是第二位同学右手那面的铅笔。

所以,《疑问》一文图(2)中,应该以老人为标准,老人的右手拿的应该是花,左手拿的应该是书。

二、如果面对的是有足动物,那就应该以所面对的动物为标准

人有手,动物有足,我们面对动物,就像我们面对人一样,应该以所面对的动物的左足那边为左、右足那边为右。

例如,在现实生活中我们站在小羊前面,面对小羊看小羊吃草,如果小羊转头吃它左足那边的草,我们就说小羊左面的草被小羊吃了,这一判断是以我们所面对的小羊为标准的，不是以看的人为标准的。

三、如果我们面对的既不是人又不是有足动物或所要判断的物品既不在动物的左足那边又不在动物的右足那边时，那就应该以看的人为标准

例如，《疑问》一文图（1）中：黑板的左边是课程表，右边是值日表。看过以后，对这一判断，以看的人为标准，《疑问》一文作者没有疑问，读者也没有疑问，编者当然更没有疑问。

再如，人教版九年义务教育六年制小学数学第八册第38页有一句话："要记住从右起第九位是亿位"。对于400305001000这个数，它的亿位数字应该以看的人为标准找出来是"3"，而不能是"1"。

又如，《疑问》一文图（3）中，所放的苹果既不在小羊的左足那边，又不在小羊的右足那边，很明显是小羊的前面有3个苹果，后面有4个苹果。如果这时还以小羊为标准，那就说不出小羊的左边有几个苹果，右边有几个苹果了。所以这时应该以看的人为标准，小羊的左边有3个苹果，右边有4个苹果。

以上是笔者的一些肤浅的看法，敬请各位专家、教授、学者、同行给予指教。

关于"探索题"的探索

学校2003—2004学年度第一学期期末考试三年级数学试题最后一大题是"探索题"，题目是："用两个同样的长方形，长都是8厘米，宽都是4厘米，把它们拼成一个新的图形（不能重叠），请你先画出新图形的形状，再计算新图形的周长。"

本学科的老师在批改这道题时意见有了分歧。一方认为：这道有多种解法的探索题，你只做出了一种方法，是没有好好地探索，至少是探索得不全面、不彻底，你探索得怎么样呢？你能得满分吗？显然不能！另一方认为：这道题没有要求用多种解法，学生虽然只用一种方法解答，这也说明他进行探索了，只要这种方法对了就可以得满分。双方争论得非常激烈，始终没有统一，在此谈一谈本人的一些看法。

首先，探索题的评价标准应该满足学生的差异发展。

《义务教育数学课程标准》（2022年版）指出："不同的人在数学上得到

不同的发展。"因此数学教学必须满足差异发展。在过去千人一面的标准化考试中，学生完全失去考试的主动性。现在课改正在进行，我们应当尊重学生的个别差异，让学生不同的发展都得到认可，只要发展了就可以达到目标。发展速度的快与慢、发展程度的高与低应视为学生的差异，不能给发展速度慢、发展程度低的学生扣分，这样就会打击这一部分学生学习的积极性，使他们认为"我就是发展了也比别人差"，这样如何能建立这部分学生的自信心。

其次，探索题是一个学生展示个性的舞台。

通过对学生所做上面的题进行调查发现，全三年级342人，有305人用一种方法，有31人用两种方法，有6人用两种方法以上。而用一种方法的305人却为本道题提供了6种拼的方法，超过了试卷参考答案所给出的4种方法。可见，不同的学生对本道题作了不同的探索，这时每个学生的探索可以看作他个性的展现，不同的人有不同的个性，我们为什么非要把他们的个性统一起来？我们为什么要在没有明确要求的情况下，要学生自觉答出4种方法才给学生满分？数学学习的个性化在解答这道题时已经显现出来，我们为了培养学生的个性，探索题的评价标准应当具有开放性，允许学生按照自己的认识水平和生活经验作出各自不同的解答，每个学生都有自己的答案，这才是探索题的真正目的，目的达到了，我们为什么还要扣学生的分呢？

由此可见，有多种解法的探索题，只要没有用多种方法解答的特别要求，学生只用一种方法解答，只要这种方法对了是可以得满分的。

我对《怎么会有这么多的歧义问题呢？》文中问题的看法

《中小学数学》（小学版）2004年第10期刊登了吴老师题为《怎么会有这么多的歧义问题呢？》（以下简称《问题》）一文，拜读之后，作为一名从事小学数学教学多年的一线教师，感触颇深，现在谈一谈对其文中问题的一些看法。

《问题》文中的问题1："在'$16 \div 4x = 2$'中，$4x$是一个整体吗？"

可以肯定地说：$4x$是一个整体。因为人教版九年义务教育六年制小学数学第九册第87页说明："在含有字母的式子里，数字和字母中间的乘号可以记作'·'，也可以省略不写。但是要注意，在省略乘号的时候，应当把数字写在字母的前面。"由此可以知道，$4x$是省略乘号的结果。在"$16 \div 4x = 2$"中，它为什么能省略乘号呢？一是4与x之间是乘法关系，二是4

与 x 之间的乘法关系能够先算，二者缺一不可。对于《问题》一文中所说的按照常理检验时遇到的麻烦："把 $x=2$ 代入原方程，左边 $=16\div(4\times2)=2$，这里 4×2 要用小括号后，才能与原题相等，而原题是没有的。"其实这没有什么麻烦的，因为方程"$16\div 4x=2$"中的 $4x$ 是省略乘号后含有字母的式子，你检验时把其中的"x"换成了数"2"，那你就得辛苦一下，把原式适当加以调整，加一个小括号才能使式子成立，这是由代数式改变成算术式所做的适当调整，没有什么不可以理解的。对于《问题》一文中，按照运算顺序，出现的问题："应按从左到右的顺序计算，即 $16\div 4\times x=2$，$4\times x=2$，$x=0.5$。"这个问题中把 $4x$ 还原成了 $4\times x$，可是还原之后却变成先算 $16\div 4$ 了，不是先算 $4\times x$，这不符合原方程 $16\div 4x=2$ 的要求，所以把原方程还原成 $16\div 4\times x=2$ 是错误的，要适当进行调整，还原成 $16\div(4\times x)=2$，这才是正确的。这样，不论是按照常理进行检验，还是按照运算顺序解方程，答案只有一个：$4x$ 是一个整体。

《问题》文中的问题2："直径是圆的对称轴吗？"

人教版九年义务教育六年制小学数学第十一册第100页规定："如果一个图形沿着一条直线对折，两侧的图形能够完全重合，这个图形就是轴对称图形。折痕所在的这条直线叫作对称轴。"据此可知，对称轴是一条直线，并且是"折痕"所在的这条直线。在实际操作中，我们无法也不可能画出或折出一条完整的直线，因为直线是无限长的，这时，就用借代的手法，以部分代替整体（这是汉语言的一大特色，无论在《语文》还是《数学》中，汉语言的这一特色都是存在的），只画出直线的一部分来代替整条直线。在圆中，沿着直径所在的这条直线对折，直径两侧的图形能够完全重合，这说明：圆是轴对称图形，直径所在的这条直线是圆的对称轴。我们在对折的操作中，折痕是直径，在画其对称轴时，只能画出直径，所以我们完全可以用借代的方法，用部分代替整体，说直径是圆的对称轴。说直径是圆的对称轴其实就是说直径所在的这条直线是圆的对称轴，二者是一种替代与被替代的关系。

《问题》文中的问题3："在'60%比80%少（ ）'中，括号里应填多少？"

这个问题，我们只要弄明白百分数的意义，问题就迎刃而解了。人教版九年义务教育六年制小学数学第十一册第105页明文规定："表示一个数是另一个数的百分之几的数，叫作百分数。百分数也叫百分率或百分比。"从此我们不难看出，一个百分数它就表示一个数占单位"1"的百分之几。我们要填的"（　）"中的数，也要能表明谁占单位"1"的百分之几，所以应该是：用60%比80%少的数，再除以单位"1"——80%，列式为：（80%－60%）÷80%＝25%。而只用80%－60%得出的20%，不能依据题意说明谁占单位"1"——80%的百分之几，因此是不正确的。

《问题》文中的问题4："2×π＝6.28吗？π取近似值是3.14，按规定取近似值后应用'≈'，可是教材上用的是'＝'；除此外，教材别无说明。"

教材（人教版九年义务教育六年制小学数学第十一册第90页）关于π的说明是："π＝3.141592653……，但是，在实际应用中并不需要这么多位小数。我们在计算时，一般只取它的近似值，π≈3.14。"我们在进行有关近似值的计算中也都知道：哪一步取近似值了，哪一步用"≈"，哪一步没有取近似值，哪一步就不用"≈"而用"＝"。例如本问题中的计算：2×π，取近似值的只是π，只要在π取近似值的这一步用"≈"就可以了，并不要在其求最后结果这一步也用"≈"。其详细的计算过程如下：

$$2\times\pi$$
$$\approx 2\times 3.14 \quad \cdots\cdots \quad \pi\text{取近似值}$$
$$= 6.28 \quad \cdots\cdots \quad \text{最后结果}$$

我们对于π取它的近似值这一步实在是太熟悉了，完全可以把这一步省略不写，不写看的人也明白π取的是近似值，所以"≈"也随着不用写了，而写的是得出最后结果所用的"＝"。

以上是笔者的一些看法，敬请各位同人给予指教。

谁偷走了张大娘的两个鸡蛋

有道题，几年来一直困惑着我，困惑着我们一起教学的老师，因为它不是有多个答案的题目，而用多种方法解答却答案不同，分析分析每种方法还都有它的道理，这实在令我们哭笑不得，我们不解地问："到底谁偷走了张大娘的两个鸡蛋？"这学期笔者和教研组的同事又讨论这道题，一次不经意的画图，解了我们多年的困惑，终于知道了谁偷走了鸡蛋。

这道题是青岛出版社出版的《数学与探索》中第11页的题目：抗日战争时期，一位八路军的伤病员住在张大娘家养伤，张大娘家存有20个鸡蛋，还养了一只一天能下一个鸡蛋的老母鸡。请你算一算，如果这个伤病员每天吃2个鸡蛋，张大娘家的鸡蛋可以连续吃几天？

书中的答案（称为第一种解法）是：（第一步）现存的20个鸡蛋可以吃

$20 \div 2 = 10$（天）。

（第二步）在这 10 天中，母鸡又下 10 个鸡蛋，可以再吃 $10 \div 2 = 5$（天）。（第三步）在这 5 天中母鸡又下 5 个鸡蛋，可以再连续吃 2 天。（第四步）这 2 天中母鸡又下 2 个鸡蛋，可以再吃一天。（第五步）这一天母鸡又下一个鸡蛋，加上原来余下的一个鸡蛋，又可以吃一天。所以一共可以连续吃：$10 + 5 + 2 + 1 + 1 = 19$（天）。

教研组中一位老师的解答方法（称为第二种解法）是：如果这个伤病员每天吃 2 个鸡蛋，很简单，"因为老大娘家存有 20 个鸡蛋，还养了一只一天能下一个鸡蛋的老母鸡"，只要张大娘每天拿家里原来存有的 1 个鸡蛋，再与当天刚下的 1 个鸡蛋合起来是 2 个鸡蛋，正好够这个伤病员 1 天吃的。张大娘家存有 20 个鸡蛋，那就能够像上面那样拿 20 天的，张大娘家的鸡蛋当然可以连续吃 20 天。

一些老师认为，第一种解法是根据条件分析计算得到的，分析得有条有理，没有不对的可能呀？另一些老师认为，第二种解法是根据实际情况分析推理得到的，实际完全可以这样吃，不会有什么问题吧？第二种解法却比第一种解法多吃了一天，伤病员多吃了 2 个鸡蛋，是怎么回事呢？是谁偷了张大娘的两个鸡蛋使伤病员少吃了一天呢？

原来是这样的，我们可以画图，用圆圈表示鸡蛋，用没标数字的圆圈表示原来存有的鸡蛋，用标明数字的圆圈表示下的鸡蛋，圆圈内标几就表示是第几天下的鸡蛋，用"∨"表示吃的天数，1 个"∨"表示吃了 1 天，有几个"∨"就表示吃了几天。如下图。

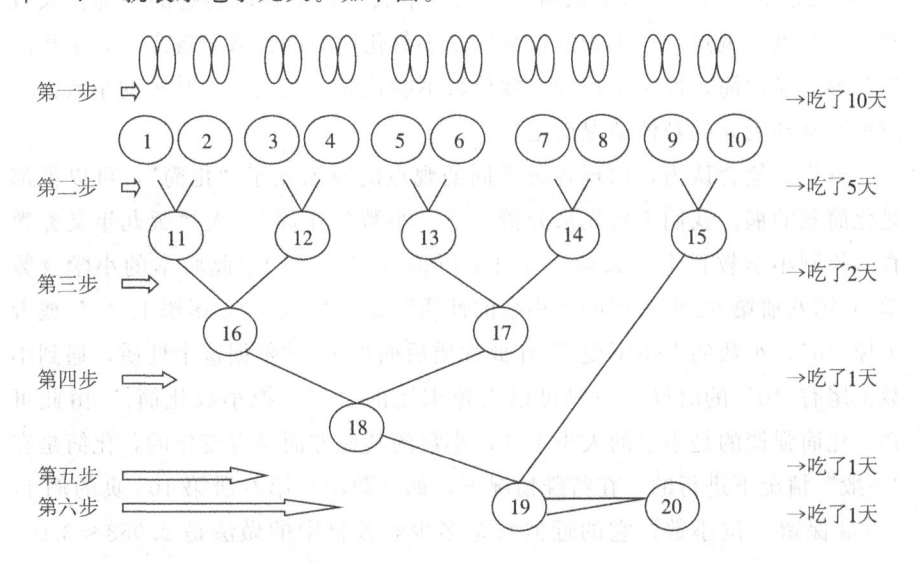

我们把上图与第一种解法进行比较，第一种解法的第一步是：连续吃了 10 天。第二步是：连续吃了 5 天。第三步是：连续吃了 2 天。第四步是：前一步连续吃的 2 天中母鸡又下 2 个鸡蛋，（这两个鸡蛋是图中的⑯⑰，即第 16 天、第 17 天下的蛋），可以再吃一天。第五步是：这一天母鸡又下一个蛋（这个鸡蛋是图中的，⑱即第 18 天下的蛋），加上原来余下的一个鸡蛋（这个鸡蛋是图中的⑮即第 15 天下的蛋），又可以吃一天，这一天是第 19 天。第一种解法到此为止，答案为：张大娘家的鸡蛋可以连续吃 19 天。可是第 19 天吃的鸡蛋是第 18 天下的鸡蛋与还剩下的一个鸡蛋，第 19 天并没有吃当天下的鸡蛋，第 19 天鸡又下一个鸡蛋（这个鸡蛋是图中的⑲），把它与第 20 天鸡下的蛋（这个鸡蛋是图中的⑳）合在一起，刚好又够第 20 天吃的，所以正确的答案应该是：张大娘家的鸡蛋可以连续吃 20 天。

是谁偷走了张大娘的两个鸡蛋呢？从上面的分析我们可以知道，是第 19 天与第 20 天合伙捣的鬼。

也谈"关于小数乘法中积的位数问题"

拜读《中小学数学》（小学版）2005 年第 3 期张老师的《关于小数乘法中积的位数问题》（以下简称《关于》一文，在赞赏张老师的刻苦钻研精神的同时，也想谈一谈笔者的一些看法。

《关于》文中的问题是：乘积末尾有 0 的情况下（如 $0.056 \times 0.15 = 0.0084$ 或 0.00840），这个积到底是几位小数？它是如何确定的？现在大致有三种观点：观点一，乘积的位数应是小数化简后的位数。观点二，乘积的书写形式能化简，但是乘积的小数位数不能化简。观点三，乘积的小数位数应视有 0 和无 0 的具体情况而定。

首先，笔者认为，出现各种不同的观点的原因在于"化简"，可以说都是化简惹的祸。我们不妨先来分析一下"小数的化简"。人教版九年义务教育六年制小学教科书《数学》（以下所说《数学》均指此版本的小学《数学》）第八册第 92 页出现的"小数的性质"是："小数的末尾添上'0'或者去掉'0'，小数的大小不变。"在此性质后面指出："根据这个性质，遇到小数末尾有'0'的时候，一般可以去掉末尾的'0'，把小数化简。"由此可知，化简强调的是小数的大小不变，小数的其他方面是有变化的，化简是在"一般"情况下进行的。在特殊情况下，如《数学》第八册第 105 页的例 1：2.953 保留一位小数，它的近似数是多少？教材中的做法是 $2.953 \approx 3.0$，在其右边的想法中特别说明：求得近似数3.0以后，十分位上的"0"不能去掉。在例题后的注意中说明：在表示近似数的时候，小数末尾的0不能去掉。那么，在数小数位数的时候，是不是也属于一种特殊情况呢？我们接着分析。

其次，0.0084与0.00840虽然大小相等，但是它们还有很多不同之处：①意义不同。0.0084表示万分之八十四，0.00840表示十万分之八百四十。②计数单位不同。0.0084的计数单位是0.0001，0.00840的计数单位是0.00001。③小数位数不同。0.0084是四位小数，0.00840是五位小数。因此我们不能说0.0084与0.00840完全相同。由此我们不难看出，《关于》一文观点一的理由："在第九册的小数乘法中，所出现的这类乘法题都是把竖式中的0（笔者：小数末尾的0）去掉，在横式后直接写化简后的小数结果。"这一理由，只注意了横式中的结果与竖式中的结果的大小相等，没有注意它们之间的不同之处，既然它们之间有那么多的不同，我们就要区别对待。

再次，确定乘积的小数位数应以谁为标准？这个标准，我们可以在小数乘法的计算中寻找出来，《数学》第九册第3页"小数乘法的计算法则"是："计算小数乘法，先按照整数乘法的法则算出积，再看因数中一共有几位小数，就从积的右边起数出几位，点上小数点。"在实际计算中，依据法则，具体的计算步骤是：第1步，按照整数乘法的法则算出积。第2步，数因数中一共有几位小数。第3步，（不论这个整数积的末尾有没有0，有0也不能去掉）就从积的右边起数出几位，点上小数点，得到完整的小数积。（在这一步，乘积的小数位数就这样确定了）第4步，能化简的化简，再把竖式中乘积化简之后的数写在横式上。由此我们不难看出，先要确定好积的小数位数，点好小数点，得到完整的小数积，接下来要做的才是能化简的化简。所以，确定乘积的小数位数应该以第3步中有点小数点过程的"原始积"为标准，而不能以乘积化简之后的数为标准。确定0.056×0.15的积是几位小数，我们应该依据其原始积"0.00840"，而不能依据其乘积化简之后的数"0.0084"，因此0.056×0.15的积是五位小数。

最后，《关于》文中观点三的理由："0.0084与0.00840都应算作0.56和0.15的乘积，所以小数位数就应该是四位或者五位。"按照此理由，再依据"小数的性质"中："小数的末尾添上'0'，小数的大小不变。"那岂不是"0.0084，0.00840，0.008400，0.0084000，……"它们大小相等，都能算作0.56和0.15的乘积，所以积的小数位数就不能确定了，因此这一观点笔者也不赞同。

以上是笔者的一些看法,敬请各位专家和同人给予指正。

书上的方法为什么不学呢

《中小学数学》(小学版)2005年第1—2期刊载了吕老师的《书上的方法一定要学吗?》(以下简称《书上》)一文,拜读此文之后,感触颇多,文中的有些观点笔者不敢苟同。下面谈一谈一些看法。

《书上》文中的案例是:九年义务教育五年制小学数学第十册"比例的意义"例五:在比例尺是1∶6000000的地图上,量得南京到北京的距离是15厘米,南京到北京的实际距离大约是多少千米?

一、《书上》一文在其"教学实录"的方法三(即教材中做法)后的说明是:"接下去,在三种方法的比较中,学生一致认为第三种方法太麻烦。……我对教材上的做法也未做要求。"在其"反思"中的说明是:"学生有自己的方法可以灵活解决问题,为什么偏要他们再学习课本上烦琐、他们又不喜欢的方法呢?"

《书上》一文没有列出教材中的做法,我们现在把教材中的做法列出来与《书上》文中的方法二加以比较,看看教材中的做法是否真的太麻烦。

《书上》文中的方法二:

$$15 \div \frac{1}{6000000} = 15 \times 6000000 = 9000000 \text{ 厘米} = 900 \text{ 千米}$$

教材中的做法:解:设南京到北京的实际距离为 x 厘米。

$$\frac{15}{x} = \frac{1}{6000000}$$

$$x = 5 \times 6000000$$

$$x = 9000000$$

9000000 厘米 = 900 千米

从字数的多少来说:教材中的做法要书写的字多确实麻烦。从列式的依据来说:教材中的做法依据是:$\frac{图上距离}{实际距离} = 比例尺$;而《书上》文中方法二的依据是"生3:根据 $\frac{图上距离}{实际距离} = 比例尺$,就可以知道:实际距离 $= \frac{图上距离}{比例尺}$。"由此不难看出《书上》文中的方法二麻烦,也就是说其思考起来麻烦。所以说教材中的做法与《书上》文中方法二相比较也并不是"太麻烦"。再者说也不能因为教材中的方法麻烦就不做要求了，就不再学习了。例如，九年义务教育六年制小学数学第七册"加、减法各部分之间的关系"例7：学校买来一些粉笔，用去28盒，还剩42盒。学校买来多少盒粉笔？

解答方法1：28+42=70（盒）

解答方法2：设：买来粉笔x盒。

$$x-28=42$$
$$x=42+28$$
$$x=70$$

这两种方法都是教材中的做法，比较这两种做法可知其"解答方法二"麻烦，如果让学生自己选择的话，恐怕很少有学生选它，按照《书上》一文的说法，"解答方法二"就应该不做要求了，不要再学习了，那么此"例7"也就没有新的知识点了，从而也就没有存在的必要了。事实是我们这节课重点要学的就是"解答方法二"，不学它学生就得不到这方面的发展。《义务教育数学课程标准》（2022年版）在课程理念中指出："不同的人在数学上得到不同的发展。"如果我们只强调从学生已有的经验出发，只满足于学生原来掌握的自己的方法，那就可能使学生停留在原有的认知水平之上，不能使学生在原有的认知水平之上继续发展。我们为什么要把课本上因有点烦琐而使学生不喜欢的方法抛弃，使学生存在一定的知识缺陷呢？我们应在学生独立思考解决问题的基础上，进行小组交流，每个学生都发表自己的观点，倾听同伴的解法，感受解决问题策略的多样化与灵活性，并比较不同方法的特点，把学生自己的方法与课本上的方法结合起来，使学生形成知识互补，在不断学习中发展。

二、《书上》一文在"反思"中说："学生不选择课本上的做法，说明这种解法不在学生的最近发展区。"

我们现在分析一下课本，看一看课本上的做法在不在学生的最近发展区。课本上"比例的意义"这一节先通过例1讲解了什么叫比例，接着讲解了"比例的基本性质"，接着通过例2、例3讲解了解比例，接着通过例4讲解了比例尺的意义及其公式。以上这些，既有书上例5做法的列式依据的知识，也有列式后解答方法的储备，可以说书上从例1到例5是一环接一环，不断螺旋上升着的，我们再接着分析课本，例5课本上的做法为后面学习"正比例的意义"打下了基础，为后面学习"比例的应用"作了些铺垫，它是本册教材"比例"这一单元中整个知识链中重要的一环。这么重要的知识，我们为什么不学呢？如果说这种知识链中的重要的一环——"课本上的做法"不在学生的最近发展区，那还有什么在学生的最近发展区？再者说"学生不选择课本上的做法"的原因是因为它要书写的字多，这不能说明这种解法在不在学生的最近发展区，它能说明学生不喜欢书写的字多的解法，这时恰恰需要教师的引导而不是抛弃。

以上是笔者的一些看法，不当之处，敬请给予批评指正。

再谈看法

《中小学数学》（小学版）2005年第3期刊登了《由一个歧义问题引发的感想》（以下称《由》文），由于此文中的"一个歧义问题"是笔者写的《我对〈怎么会有这么多的歧义问题呢?〉文中问题的看法》（以下称《我》文）之中问题的一道，所以读得比较细心。读过之后，心中非常感谢该篇文章对笔者文章的分析与建议，同时也想起了教育家蔡元培所说的："多歧为贵，不取苟同。"在此，笔者想再谈一谈一些看法。

一、原题是："在'60%比80%少（ ）'中，括号里应填多少?"《我》文认为："人教版九年义务教育六年制小学数学第十一册第105页明文规定：'表示一个数是另一个数的百分之几的数，叫作百分数。'从此我们不难看出，一个百分数它就表示一个数占单位'1'的百分之几。我们要填的'（ ）'中的数，也要能表明谁占单位'1'的百分之几，所以应该是：用60%比80%少的数，再除以单位'1'——80%，列式为：（80%－60%）÷80%＝25%。"《由》文认为："因为照《我》文中的意思，把此题看成'求一个数比另一个数少百分之几的应用题'来理解，将60%和80%作为题目里的两个数（或量）进行处理，可只要从百分数的意义'表示一个数是另一个数的百分之几的数'便知百分数只能表示两个数（或量）之间的关系，而不能表示直接两个数（或量）。两者相矛盾，所以不能按《我》文中的理解进行解答！故此题应理解成：单位'1'的60%比单位'1'的80%少单位'1'的（ ），因为这个问题中的三个单位'1'的量相同，所以可以省略，而正确解法应该是：80%－60%＝20%。"

二、《由》文认为不能把此题看成"求一个数比另一个数少百分之几的应用题"来理解的理由是：60%和80%不能作为题目里的两个数（或量）。这样，只认为百分数是两个数（或量）之间的关系，不认为百分数是"数"。

那么，百分数到底是不是数呢？从百分数的意义"表示一个数是另一个数的百分之几的数，叫作百分数"来看，百分数首先是"数"，是什么样的数呢？是表示两个数（或量）之间的倍数关系的"数"。《小学数学教材教法》（人民教育出版社数学室编，人民教育出版社出版发行，1995年2月第14次印刷）第216页说："人们在生产和生活中进行测量和计算时，往往不能得到整数的结果，于是产生了分数。分数以及作为它特殊形式的小数、百分数，既是数学进一步发展的基础，又是被人们广泛应用的工具。对小学生来说，学习了整数后再来学习分数、小数和百分数，使数的概念和四则运算的意义都有了扩展。"由此我们可以看出：分数、小数和百分数都是数，百分数是分数的一种特殊形式。此书在269页又将百分数与分数作了对比："分数可以表示具体的量，也可以表示两个数量间的倍数关系，所以分数后面既可以有计量单位，也可以没有计量单位。百分数只表示两个数量间的倍数关系，所以它的后面不能写计量单位。"由此我们还可以知道：分数既可以在表示具体的量时作为"数"应用，也可以在表示两个数量间的倍数关系时作为"数"应用，百分数的应用虽然没有分数那么广泛，但是在表示两个数量间的倍数关系时是可以作为"数"应用的。而且"求一个数比另一个数少百分之几的应用题"中所说的"数"，并没有排除表示两个数量间的倍数关系的数，百分数完全可以作为"数"这个大家庭中的一员参与进来。因此，"两者并不矛盾"，可以按《我》文中的理解进行解答。同时《由》文间接地为《我》文的理解又增添了理由，那就是：把此题看成"求一个数比另一个数少百分之几的应用题"来理解。在此深表谢意！

三、《由》文又说："众所周知，有许多数学知识来源于生活，还能服务于生活，有大量的数学知识都能从生活中找到它的原型。百分数也是如此！所以，我们可以用'还原'成现实问题的方法来判断一个含有百分数的算式能否存在或者是否有实际意义。"这种从"生活中找原型"的方法不失为一种解决问题的方法。可是，笔者不赞同《由》文在这种方法后面说的："但在生活中却不能找到能判断'（80％－60％）÷80％'存在的问题！"不知《由》文试着找了没有，就作出这样的判断。读过《由》文之后，笔者却找到了一些。

例如，（1）人教版九年义务教育六年制小学数学第十一册第116页例3：一个乡去年原计划造林12公顷，实际造林14公顷。实际造林比原计划多百分之几？教材中的分析为：求实际造林比原计划多百分之几，就是求实际造林比原计划多的公顷数占原计划的百分之几。列式解答为：（14－12）÷

245

12≈0.167＝16.7％。由此我们可以判断"(14－12)÷12"是有实际意义的。(2) 从"一个乡去年为一块荒地造林,原计划造林60％,实际造林80％。原计划造林比实际少百分之几?"的问题,可以判断"(80％－60％)÷80％"是有实际意义的。(3) 从"工程队修一条路,原计划一周修这条路的60％,实际一周修这条路的80％,原计划一周比实际少修百分之几?"的问题,可以判断"(80％－60％)÷80％"是有实际意义的。

这样的例子可以找到很多,并不像《由》文说的那样"不能找到",按照《由》文"从生活中找原型"的说法,可以看出《我》文的解法是正确的。

四、需要说明的是"从生活中找原型"只是一种解决问题的方法,并不是所有的数学知识都能在生活中找到原型。中国科学院院士姜伯驹教授说:"最简单的东西,往往也是最本质、最基本的东西,通过对简单的把握,建立思维体系,通过推理,得出的结果往往是惊人的。这就是数学思维,是科学精神,是我们要着力培养的一项重要内容。"这就告诉我们,一些数学知识是在"推理"中得到的,是不需要在生活中找它的原型的。通过"推理"得出结果,正是数学的灵魂之所在,也使数学更加丰富多彩。例如,人教版九年义务教育六年制小学数学第八册《教师教学用书》96页说:"0是自然数中最小的一个。任何其他的自然数都是由若干个1合并而成的。因此,1是自然数的单位。0加1得1,1加1得2,2加1得3,3加1得4……这样继续下去,可以得到任意一个自然数。"由此推理可以得出:没有最后的一个自然数,自然数的个数是无限的。从此我们可以看出:自然数的个数是无限的是在推理中形成的,在生活中是找不到它的原型的,虽然找不到它的原型,人们也从不怀疑它是正确的,这正是"推理"的魅力之所在,而不是"生活原型"在起作用,所以我们不能完全根据"从生活中找原型"来判断问题的对或错。

以上,是笔者对这个"问题"的再认识、再思考,在思考中,又学到了很多东西,正像巴甫洛夫所说:"争论是思想的最好触媒。"笔者深深体会到:看待问题应该全面,而不能以偏概全,希望各位同人多给指正。

这样解答连除应用题也行

拜读《中小学数学》(小学版)2004年第5期周老师的文章《这样解答连乘应用题也行》时,正好笔者在教学人教版九年义务教育六年制小学数学第六册第四单元的"连除应用题"。教学时,学生出现了教材中两种解题方法之外的另一种解法,受周老师一文的启发,对这种解法进行了探讨。

根据连除应用题数量关系的特点,教材采用分析法解答,启发学生从要求的问题出发,从不同的角度找出解答问题的中间问题。每种解法分步解答后,再让学生列出综合算式。这样既有助于学生理解连除应用题的数量关系,又可以进一步提高学生的计算能力和解题能力。

教材中的例2为:三年级同学去参观农业展览,把90人平均分成2队,每队平均分成3组,每组有多少人?

第一种解法:已知每队平均分成3组,要求每组有多少人,需要先算出每队有多少人:$90 \div 2 = 45$(人),再算平均每组有多少人:$45 \div 3 = 15$(人)。列综合算式为:$90 \div 2 \div 3 = 15$(人)。

第二种解法:已知平均分成2队,每队有3组,要求每组有多少人,可以先算一共分了多少组:$3 \times 2 = 6$(组),再算平均每组有多少人:$90 \div 6 = 15$(人)。列综合算式为:$90 \div (3 \times 2) = 15$(人)。

学生在分析解答中出现了另一种解法:$90 \div 3 \div 2$,是对还是错呢?师生一时也拿不准。原因是"90人"与"3个小组"这两个条件没有直接联系,道理讲不通。通过深入探讨我们发现,这种解法是有道理的,不应该判错,是除法应用题的另一种解法。

理由如下:

由条件可知,每次从2个队中各分出一组,那么每次可以分出2个小组。因为"每队平均分成3组",所以分3次,就能分完所有的同学。因此"$90 \div 3$"表示每次分出的2个小组的人数,再除以2(这个"2"表示每次分出的2个小组),就得到每组有多少人。

这种解法比前两种方法复杂,需要把条件进行整体分析,这种方法学生是否能够理解呢?笔者把例题用这种方法进行讲解后,让学生对本例题后的"做一做"进行了分析。

"做一做":商店卖出7箱保温杯,每箱12个,一共收入1512元,每个保温杯多少钱?

学生的分析为:每次从7箱保温杯中各取出一个,那么,每次可以取出7个。因为"每箱12个",所以取12次,就能取完所有的保温杯。因此,"$1512 \div 12$"表示每次取出的7个保温杯的钱数,再除以7(这个"7"表示每次取出的7个保温杯),就得到每个保温杯多少钱。列成综合算式为:$1512 \div 12 \div 7$。

对做上面"做一做"的班级学生调查发现,能够分析出这种解法道理来的同学有 11 人(全班有 43 人),说明有些同学能够接受这种解法,再者从若干个物体中取东西既是日常生活中经常遇到的实际情况,又是学生二年级学习乘除法时遇到过的数学问题,因此学生能够理解这种解法。有了这种解法,可以丰富学生解决连除应用题策略,对发散学生的思维、培养学生的创新精神会有很大的帮助。

最小的一位数是"0"还是"1"

人教版九年义务教育六年制小学数学第七册13页第五题中有:"最小的四位数是_____,最大的四位数是_____。"在做完这道题后,一位学生提出了一个问题:"最小的一位数是几?"同学科的老师也一起研究,意见却有了分歧:最小的一位数到底是"0"还是"1"?在此,谈一谈笔者的一些见解。

既然探讨最小的一位数是几,我们就先从位数开始研究。位数表示一个整数所占有数位的个数;数位是指一个数的每一个数字所占的位置。例如:9086 这个数,我们说它是 4 位数,如此看来,"0"也占一个数位了。但是,记数法里有个规定:一个数的最高位不允许是 0。为什么要加上这个规定呢?如果没有这个规定的话,那么"0"就应该是最小的一位数,因此,00 是最小的两位数,000 是最小的三位数……那么,这样一来,最小的一位数、两位数、三位数乃至任意位数都是 0,这显然是错误的。不仅如此,如果没有这样的规定,对一个数也就没有办法确定是几位数了。例如:9 是一位数,09 就变成两位数,009 就变成三位数……也就是说,同一个数,我们可以任意称它为几位数了。"位数"这一概念也就没有存在的必要了。因此,我们平常所说的一位数、两位数,或更多的位数只是指 0 之外的自然数。而 0 是一个特殊的数,不能说它是几位数。那么,最小的一位数是 0 还是 1 呢?当然是 1 了。

你也许会问:生活中不是有许多 02、003、054 这样的数吗?这是怎么回事呢?这是在特定条件下表示特定意义的。如田径运动会上某运动员的号码是 036,表示参加运动会的运动员数不足或刚好是 1000 人;另外也是为了书写统一、格式完整而采用的。

248

不能这样拼正方形

《中小学数学》(小学版) 2005年第7—8期发表了潘老师撰写的《最少需要这种木板多少块？——学生留给我的疑惑》一文（以下简称《最》文）。潘老师的学生想出了一种拼正方形的方法，潘老师与学生、同行也对这种方法进行了探讨，但最终没有解决问题，留下了疑惑。现在，笔者试着解决此疑惑，不当之处，敬请批评指正。

《最》文的疑惑是：浙教版《数学》第十册65页有这样一道思考题：用长42厘米，宽28厘米的长方形木板拼成一个正方形，最少需要这种木板多少块？当师生先求出这个正方形的边长是42厘米和28厘米的最小公倍数84厘米后，得到：(84÷42)×(84÷28)＝6（块）的答案后，一位同学又画出了自己的新拼法（如图一）。到底能不能这样拼正方形呢？师生留下了疑惑。

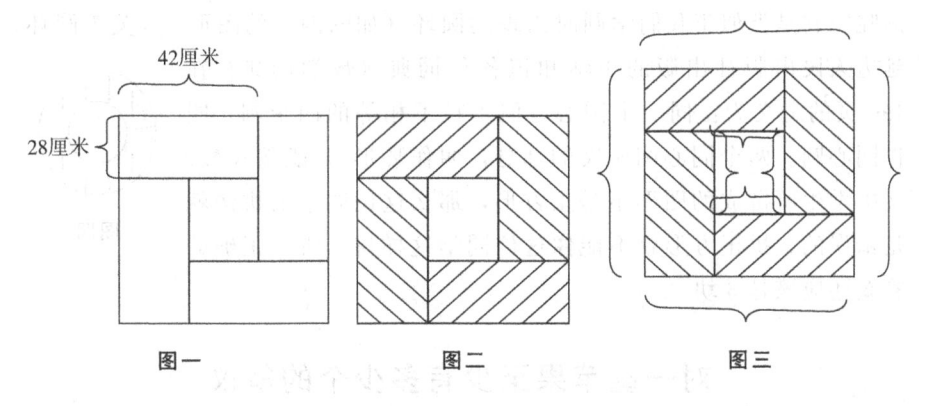

图一　　　　图二　　　　图三

既然是用长方形木板拼正方形，我们就来研究一下什么样的图形才是拼成的图形。《现代汉语词典》对"拼"字的解释为：合在一起；连合。我们依此可以推一推：原题是"用长42厘米，宽28厘米的长方形木板拼成一个正方形"，这也就是说：要把一些"长42厘米、宽28厘米的长方形木板"合在一起，连合起来，这些长方形木板所共同合成的图形才是拼成的图形。《现代汉语词典》对"合成"的解释为：由部分组成整体。这也就进一步说明：所拼成的图形是由参加拼图形的每一个小部分组成的，拼成的图形一定要包括参加拼图形的每一部分。那么《最》文中学生用长方形木板拼成的图形就应该是"图二"的阴影部分。而《最》文所说："××学生的图中有两个正方形，即使外面一个不符号要求，那么里面一个应该符合了吧！"以此看来，《最》文中学生所拼图形里面的正方形，是他所拼图形中间的"空隙"，不是所拼图形，那是不符合要求的；外面的正方形是由学生所拼图形与所拼图形中间的"空隙"两部分组成，那也是不符合要求的。

我们再来看一看学生拼成的图形是不是正方形。关于正方形的概念，小学数学教材中没有明确给出。上海教育出版社出版的《小学数学教师手册》第253页说："在平面上，由不在同一条直线上的几条线段顺次首尾相接所组成的图形叫作折线，如果一条折线的首尾两个端点重合，那么这条折线叫作封闭折线。封闭折线所围成的图形又叫作多边形。组成一个多边形的各条线段，叫作多边形的边。"第254页说："三边以上的多边形，按照边数，分别叫作四边形、五边形，依次类推。"第256页说："两组对边分别平行的四边形叫作平行四边形。"第254页说："有一个角是直角，且有一组邻边相等的平行四边形，叫作正方形。"由此我们可以得出：正方形有四条边，《最》文中学生所拼成的图形（如图三）有8条边。因此，《最》文中学生所拼成的图形不是四边形，也不是平行四边形，更不是正方形，那它是什么样的图形呢？它是类似于我们学圆时出现的圆环（如图四）的图形。（关于圆环，延边人民出版社出版的小学知识各科词典《数学词典》在496页的定义为：同一个圆心，但半径不相等的两个圆，叫作同心圆。两个同心圆所夹的部分，叫作环形。）既然《最》文中学生所拼成的图形不是正方形，那么这位同学的拼法就是错误的，拼正方形就不能像这位同学这样拼。所以正确的答案还应该是6块。

图四

对一筐苹果至少有多少个的争议

在五年级学习了"分数除法"的知识之后，随北师版义务教育课程标准实验教科书小学数学教材下发的《配套练习册》中出现了下面一道题：

5人平均分一筐苹果，每人吃去4个后，这时筐内剩下的苹果总数与开始每人分到的苹果个数一样多，这筐苹果至少有多少个？

五年级级部的教师在教学时出现了争议，争议的观点分为以下两类：

一、平均分一部分苹果

因为题目中说"5人平均分一筐苹果，每人吃去4个后，这时筐内剩下的苹果总数"，由此说明不是把筐内的苹果都平均分给每个人，如果分完了筐内就不会"剩下苹果"了，既然筐内有剩余的苹果，那么平均分的可以是所有苹果的一部分，据此，又有两种观点：

（一）不是所有苹果都平均分，若干次平均分吃去的苹果

解法 1：开始每人平均分 1 个苹果，那么每人吃去一个，这样连续下去，分四次每人平均吃去 4 个苹果后，一共吃去了 $4\times 5=20$（个），根据"这时筐内剩下的苹果总数与开始每人分到的苹果个数一样多"，可知这时筐内剩下的苹果总数为开始时每人分到的 1 个苹果，所以这筐苹果至少有 $20+1=21$（个），综合算式为：$4\times 5+1=21$（个）。

（二）不是所有苹果都平均分，一次平均分吃去的苹果

解法 2：根据"5 人平均分一筐苹果，每人吃去 4 个后"，可知 5 个人平均分苹果，开始时每人平均分 4 个才够吃，那么吃去了 $4\times 5=20$（个）苹果，根据"这时筐内剩下的苹果总数与开始每人分到的苹果个数一样多"，可知这时筐内剩下的苹果总数为开始时每人分到的 4 个苹果，所以这筐苹果至少有 $20+4=24$（个），综合算式为：$4\times 5+4=24$（个）。

二、平均分所有的苹果

因为题目开始就说"5 人平均分一筐苹果"，既然是 5 人平均分了"一筐"苹果，那这一筐苹果总数就要能够 5 个人平均分的。

解法 3：根据"5 人平均分一筐苹果，每人吃去 4 个后"还有剩余，问"这筐苹果至少有多少个"？可知每人开始至少平均分 5 个。根据"5 人平均分一筐苹果，每人吃去 4 个后"，可知吃去了 $4\times 5=20$（个），根据"这时筐内剩下的苹果总数与开始每人分到的苹果个数一样多"，可知这时筐内剩下的苹果总数为开始时每人分到的 5 个苹果，所以这筐苹果至少有 $20+5=25$（个），综合算式为：$4\times 5+5=25$（个）。

至于以上解法谁对谁错，老师们之间辩论非常激烈，一时谁也难以说服谁。笔者认为：

争论的焦点在于"是不是平均分所有的苹果"和"这时筐内剩下的苹果总数"是怎么回事。题目中说"5 人平均分一筐苹果，每人吃去 4 个后，这时筐内剩下的苹果总数与开始每人分到的苹果个数一样多"。由此我们可以看出，是先把一整筐苹果平均分，分好之后再吃，应该是平均分所有的苹果。至于"这时筐内剩下的苹果总数"是把筐内所有苹果平均分后还放在筐内，不是 5 个人各人一堆拿走，所以全部苹果平均分完、每人吃去 4 个之后筐内还有剩余，因此不把所有苹果平均分是不符合题目要求的，解法 1 与解法 2 都不对，解法 3 正确。

本题既然出现在学习了"分数除法"的知识之后，编者的意图是想让用分数的方法解答，用分数的方法解答为：把一筐苹果的总数看作单位"1"，"5人平均分一筐苹果"，每人分得苹果总数的 $\frac{1}{5}$，根据"这时筐内剩下的苹果总数与开始每人分到的苹果个数一样多"，可知每人吃去4个后还剩苹果总数的 $\frac{1}{5}$，那么就一共吃了苹果总数的 $1-\frac{1}{5}=\frac{4}{5}$，5个人一共吃了 $4\times5=20$（个）苹果，所以这筐苹果至少有 $20\div\frac{4}{5}=25$（个），综合算式为：$4\times5\div\left(1-\frac{1}{5}\right)=25$（个）。由此也能互相印证第三种解法是正确的。

以上是笔者的一些粗浅看法，不当之处，敬请各位同人给予批评指正。

说"$\frac{0}{12}$"不是分数不妥

最近阅读《小学教学参考》（数学）2006年第7—8期，拜读郑老师撰写的《说"$\frac{0}{12}$"是分数不妥》（以下简称《说》文）一文，非常敬佩郑老师的探索精神，可是笔者不赞同郑老师的观点，现在把笔者的看法说一说，和大家一起商榷。

《说》文指出："九年义务教育六年制小学教科书数学有这样一道题：计算 $1-\frac{7}{12}-\frac{5}{12}$。$\left(1-\frac{7}{12}-\frac{5}{12}=\frac{12-7-5}{12}=\frac{0}{12}\right)$ 例题后面还附有这样一句话：'分子是0的分数等于0。'这里显然是说 '$\frac{0}{12}$' 这个'分数'等于0。说 '$\frac{0}{12}$' 是分数不妥。分数的意义告诉我们：'把单位1平均分成若干份，表示这样一份或几份的数，叫作分数。' '$\frac{0}{12}$' 既不是表示这样一份的数也不是表示这样几份的数，所以说它是分数不妥。"

要解决 "$\frac{0}{12}$ 是不是分数？" 的问题，需从以下几个方面加以解释：

第一：$\frac{0}{12}$ 是不是分数

上海教育出版社出版的《小学数学教师手册》第86页，关于"分数的基本概念"是这样说的："把单位'1'平均分成若干份，表示这样一份或几份的数，叫作分数。如果把单位'1'平均分成 n 份，表示这样一份的数记

作 $\frac{1}{n}$，读作 n 分之一；表示这样 m 份的数记作 $\frac{m}{n}$，读作 n 分之 m，其中 m 叫作分子，n 叫作分母，中间的横线叫作分数线。$\frac{1}{n}$ 叫作 $\frac{m}{n}$ 的分数单位。

根据上述分数定义，在 $\frac{m}{n}$ 中，$n \neq 0$，$n \neq 1$，$m \neq 0$。对于 $n=1$ 和 $m=0$，有如下的补充规定：

当 $n=1$ 时，$\frac{m}{n} = \frac{m}{1} = m$。

当 $m=0$ 时，$\frac{m}{n} = \frac{0}{n} = 0$。

这样任何整数 m 都可以用分数 $\frac{m}{1}$ 表示了。"

这也就是说：整数可以看成是特殊的分数，分母是 1 的分数和分子是 0 分数，都是一种特殊的分数，这两类特殊的分数是不能用课本上所说的分数的意义（把单位"1"平均分成若干份，表示这样的一份或者几份的数）去解释的，它是靠分数的补充定义来说明的。有些老师认为 $\frac{0}{12}$ 不是分数，是因为他们不了解分数的补充定义。

再者，根据分数与除法的关系也可以说明 $\frac{0}{12}$ 是分数。九年义务教育六年制小学教科书《数学》第十册第 91 页说："分数与除法的关系可以表示成下面的形式：被除数÷除数 $= \frac{被除数}{除数}$，在整数除法中，除数不能是 0。在分数中分母也不能是 0。用 a 表示被除数，b 表示除数，就是 $a \div b = \frac{a}{b}$（$b \neq 0$）。"由此我们不难看出：在整数除法中，被除数可以为 0，这时表示成分数就是分子是 0 的分数，例如：$0 \div 12 = \frac{0}{12}$，所以 $\frac{0}{12}$ 是分数。

第二：$\frac{0}{12}$ 是什么分数

上海教育出版社出版的《小学数学教师手册》第 90 页说："在分数的原始定义中，没有包含分子为 0 的情况，但根据分数与除法的关系，可类推出 $0 \div a = \frac{0}{a}$（$a \neq 0$），所以补充规定：$\frac{0}{a} = 0$（$a \neq 0$），并称之为零分数。在小学里，对零分数一般不作专门介绍，它在分数减法运算中自然出现。"由此我们可以知道：分子是 0 的分数（比如 $\frac{0}{12}$）是一种特殊的分数，它们叫作"零分数"，这种分数一般不独立出现，多出现在分数减法计算的过程中。

第三：$\frac{0}{12}$ 是真分数吗

我们学校的老师在明确了 $\frac{0}{12}$ 是"零分数"后，又产生了新问题："$\frac{0}{12}$ 是真分数吗？"一些老师认为："小学《数学》第十册第 98 页真分数的定义是：'分子比分母小的分数叫作真分数。真分数小于 1。'$\frac{0}{12}$ 的分子'0'比分母'12'小，由此看来 $\frac{0}{12}$ 很可能是真分数。"要弄清楚这个问题，我们接着研究。

人民教育出版社小学数学室编著、九年义务教育六年制小学数学《教师教学用书》（以下均指该版本）第十册第 113 页说："在人类历史上，最初产生的分数是作为整体或一个单位的一部分而用分数表示，这样的分数叫作真分数。"可是，$\frac{0}{12}$ 它不是一个整体或一个单位的一部分，它只是在分数的补充定义和分数的减法运算中出现的零分数，所以 $\frac{0}{12}$ 不是真分数。

小学《数学》第十册学完"真分数"和"假分数"的概念后，在第 99 页出现了"做一做"：1. 下面的分数哪些是真分数，哪些是假分数？

$\frac{1}{3}$ $\frac{3}{3}$ $\frac{5}{3}$ $\frac{1}{6}$ $\frac{6}{6}$ $\frac{7}{6}$ $\frac{13}{6}$

2. 把上一题中的分数用直线上的点表示出来，看一看表示真分数的点和表示假分数的点，分别在直线的哪一段上。

针对上面的"做一做"，小学数学《教师教学用书》第十册在第 113 页说："真分数集中分布在 0 和 1 之间的线段上，假分数分布在直线上 1 或 1 的右边。"由此我们可以知道：真分数只是集中分布在 0 和 1 之间的线段上，它大于 0 而小于 1，在直线 0 上的分数不是真分数，所以说 $\frac{0}{12}$ 不是真分数。

小学《数学》第十册第 98 页对假分数的定义为："分子比分母大或者分子和分母相等的分数，叫作假分数。假分数大于 1 或等于 1。"很显然，$\frac{0}{12}$ 也不是假分数。

通过上面的分析，我们可以知道$\frac{0}{12}$不是真分数，它是一种特殊的"分数"，是"零分数"。

第四：$\frac{0}{12}$属于分数中的哪一类

小学数学《教师教学用书》第十册在第113页说："分数可以分成真分数、假分数两类。"在141页说：复习真分数、假分数的概念时，可以通过提问使学生进一步明确分数的分类以及分数与整数的关系。可以归纳成下面的表：

$$\text{分数}\begin{cases}\text{真分数}\\\text{假分数}\begin{cases}\text{分子是分母的倍数的} \longrightarrow \text{整数}\\\text{分子不是分母的倍数的} \longrightarrow \text{带分数}\end{cases}\end{cases}$$

（整数和真分数合成的数）

通过上面的说明可以清楚地看出分数的分类情况，可是我们看不出$\frac{0}{12}$该属于分数的哪一类。

通过上面的分析我们知道：在人类历史上，最初产生的分数是真分数，接着又产生了假分数。假分数产生后，分数就有了系统的分类。而零分数是在分数减法计算的过程中出现的，是通过分数的补充定义解释的，这时，为了不干扰分数分类的明确化，零分数就只有作为特殊分数，不参与分数的分类了。所以说，$\frac{0}{12}$不参与分数的分类。

第五：明确了$\frac{0}{12}$是分数而不是真分数，有利于解决很多问题

第一个问题：分母是12的真分数有哪些？

分母是12的真分数有：$\frac{1}{12}$，$\frac{2}{12}$，$\frac{3}{12}$，……$\frac{10}{12}$，$\frac{11}{12}$。一共有11个，不包括$\frac{0}{12}$。其中分数单位是$\frac{1}{12}$的最小真分数是$\frac{1}{12}$，而不是$\frac{0}{12}$。

第二个问题：判断：真分数的倒数大于1。（　　）

由于真分数的分子比分母小，它的倒数的分子就比分母大，所以它的倒数大于1。不包括分子是0的情况，这就避免了出现倒数的分母是0的情况

（分母不能为0）。所以说这道判断题是正确的。

第三个问题：判断：两个真分数的积一定小于其中任何一个真分数。（　）

因为"一个数（0除外）乘一个小于1的数（0除外），积一定比第一个因数小"，所以一个真分数（真分数小于1而不包括零分数）乘另一个真分数，积就一定小于其中任何一个真分数。例如：$\frac{3}{5} \times \frac{4}{7} = \frac{12}{35}$，$\frac{12}{35} < \frac{3}{5}$，$\frac{12}{35} < \frac{4}{7}$。因此这道判断题正确。

以上是笔者的一些看法，不当之处，敬请各位专家、同人给予批评指正。

这道题有解

《中小学数学》（小学版）2007年第7—8期刊登了马老师撰写的《一道被误解的"数学题"》（以下简称"题文"）。文中分析了这样一道题："从前有个农民，他有17只羊。临终前，他嘱咐把这些羊分给3个儿子，大儿子分一半，二儿子分$\frac{1}{3}$，小儿子分$\frac{1}{9}$，但是不准把羊杀死或卖掉。你有办法分吗？"文中先引用了有的小学数学竞赛辅导书上的解法为："先牵来1只羊给他们，那么就一共有18只羊了。大儿子分$\frac{1}{2}$，得9只；二儿子分$\frac{1}{3}$，得6只；小儿子分$\frac{1}{9}$，得2只。三个儿子共分去17只，刚好剩下1只，再把这只羊牵走。""题文"认为："这个办法初看起来很高明。但若仔细想想，是不对的。按这种解法，大儿子分到的是总数的$\frac{9}{17}$，而$\frac{9}{17}$不等于$\frac{1}{2}$。二儿子、小儿子分到的也不是总数的$\frac{1}{3}$、$\frac{1}{9}$。那么这道题该怎么解呢？仔细分析题目，就会发现这是一道无解的题目。"

对于"题文"的分析，笔者有不同的看法。此题是有解的，我们可以用按比例分配的方法来解：他们三人分羊的比是$\frac{1}{2} : \frac{1}{3} : \frac{1}{9} = 9 : 6 : 2$，一共有$9+6+2=17$份。大儿子分得的占总份数的$\frac{9}{17}$，应分得$17 \times \frac{9}{17} = 9$（只）；二儿子分得的占总份数的$\frac{6}{17}$，应分得$17 \times \frac{6}{17} = 6$（只）；小儿子分得的占总

份数的 $\frac{2}{17}$，应分得 $17 \times \frac{2}{17} = 2$（只）。

此按比例分配的方法不仅让我们知道了解答此类问题的巧妙方法，还解决了"题文"中对"$\frac{9}{17}$、$\frac{6}{17}$、$\frac{2}{17}$"的困惑。"大儿子分到的是总数的 $\frac{9}{17}$"，这里的"总数"是指：把 17 只羊平均分成 17 份的总份数；这里的"9"是指：大儿子应得到其中的 9 份；这里的"$\frac{9}{17}$"是指：大儿子应分得总份数的 $\frac{9}{17}$，因此也就没有必要直接去等于"$\frac{1}{2}$"了。同理，"$\frac{6}{17}$"和"$\frac{2}{17}$"的困惑也可以解决了。由此不难看出"题文"中引用的解法不是错误的解法，而是一种非常高明的解决问题的方法——"借来还去法"。此种方法在解决问题中经常可以用到，例如，1 元钱一瓶汽水，喝完后两个空瓶换一瓶汽水，问：你有 20 元钱，最多可以喝到几瓶汽水？

解题思路一：20 元买 20 瓶汽水，20 个空瓶子换 10 瓶汽水，10 个空瓶子换 5 瓶汽水，接着把 5 个空瓶子分成 4 个空瓶子和 1 个空瓶子，前 4 个空瓶子再换 2 瓶汽水，喝完后 2 个空瓶子再换 1 瓶汽水，此时喝完后手头上剩余的空瓶子数为 2 个，把这 2 个空瓶子换 1 瓶汽水继续喝，喝完后手头上还有 1 个空瓶子，跟老板借一个空瓶子，这时两个空瓶子换 1 瓶汽水，喝完换来的那瓶再把空瓶子还给人家即可，所以最多可以喝的汽水数为：20＋10＋5＋2＋1＋1＋1＝40（瓶）

解题思路二：先看 1 元钱最多能喝几瓶汽水。喝 1 瓶汽水余 1 个空瓶，借商家 1 个空瓶，2 个空瓶换 1 瓶汽水继续喝，喝完后把这 1 个空瓶还给商家，即 1 元钱最多能喝 2 瓶汽水。20 元钱当然最多能喝 40 瓶汽水。

解题思路三：两个空瓶子换一瓶汽水，可知一瓶纯汽水只值 5 角钱。20 元钱当然最多能喝 40 瓶的纯汽水。

第二节 作业探索

小学数学特色作业探索实践

2021 年教育部颁布《关于加强义务教育学校作业管理的通知》提出"作业是学校教育教学管理工作的重要环节，是课堂教学活动的必要补充"。

笔者在教学中发现，作为课堂教学活动的必要补充的作业，大多数教师布置的基础作业存在"五多五少"问题：简单模仿、机械重复的多，探究体验、自主创新的少；书面完成的多，动手实践的少；个体独立的多，合作完成的少；教师不分差异统一布置的多，学生根据自己的实际情况独立自主选择的少；作业完成情况评价形式单一的多，评价具有多元性的少。这一系列问题导致学生完成作业积极性差，兴趣不高，效率低下，作业没有成为课堂教学活动的必要补充，反而成了学生的负担。作业需要改革，以适应学生身心发展和素质教育的要求。

2006年，在创建省教学示范学校过程中，笔者所在的学校对创建细则中"作业有特色"的要求进行专题研究。作业怎么改革才会有特色？调研教师和学生，都认为作业要改革创新是"雾里看花""水中望月"，太不现实了；网上查询，没有现成统一的答案；查阅资料，没有系统完整的介绍。傅道春教授的《新课程中教学技能的变化》给了我们很大的启示，学校开始实践研究特色作业，十余年来，学校不断探索"特色作业"，落实教育部《关于加强义务教育学校作业管理的通知》提出的"鼓励布置分层作业、弹性作业和个性化作业，科学设计探究性作业和实践性作业，探索跨学科综合性作业"。结合教育专家的建议，对特色作业的布置提出"六趣"要求，即志趣——有方向、兴趣——有意思、情趣——有体验、理趣——有方法、乐趣——有挑战、值趣——有价值。给学生提供自主、探索的广阔学习空间，在特色作业中展现自我、超越自我，让作业真正成为课堂教学活动的必要补充。

一、探索作业模式，构建"特色作业"体系

在长期探索中，笔者所在学校在作业布置上推出"专题＋假期＋综合"的特色作业模式，强调重在参与、寓教于乐、自主体验、个性发展，切实做到"课外作业个性化，作业完成兴趣化"。

（一）主题鲜明，体现专题特色

"专题特色"是指作业具有专一的主题，在所学知识的基础上设计的具有针对性、灵活性的作业。

1. 我画图形来解题

学生利用学校配备的"我画图形来解题"活页纸，用画图的方法解决自己最想研究的题目，完成后设计美丽的图案，把作业装饰成自己喜欢的样式，再装订成册进行分享与交流。学生用数形结合的数学思想方法使解决问题的过程看得见，化抽象为具体，让作业的完成生动活泼起来，既提高了学

生解决问题的能力又感受到了数学的美，并弥补了学生课堂上不能充分画图解决问题的遗憾。

2. 数学小诊所

数学小诊所设计的内容包括：问题、错误解法、错因分析、正确解法、评价表。每周一次，引导学生收集整理自己容易出错的题目，首先进行自我诊断分析；其次老师组织评价交流，重点讲评错误率比较高、比较典型的题目；最后结合学生在数学小诊所中出现的问题进行一次周周练，考查学生是否对错题的诊断和掌握情况。数学小诊所这一特色设计使学生针对问题而学，老师针对问题而教，在纠错中提高了学生解决问题的能力。

3. 数学日记

"数学日记"是引导学生用写日记的形式，把在数学学习、应用的情况记录下来。数学日记的记录格式灵活多样，有三句半式、常规式、连续剧式、诗歌式、漫画式、散文式等，有了记录书写格式的支撑，学生写起数学日记来得心应手、兴趣浓厚。数学日记的内容丰富多彩，有记课堂学习的、记合作探究的、记自己和小组成员闪光点的、记录自己攻克难题后的成功感的等多个方面。通过数学日记这种形式，能更好地评价学生对知识的思维、理解、总结归纳的过程，更能体现学生的情感态度。也有利于教师根据学生的数学日记了解学情，及时对教学策略调整。

4. "口算练一练"

以"口算练一练、赢在起跑线"为主题，开展计算题特色作业活动。设计的"口算模式"包括标题栏、题目栏、订正栏、评价栏。根据教材内容，音乐学科组老师选择学生喜爱的音乐作为学生练习口算的配乐，数学学科组老师开学前研究、整理、设计口算练习题，开学后由学校统一印制发给学生。每周二、周四在优美的音乐中，学生自主进行10分钟的口算，提高了计算能力。

5. 思维导图

思维导图是应用于记忆、学习、思考等的思维"地图"，有利于人脑的扩散思维的展开。我们的数学"思维导图"作业做到了以下几点：一是书写工整，内容详尽，知识点全面，鼓励创新拓展。二是主题明确、图式明晰、表达简洁、鼓励创新。三是设计合理，美观，形式丰富。学生制作的思维导图有大树型、表格型、括号型、模拟动物型、开火车型、游乐园型等。在绘制思维导图的过程中让学生深刻体会到精妙的解题思路与策略、数学的应用之美，激发学生主动学习的兴趣。

6. 我做"讲题小达人"

布置讲题作业，给学生一周的时间准备，让学生自主选择喜欢的典型题目，自己设计文字记录、画图、做课件等讲题方式，先在班级内开展竞赛，再推选优秀学生参加学校的讲题竞赛，进而评选出"班级讲题小达人"和"学校讲题小达人"。让学生经历"会做——会讲——讲会"的过程，锻炼学生从不同的角度去思考题目的外延，深挖题目的内涵，从"学会"到"会学"，使学生的探究精神和数学品格得到很好培养。

（二）作业自助餐，体现假期特色

"假期特色"是指利用端午节、清明节、劳动节、国庆节等重大节假日和利用寒、暑假所布置的特色作业。在假期中，学校精心设计自助餐形式的特色作业，引导学生自主选择一项作业，丰富作业的形式和内涵，寓教于乐，寓学于趣。

自助餐一：调查式作业。让学生通过查阅报刊、浏览网页和社会调查等方式，收集我们身边的数学、传统节日中的数学、机智的数学故事等。

自助餐二：探究式作业。学生自由组建数学小课题研究小组。自主选题，以研究报告的形式呈现（含图片）自己在假期中和小组成员一起研究的小课题成果。内容可以包括：研究背景、研究目标、研究过程、数据与结果分析、结论等。

自助餐三：科技创新式作业。引导学生在小发明、小制作、小创造上下功夫，在创新运用数学知识完成作业的同时培养科学精神，提高创新能力。

（三）学生办报，体现综合特色

"综合特色"是指灵活运用数学知识、整合各学科知识的特色作业。引导学生积极自主办报纸是一种有趣的形式，我们的学生创办了"数学灵通报""数学文化报"等。"数学灵通报"版面的设计丰富多彩，其中"解题研究"一栏学生就设计出了：典型题解答、一题多解、巧思妙解、解题策略研究等，一个栏目汇集了多种多样的问题。"数学灵通报"一月编写一期，连续性强，每期编写时注明期数、班级、编写者等，学生对自己的名字见报既有一种神秘感也有一种成功感。充实了课余生活，提高了学习兴趣。

二、体现作业趣味，注重"特色作业"设计

笔者设计特色作业时，从学生的实际情况、身边情境出发，体现学校的办学理念和文化底蕴，力求具有童真、童趣。一是面向学生征集作业封面，封面印有学校校徽。二是为作业本设计个性化的名字。三是扉页为学生提供展示个人照片、爱好、理想等风采的空间。四是作业纸上设计了温馨提示或名人名言。五是每学期都把特色作业整理汇编成册。这样的作业设计，变枯燥为灵动，变单一为立体，在学生心中种下了一粒和谐发展的种子。

三、关注作业过程，实施"特色作业"评价

《义务教育数学课程标准》（2022年版）指出："采用多元的评价主体和多样的评价方式，鼓励学生自我监控学习的过程和结果。"我们采用多元性评价和发展性评价的方式进行作业评价。

（一）设计特色作业评价表

特色作业中的评价表体现了评价主体的多元性，设计了自评、小组评、老师评等，具有多主体合一的特色。有等级评价、星级评价、评语评价等丰富多彩的评价形式。组长评重在相互对比；老师评采用两种形式：一是采用激励性等级评价的全批全改；二是采用班级推荐展评的形式，先由小组推荐优秀特色作业，然后班级展评。评价时多主体形成合力，作业还能成为一种特长的展示。

（二）分层次全员推行

基于学生的实际学习情况和年龄特点，每周可以选做一项特色作业。如第一周做专题特色作业，第二周做综合特色作业，假期做自助餐特色作业，这样循环推进。

（三）增加作业的选择性

传统基础作业和特色作业相互补充、相互促进，学生可以有选择地完成。在平时学生可以做传统的基础作业。在双休日，学生可以在传统基础作业与特色作业中选择一项去完成。假期只完成特色作业，在假期系列作业中不同的学生可以选择一项或几项完成。

（四）多层次评比交流

每周评选"闪亮特色作业"；每月召开特色作业交流会，选出"特色作业小名人"，学校精选优秀的特色作业，在学校文化长廊内举办"优秀特色作业展"。学期末举行特色作业评比交流活动，表彰奖励并向家长报喜。

特色作业实践了著名教育家陶行知的理念："要解放孩子的头脑、双手、脚、空间、时间，使他们充分得到自由的生活，从自由的生活中得到真正的教育。"特色作业是展现个性化学习、提高学习效率的必要补充，是一种拓展学习空间的手段，是一种实践、体验的过程，是培养和发展学生核心素养的一座加油站，是促进学生学习方式变革的一个重要途径。

第三节 匠心独运

多种方法找单位"1"的量

教学解决分数问题,首先要找出题中单位"1"的量,怎样才能快速准确地找出单位"1"的量呢?可以从以下几个方面入手。

一、从标志性词语的后面找单位"1"的量

在实际问题的一些条件中,带有"占""是""相当于""比"等标志性的词语,在这些词语后面的量,一般情况下就是单位"1"的量。

例如,①条件"六年级四班三好学生人数占本班学生人数的$\frac{1}{9}$"中有标志性词语"占","占"后面的量"本班学生人数"就是单位"1"的量。

②条件"鸭的孵化期是鹅的$\frac{14}{15}$"中有标志性词语"是","是"后面的量"鹅的孵化期"就是单位"1"的量。

③条件"小新的体重相当于小红和小云体重总和的$\frac{1}{2}$"中有标志性词语"相当于","相当于"后面的量"小红和小云体重总和"就是单位"1"的量。

④条件"养的鸡比养的鸭多$\frac{3}{5}$"中有标志性词语"比","比"后面的量"养的鸭"就是单位"1"的量。

二、从"的"字的前面找单位"1"的量

在实际问题的一些条件中既有分率,分率的前面又有"的"字,"的"字前面的量就是单位"1"的量。

例如:条件"第一天卖出总数的$\frac{3}{5}$"中的"的"字前面的量"总数"就是单位"1"的量。

三、把句子补充完整找单位"1"的量

实际问题的一些条件叙述得不完整,我们可以先把这些不完整的条件补充完整,然后从补充完整的条件中找单位"1"的量。

例如：条件"修路队计划修路 4 千米，已经修了 $\frac{1}{3}$"。"已经修了 $\frac{3}{4}$"叙述不完整，可以补充完整为"已经修了这条路总长度的 $\frac{3}{4}$"，由此可以找到单位"1"的量是"这条路的总长度"。

简单的分数乘除法解决问题三步曲

教学解决简单的分数乘除法问题，只要按照一找、二换、三列式的三步曲进行分析，就会简单明了，易于掌握。

一找，就是找出题目中谁是单位"1"的量。通常占"谁"的，是"谁"的，就把谁看作单位"1"的量。

二换，就是分析含有单位"1"的条件，如果单位"1"的语句能换成题目中的具体数量，就把它换成具体数量，再分析；如果单位"1"的语句不能换成题目中的具体数量，就把这个含有单位"1"的条件转换成数量关系，再分析。

三列式，就是根据分数乘除法的意义列算式。当"单位'1'的语句能换成题目中的具体数量"时，本题可以列出乘法算式；当"单位'1'的语句不能换成题目中的具体数量"时，本题可以列出除法算式。

例 1：池塘里有 12 只鸭，鹅的只数是鸭的 $\frac{1}{3}$。池塘里有多少只鹅？

分析与解：①题目中鹅的只数是鸭的 $\frac{1}{3}$，鸭的只数是被比量，所以把鸭的只数看作单位"1"。②鹅的只数是鸭的 $\frac{1}{3}$，把鸭的只数换成题目中告诉的"12 只"，也就是说鹅的只数是 12 只的 $\frac{1}{3}$。③求有多少只鹅，就是求 12 只的 $\frac{1}{3}$ 是多少，用乘法计算：$12 \times \frac{1}{3} = 4$（只）。

例 2：池塘里有 4 只鹅，正好是鸭的只数的 $\frac{1}{3}$。池塘里有多少只鸭？

分析与解：①题目中鹅的只数正好是鸭的 $\frac{1}{3}$，鸭的只数是被比量，所以把鸭的只数看作单位"1"。②鹅的只数是鸭的 $\frac{1}{3}$，鸭的只数不能换成具体数量，因为题目中没有告诉鸭的只数，我们可以把这个含有单位"1"的条件转换成数量关系：鸭的只数$×\frac{1}{3}=4$（只）。③求有多少只鸭，可以列方程解：设池塘里有 x 只鸭，$x×\frac{1}{3}=4$，$x=12$；也可以用除法计算：$4÷\frac{1}{3}=12$（只）。

填复合型数阵图三步曲

把一些数按照一定的要求，排成各种各样的图形，这类图形称为数阵图，把多种数阵图组合在一起，就组成了复合型数阵图。填复合型数阵图，如果按照步骤有序进行，解决起来就比较容易。

题目【人教版九年义务教育六年制小学数学第四册第81页思考题】

把 10、20、30、40、50、60、70 这七个数填在小圆圈里，使每条直线上和每个圆周上的三个数的和都是120。

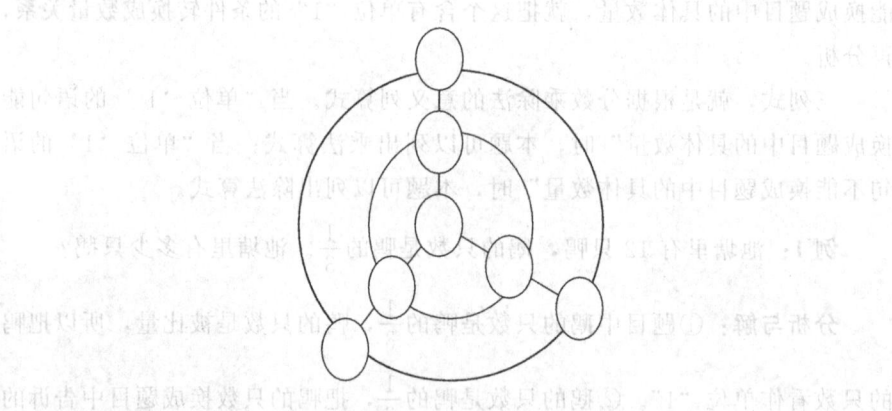

分析与解：

第一步：确定中心数

要使每条直线上的和等于120，三条直线上的总和应为$120×3=360$，但是三条直线上所填的数的和为$10+20+30+40+50+60+70=280$，这样三条直线上的总和比三条直线上所填的数的和多$360-280=80$，多的80应该是三条直线上合用的数即中心数造成的，这个合用的数共合用了三次，多算了2次，所以中心数为$80÷2=40$。

第二步：确定圆周上的数

由于每个圆周上的三个数的和都是120，那么剩下的数10、20、30、50、60、70中三个数的和为120的有两组：10、50、60 和 20、30、70，这两组应为圆周上的数。

第三步：适当调整

可以先确定里面圆周上的数，例如为 10、50、60，那么，120 减去中心数再减去里面圆周上的一个数就为同一条直线上另外一个数：120－40－10＝70，120－40－50＝30，120－40－60＝20。这样就得到了此题的一个答案是：

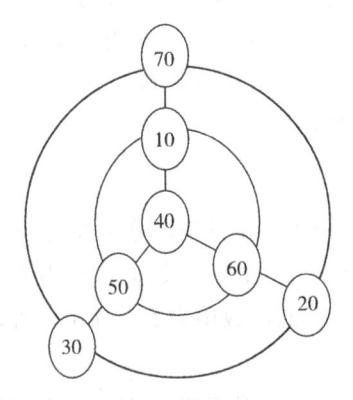

这道题还可以通过适当调整得出其他的填法，试一试好吗？

不用计算巧判断

一些问题，如果灵活运用所学知识，不用计算，很快就能够判断出做得是否正确。

题目【北京师范大学出版社出版义务教育课程标准实验教科书小学数学四年级上册第 38 页第 3 题】

不用计算，判断对错。

58×18＝4534（　　）　　　　88×34＝318　　（　　）
150×40＝600（　　）　　　　350×70＝2450　（　　）

分析与解：

一、估算判断

用所学的乘法估算的知识进行判断。在 "58×18＝4534" 中，把 58 看作与它接近的整十数 60，把 18 看作与它接近的整十数 20，60×20＝1200，由此可以得出 58×18 的积一定比 1200 小，而 "4534" 比 1200 大，所以 "58×18＝4534" 是错误的。

二、个位判断

可以根据"乘数个位相乘所得积的个位也就是整个积的个位"来判断。在"88×34＝318"中，两个乘数个位相乘为8×4＝32，由此可以得出整个积的个位是2，而得数"318"的个位是8，所以"88×34＝318"是错误的。

三、位数判断

可以根据"三位数与两位数相乘，所得的积是五位数或四位数"进行判断。在"150×40＝600"中，150是三位数，40是两位数，三位数与两位数相乘，所得的积应是五位数或四位数，而得数"600"是三位数，所以"150×40＝600"是错误的。

四、尾数0判断

可以根据乘数尾数0的个数与积尾数0的个数之间的关系来判断。在"350×70＝2450"中，两个乘数的尾数都是0，所以得数的尾数至少也应该有两个0，而得数"2450"的尾数中只有一个0，所以"350×70＝2450"是错误的。

以上四种判断乘法计算是否正确的方法，在实际运用时，可以单一使用，也可以几种方法结合使用。

第四节　数学文化

诗词名句与算式谜

我们中华民族优秀古诗词中的名句生动传神、文采飞扬、意境深远、极富哲理韵味，而数学中的算式谜要以数字运算的基础知识为依据，要经过严密而有序的推理过程，它闪烁着智慧的灵光，渗透着撼人心魄的魅力。如果把古诗词名句与算式谜二者巧妙地结合，就会诗中有数，数里有诗，就会在传播传统文化的同时体会数学的美，就会产生一种文化的自信。

一、诗词名句与加法算式

清代文豪俞曲园曾为杭州的景点"九溪十八涧"写过一首脍炙人口的"叠字诗"："重重叠叠山，曲曲环环路；叮叮咚咚泉，高高下下树。"这首诗把景点的"山""路""泉""树"写得绘声绘色，如果把它的前两句改成下面的加法竖式，还能有一些整数解，真是妙然天成。

```
    重              曲
  +重 叠          +曲 环
  ────           ────
   叠 山           环 路
```

以上两个算式中，每个汉字代表一个数字，相同的汉字代表相同的数字，不同的汉字代表不同的数字。两个算式中的汉字各表示几？

分析与解：这两个加法算式可以用一个类型的加法式子来表示，即：

```
     △
  +△ □
  ────
   □ ◇
```

根据上面的竖式可知：△＋□满十，因此△＋1＝□，即□比△大1，满足条件的有：8、9；7、8；6、7；5、6。再根据"相同的汉字代表相同的数字，不同的汉字代表不同的数字"可知这两个加法算式为：

```
     8              5
  +8 9           +5 6
  ────           ────
   9 7            6 1
```

因此，本题的一种答案是："重"＝8，"叠"＝9，"山"＝7，"曲"＝5，"环"＝6，"路"＝1。另一种答案是："重"＝5，"叠"＝6，"山"＝1，"曲"＝8，"环"＝9，"路"＝7。

二、诗词名句与乘法算式

北宋词人苏轼的词《如梦令·为向东坡传语》中的名句："归去，归去，江上一犁春雨。"

其中的"归去，归去"，直抒胸臆，是愿望，是决定，是决心。"江上一犁春雨"，是说春雨喜降，要犁地春耕，补充要急于"归去"的理由，说明"归去"的打算。抒写了怀念黄州之情，表现了归耕东坡之意。如果巧妙运用句中的数字"1"，写成算式谜，就会生动有趣。

```
       归 去
    ×  归 去
    ──────
     1 归 雨
   1 江 上
   ──────
   1 梨 春 雨
```

在以上竖式中，每个汉字代表一个数字，相同的汉字代表相同的数字，不同的汉字代表不同的数字。算式中的汉字各表示几？

分析与解：我们可以在分析解答中感受它的趣味。根据上式可知："归去"×"去"＝"1归雨"，"归去"×"归"＝"1江上"，这两部分的积都为三位数，最高位都是"1"。进而可知："归"或"去"只能为3或4，因

为 $1×1=1$，$2×2=2$，不能进位，$5×5=25$，$6×6=36$，$7×7=49$，$8×8=64$，$9×9=81$ 的进位都比 1 大。当"归"$=4$，"去"$=3$ 时，竖式可以写成：

$$\begin{array}{r} 43 \\ \times\ 43 \\ \hline 129 \\ 172 \\ \hline 1849 \end{array}$$

这时"归"与"春"为同一个数字"4"，不符合题目要求。当"归"$=3$，"去"$=4$ 时，竖式可以写成：

$$\begin{array}{r} 34 \\ \times\ 34 \\ \hline 136 \\ 102 \\ \hline 1156 \end{array}$$

因此，本题的答案是："归"$=3$，"去"$=4$，"江"$=0$，"上"$=2$，"犁"$=1$，"春"$=5$，"雨"$=6$。

三、诗词名句与除法算式

南宋词人周密的词《琼花慢·朱钿宝玦》中的名句"记少年，一梦扬州，二十四桥明月"书写了词人对自己往日生活的追忆，抒发了亡国遗民对故国的思恋之情。如果合理运用句中的数字"1""2"和"4"，写成除法算式谜，在品味传统诗词的同时也会融入数学的思考。

```
              1 梦 扬 州
      ┌─────────────────
记少年 )2 十 4 桥 明 月
       记 少 年
       ─────────
         桥 桥 桥
         桥 记 梦
         ─────────
           年 梦 明
           年 州 桥
           ─────────
             记 十 月
             记 少 年
             ─────────
                 桥 十
```

在以上竖式中，各个汉字分别代表 0～9 中的一个数字，相同的汉字代表相同的数字，不同的汉字代表不同的数字。算式中的汉字各表示几？

分析与解：根据上面的除法算式中被除数的最高位为"2"，除法算式过程中的 2－"记"＝0，再考虑到借位的情况，可知"记"为"2"或"1"。根据除法算式过程中的除数"记少年"×商的个位数字"州"＝"记少年"，可知"州"为"1"，再由"相同的汉字代表相同的数字，不同的汉字代表不同的数字"，进而可知"记"为"2"。根据除法算式过程中的"梦"－"州"＝"记"，换算成已求出的数字列式为"梦"－1＝2，再考虑到借位的情况，可知"梦"为"4"或"3"。当"梦"为"3"时，根据除法算式过程中的除数"记少年"×商的百位数字"梦"＝"桥记梦"，换算成已求出的数字列式为"2少年"×3＝"桥23"，因为"3"除了和1相乘积的个位数字是3，和其他数字相乘积的个位数字都不是3，所以"梦"为"4"。根据除法算式过程中的"桥"－"梦"＝"梦"，换算成已求出的数字列式为"桥"－4＝4，可知"桥"为"8"。根据除法算式过程中的除数"记少年"×商的百位数字"梦"＝"桥记梦"，换算成已求出的数字列式为"2少年"×4＝824，可知"少"为"0"，"年"为"6"。根据除法算式过程中的"2十4"－"记少年"＝"桥桥"，换算成已求出的数字列式为"2十4"－206＝88，可知"十"为"9"。根据除法算式过程中的"明"－"桥"＝"十"，换算成已求出的数字列式为"明"－8＝9，再考虑到借位的情况，可知"明"为"7"。根据除法算式过程中的"月"－"年"＝"十"，换算成已求出的数字列式为"月"－6＝9，再考虑到借位的情况，可知"月"为"5"。那么"扬"为剩余的数字"3"。

因此，本题的答案是："记"＝2，"少"＝0，"年"＝6，"梦"＝4，"扬"＝3，"州"＝1，"十"＝9，"桥"＝8，"明"＝7，"月"＝5。

四、诗词名句与乘、除算式

唐代诗人刘希夷的诗《代悲白头翁》中的名句"年年岁岁花相似，岁岁年年人不同"不仅排沓回荡，音韵优美，还强调了时光流逝的无情事实，真实动情。与算式谜相结合，也是别有情趣。

年年÷岁岁＝花÷相似

岁岁×年年＝人不同

在以上两式中，各个汉字分别代表 0～9 中的一个数字，相同的汉字代表相同的数字，不同的汉字代表不同的数字。两个算式中的汉字各表示几？

分析与解：将除法等式的两边都用分数表示如下：$\dfrac{年年}{岁岁}＝\dfrac{花}{相似}$，从等式右边可以看出这是个真分数，真分数的分子比分母小，因此左边的"年年"<"岁岁"。

相同的汉字代表相同的数字,两个相同的数字组成的两位数有:11、22、33、44、……88、99。根据乘法算式"岁岁×年年=人不同"可以知道:"年年"不能是11,否则"岁"与"同"为同一个数字;还可以知道:积为三位数。再根据"年年"<"岁岁",可以知道:"年年"是22,"岁岁"只能是33或44,如果"岁岁"=33,那么33×22=726,出现"不"与"年"为同一个数字2,所以"岁岁"只能是44,即44×22=968。那么除法算式"年年"÷"岁岁"=22÷44=$\frac{1}{2}$,"花÷相似"=$\frac{1}{2}$。现在只剩下数字0、1、3、5、6,这些数字中只有5÷10=$\frac{1}{2}$。所以本题的算式为:22÷44=5÷10,44×22=968。

因此,本题的答案是:"年"=2,"岁"=4,"花"=5,"相"=1,"似"=0,"人"=9,"不"=6,"同"=8。

五、诗词名句与加、减、乘算式

宋代诗人向子諲的词《三字令·春尽日》中的名句"春欲去,留且住,莫教归"仿佛使人看到春天将要归去,诗人恋恋不舍尽力挽留的景象,确是千古妙笔。如果把此名句与算式谜相结合,既能使人欣赏词句的精妙,又能使人感叹算式谜的奇巧。

春+欲=去　　　(1)

留-且=住　　　(2)

莫×教=归　　　(3)

在上面三式中,各个汉字分别代表1～9中的一个数字,相同的汉字代表相同的数字,不同的汉字表示不同的数字。算式中的汉字各表示几?

分析与解:把三个等式写成相应的算式。由(3)式可知:要把1～9中的某个数分解成另两个数的乘积,为此,只有两种可能性:2×3=6,2×4=8;根据和、差的奇偶性(两个偶数的和、差仍是偶数,两个奇数的和、差都是偶数,一个奇数与一个偶数的和、差都是奇数)可知:(1)、(2)式中要么不出现奇数,要么出现两个奇数。但在1～9中有5个奇数,所以(3)式中应出现一个奇数,因此,(3)式应为:2×3=6,"莫"=2(或3),"教"=3(或2),"归"=6。还剩下1、4、5、7、8、9几个数字,把它们分为两组,使每组中的两个数之和等于第三个数,有4+5=9,1+7=8(即8-7=1),所以三个等式都成立的最后结果是:4+5=9,8-7=1,

$2 \times 3 = 6$。

因此，本题的答案是："春"＝4（或5），"欲"＝5（或4），"去"＝9，"留"＝8，"且"＝7（或1），"住"＝1（或7），"莫"＝2（或3），"教"＝3（或2），"归"＝6。

以上几例，我们可以看到诗文与数学的完美融合，诗文的奕奕文采与算式谜这种思维体操的交相辉映，可以放飞我们的想象，唤醒我们的思维，激起我们的灵性。在教学中，不妨试用几例，一定能够使师生兴趣盎然、爽心名智。

谚语中的数学

谚语是在群众中间流传的固定用语，它能用简单通俗的话反映出深刻的道理。许多谚语充满了真知灼见，都可以作为人们的座右铭，成为人们一生行动的指南。一些谚语中包含了数学的思想和方法，使它更加生动、活泼、寓意深刻。现在把谚语中有关数学的一些内容整理如下，以利于我们辅助教学，并与大家共赏。

一、谚语中的数

许多谚语用到了数学中的数，可以说随处可见，并且各有各的巧妙应用，使本来枯燥乏味的数变得意义丰富起来。

（一）谚语中的一至十

1. 不受一番冰雪苦，哪得梅花扑鼻香。

巧妙而传神地说出了成功的来之不易。

2. 借板搭桥，两相方便。

形象地说明了用思巧妙，双方受益。

3. 话有三说，巧说为妙。

"三说"与"巧说"相对应，突现了说话要讲究艺术性。

4. 坏心人难过四方，夜蝙蝠怕见太阳。

说明了"坏心人"终究要被人们认清他的仇恶面目。

5. 吃洋参不如睡五更。

阐述了睡觉休息的重要性。

6. 冰雪虽厚，过不了六月。

道出了事物存在的环境有它的局限性。

7. 即使剥掉狼的七层皮，狼仍然是狼。

表现了像狼一样的坏东西,其本性是不易改变的。

8. 八仙过海,各显神通。

喻为各尽所能,充分发挥各自的长处。

9. 奸商的心重九斤。

形象具体地道出了奸商的狡诈。

10. 大树成材不怕风,十根细线拧成绳。

说明了积少成多,团结起来力量大。

(二) 谚语中比十大的数

1. 观音菩萨,年年十八。

说明了人只要心情愉快,为人善良,就会永远年轻。

2. 办法想出三十,筐子也能把水装上。

阐述了只要善动脑筋,没有解决不了的问题。

3. 黄忠七十五,正是出山虎。

比喻老年人精神璀璨,干劲十足。

4. 吃了饭,上百步,一辈子不用上药铺。

告诉人们适时运动,身体健康。

5. 此地无银三百两,对门李四未曾偷。

描绘了一些人的做事虚伪、不打自招。

6. 大佛三百六,各有成佛路。

说明各有各的修炼方法,只要努力,定能成功。

7. 船破有底,底破有三千钉。

告诉人们做事不要有什么顾虑,放开手脚大胆去干。

8. 千万里,只要天天走。

说明人只要有毅力,持之以恒,目的总会实现。

(三) 谚语中多个数的连用

1. 撮一遍,精一遍;做一回,精一回。

连用四个"一",以排山倒海之势突出了动手的重要性。

2. 一天不练,手生脚慢;两天不练,功夫丢了一半;三天不练,成为门外汉;四天不练,只能瞪眼看。

由一到四,形象地说明了做什么事都要勤学苦练,不可半途而废。

3. 东家长,西家短,三个耗子四只眼,缺腿蛤蟆跳得远。

表明了说话做事要实事求是,不能没有事实依据。

4. 麻雀虽小,五脏俱全;秤砣虽小,能压千斤。

看事物不能只看表面现象，要看它的真正价值。

5. 良言一句三冬暖，恶语伤人六月寒。

奉劝大家要以善待人，尊重别人。

6. 桃三杏四梨五年，核桃柿子六七年，橡树七年能喂蚕，酸枣当年能卖钱。

连用三、四、五、六、七，简要地说明了任何事物都有它的生长发展规律。

7. 七层锅，八层炕，九层煤火烧得旺。

借助由小到大的数，道出了困难再大我们都不要害怕，总是有办法解决的。

8. 出外十日，为风雨计；出外百日，为寒暑计；出外千日，为生死计。

说明了做什么事都要有长远打算。

9. 三十无子平平过，四十无子冷清清，五十无子无人敬，六十无子断六亲，老来无子真是苦，苦比黄连苦。

用一串数表明了老无所依，老无所靠，揭露了旧社会的黑暗。

10. 偷来钱，一眨眼；赢来钱，一阵烟；生意钱，两三天；血汗钱，万万年。

说明了只有通过辛勤劳动挣来的钱，才会倍感珍惜。

二、谚语中的单位换算

在谚语中运用单位换算，使深刻的道理形象生动、人们容易理解。

（一）积分成寸，积寸成尺；尺寸不已，遂成大匹

通过由低到高的数量单位的不断呈现，表明了办任何事情都要循序渐进，积少成多。

（二）借一尺，还他十寸；借八两，还他半斤

一尺等于十寸，一斤等于十六两，半斤等于八两。通过单位的不断换算，告诉我们不要占别人的便宜，要诚实守信。

（三）出去三十六，还来十八双

三十六个等于十八双，这一换算说明了失去的和得到的一样多，没有损失。

（四）道高一尺，魔高一丈

一丈等于十尺，在单位换算中说明了强中自有强中手，不愿服输，奉陪到底。

（五）九斗九升命，凑成一石要病

一石等于十斗，一斗等于十升，九斗九升比一石差一升，由这种等差关系告诉人们不可有贪心，否则深受其害。

（六）千两不用称，六十二斤半

一斤等于十六两，$100 \div 16 = 62.5$（斤），由这种复杂巧妙的单位换算，说明了做事不要自找麻烦，事实就是事实，不容置疑。

（七）一青一黄是一年，一黑一白是一天

经过一春一秋就过了一年，一个白天一个黑天就过了一整天。说明了任何事物都有各自的特点，都有各自的变化规律。

三、谚语中的加、减、乘、除

在数以万计的谚语中，运用了加、减、乘、除的数学谚语，更显得新奇巧妙、机警智慧。

（一）谚语中的加法

1. 三山六水一分田，天下凡人种不全。

山占大地的三份、水占大地的六份、田占大地的一份，那么整个大地就有 $3+6+1=10$（份），这么多的份数既表现了大地物产的丰富，又告诫人们做什么事都不要太贪。

2. 新三年，旧三年，缝缝补补又三年。

一件衣服能穿多少年呢？$3+3+3=9$（年），由此含蓄道出了生活的艰苦。

（二）谚语中的减法

1. 三魂少了二魂，七魄只剩一魄。

还剩下几魂呢？$3-2=1$（魂），减少了几魄呢？$7-1=6$（魄），由两次减法运算，淋漓尽致地表现了此时此刻的惊恐至极。

2. 鸡无三只腿，娘无二条心。

鸡有几只腿呢？当然是两只，那么就多说了 $3-2=1$（只），相对应，娘有几条心呢？也要减去一条心，当然只有 $2-1=1$（条）心了。

（三）谚语中的乘法

1. 百年三万六千日，光阴只有瞬息之间。

一年如果按照360日计算，百年就有 $360 \times 100 = 36000$（日），把"36000日"与"瞬息"相对照，表明了光阴易逝，我们要珍惜时间。

2. 揣了二十五只兔子，百爪抓心。

一只兔子4只脚，25只兔子就有 $4 \times 25 = 100$（只）脚，通过乘法运算描绘了此时心情的痛苦不堪。

（四）谚语中的除法

1. 病有四百四病，药有八百八方。

有病不用怕，自有药方来去病，一病有 880÷440＝2（方）等着呢！运算后哪里还有恐惧，这是多么积极主动的处世态度。

2. 千年房屋换百主。

房屋每 1000÷100＝10（年）就要换一主呀！由此表明了事物的发展变化。

四、谚语中的复杂运算

运用了复杂运算的谚语，更能表明道理的深刻，事情的复杂。

（一）八月初一下一阵，旱到来年五月尽。

旱了多长时间？如果按月份来计算包括当年的八月、九月、十月、十一月、十二月和第二年的一月、二月、三月、四月、五月，一共是十个月。如果按天数来计算，我们就把每个月的天数（用学生熟悉的公历）加起来（其中八月份要去掉下雨的初一）就是：(31－1)＋30＋31＋30＋31＋31＋28＋31＋30＋31＝303（天），真是不算不知道，一算吓一跳。通过细算，可以知道旱情有多么严峻，这使人多么着急、多么困苦、多么伤心。

（二）家有百万银，守着不出门；一日耗八分，不到二十春。

我们知道，在市制重量单位中，1市两＝10市钱，1市钱＝10市分，那么 1 市两＝100 市分。由此可以知道："家有百万银"按照通常的说法即是 100 万两银子，100 万两＝100000000 分。一日耗掉 8 分，能耗的天数是：100000000÷8＝12500000（天），如果一年按照 365 天计算，能耗的年数是：12500000÷365≈34247（年），并不是谚语中所说的不到二十春（20 年），由此看来这只是虚指，目的是告诫人们不要坐吃山空，如果只是"坐吃"，富有也有穷尽的时候。

五、谚语中其他的数学知识

谚语中除了运用了上面的数学知识，还运用了其他的数学知识，可以说是谚语中的数学知识比比皆是、数不胜数。例如：

（一）吃三成酒，装七成疯。

"七成"与"三成"相对比，生动地刻画了装疯卖傻、胡搅蛮缠的人物。

（二）不如意事常八九，可与人言无二三。

不如意的事占人遇到的所有事情总数的 $\frac{8}{10}$ 或 $\frac{9}{10}$，能与别人交流的事情

又占不如意事情的 $\frac{2}{10}$ 或 $\frac{3}{10}$，由此形象说明了不如意事之多，可与人言事之少，无奈之情溢于言表。

（三）不怕一万，就怕万一。

"万一"即万分之一，也就是说就怕一万次中发生一次，间接告戒人们做事要小心谨慎。

（四）十个黄狗九个雄，十个衙役九个凶。

雄性的黄狗占黄狗总数的 $\frac{9}{10}$，凶衙役占衙役总数的 $\frac{9}{10}$，两相对比说明了衙役中好人不多，凶衙役像黄狗一样咬人。

（五）三子出一孝，三虎出一彪，三鸽出一鹞。

用 $\frac{1}{3}$ 的优秀出现概率，表现了积极向上乐观的态度。

"2008"趣谈

2008年对中国来说具有特殊的意义，四川地震、北京奥运会等都令人难以忘怀，笔者把一些有关"2008"的趣题采撷出来，用数学知识为中国加油。

一、填运算符号中的"2008"

例1：在下面15个9之间添上＋，－，×，÷，（　），使下面算式成立：
9 9 9 9 9 9 9 9 9 9 9 9 9 9 9＝2008

分析与解：

解法1：本题等号左边的数较多，而右边的数较大，可以先从等号左边凑出一个接近1000的数：999，再凑出一个接近1000的数999，这样999＋999＝1998，1998＋2＝2000，而（9＋9）÷9＝2，然后把余下的六个9凑出一个8：9－9÷9＋（9－9）×9＝8

答案是：999 ＋ 999＋(9＋9)÷9 ＋ 9－9÷9＋(9－9)×9＝2008

解法2：先从等号左边凑出一个接近1000的数：999，再凑出一个2：(9＋9)÷9＝2 这样999×2＝1998，1998＋2＝2000，而 (9＋9)÷9＝2，然后把余下的六个9凑出一个8：(9－9)×9＋9－9÷9 ＝8

答案是：999×(9＋9)÷9＋(9＋9)÷9＋(9－9)×9＋9－9÷9＝2008

解法3：先从等号左边凑出一个接近1000的数：9999÷9＝1111，再凑

276

出一个接近1000的数999,这两个数相加得1111+999=2110,再凑出一个接近100的数99,2110-99=2011,然后把余下的五个9凑出一个3:(9+9)÷9+9÷9=3

答案是:9999÷9+999-99+(9+9)÷9+9÷9=2008
本题还有其他的解答方法,在此不再一一列举。

二、算式谜中的"2008"

例2:下面算式中每个图形表示一个数字,猜一猜它们各是多少。

$$\begin{array}{r} \triangle \\ \square\triangle \\ \bigcirc\square\triangle \\ +\,※\bigcirc\square\triangle \\ \hline 2\ 0\ 0\ 8 \end{array}$$

△=( ) □=( ) ○=( ) ※=( )

分析与解:在这个加法竖式中,加数个位上的数字都相同,可以用乘法来考虑加法,先想个位,四个△相加等于8,只有4×2=8,4×7=28,所以△可以是2或7。

如果△是2,那么十位上□+□+□的尾数是0,□就是0;百位上○+○的尾数是0,○就是5,5+5=10,要向千位进1,这样※就是1。由此可以得出第一种解法:

△=2,□=0,○=5,※=1。

如果△是7,可得△+△+△+△=28,要向十位进2,那么十位上□+□+□的尾数是0,□+□+□=18,□就是6,要向百位进2;百位上○+○的尾数是0,○+○=8,○就是4,要向千位进1,这样※就是1。由此可以得出第二种解法:

△=7,□=6,○=4,※=1。

例3:在□里填上适当的数字,使等式成立。

$$\begin{array}{r} 2\square\,8 \\ -\,\square 8 9\square \\ \hline 1\ 1\ 2 \end{array}$$

分析与解:从填个位开始:因为"减数=被减数-差",8-2=6,所以减数个位上的□填6。再填十位:因为"被减数=减数+差",1+9=10,所以被减数十位上的□填0。接着填百位:因为"被减数=减数+差",1+8=9,而被减数百位被十位借1,9+1=10,所以被减数百位上的□填0。

最后填千位：因为被减数千位被百位借1，还剩2－1＝1，而差的千位没有数字，所以被减数千位上的□填1。答案是：

$$\begin{array}{r} 2008 \\ -1896 \\ \hline 112 \end{array}$$

第一届现代奥运会1896年在希腊首都雅典举行，到29届奥运会2008年在北京举行，已经过了112年，把这些奥运数设计成算式谜，新颖巧妙。

例4：在□里填上适当的数字，使等式成立。

$$\begin{array}{r} \square\square\square \\ \times \quad\square \\ \hline 2008 \end{array}$$

分析与解：先确定个位上的数：因为积的个位是8，6×8＝48，3×6＝48，2×4＝8，1×8＝8。如果是6×8，第二个乘数是8，那么6×8＝48，第一个乘数十位是7或2，是7的话，7×8+4＝60，第一个乘数百位□×8+6＝20，找不到符合要求的数字；是2的话，2×8+4＝20，第一个乘数百位□×8+2＝20，也找不到符合要求的数字。按照这样的方法推理，个位上不能是3和6。如果是2×4，第二个乘数是4，那么2×4＝8，第一个乘数十位应是0，0×4＝0，第一个乘数百位应是5，5×4＝20。按照这样的方法推理，可以得到以下答案：

$$\begin{array}{r} 502 \\ \times \quad 4 \\ \hline 2008 \end{array} \qquad \begin{array}{r} 251 \\ \times \quad 8 \\ \hline 2008 \end{array}$$

例5：在□内填入适当的数字，使等式成立。

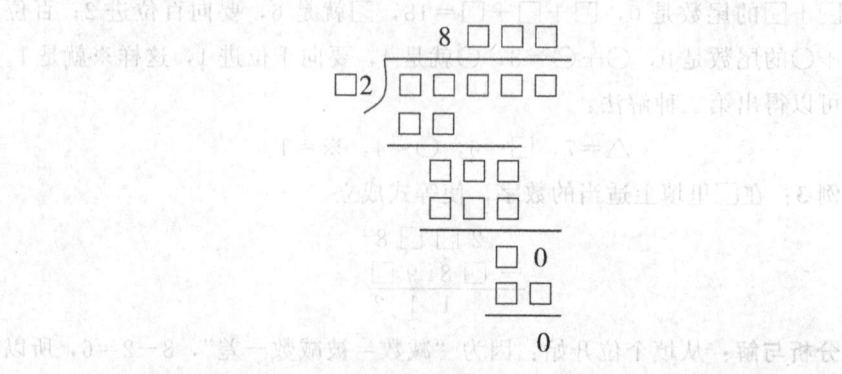

$$\begin{array}{r} 8\square\square\square \\ \square 2 \overline{)\square\square\square\square} \\ \square\square \\ \hline \square\square \\ \square\square \\ \hline \square 0 \\ \square\square \\ \hline 0 \end{array}$$

分析与解：由除数与8的积是两位数，可推出除数的十位是1，从而得出除数为12。由商的个位与除数相乘的积的个位是0，推出商的个位是5。从算式中可以看出商的百位上是0。由除数12与商的十位数相乘的积是三位数，可推出商的十位是 9，从而可知商为 8095. 由此可推出被除数为 97140。除法算式为：

$$\begin{array}{r} 8095 \\ 12\overline{)97140} \\ \underline{96} \\ 114 \\ \underline{108} \\ 60 \\ \underline{60} \\ 0 \end{array}$$

三、巧算中的"2008"

例 6：2008×25

分析与解：

解法 1：第一个乘数 2008 接近整千数 2000，可以把 2008 分拆成 2000＋8，然后利用乘法分配率进行简算。

2008×25
$=(2000+8) \times 25$
$=2000 \times 25+8 \times 25$
$=50000+200$
$=50200$

解法 2：由于 $25 \times 4=100$，可以把 2008 转化成 502×4，然后再简算。

2008×25
$=502 \times (4 \times 25)$
$=502 \times 100$
$=50200$

例 7：$(2+4+6+\cdots\cdots+2006+2008)-(1+3+5+\cdots\cdots+2005+2007)$

分析与解：在 1～2008 这 2008 个数中，偶数有 1004 个，奇数有 1004 个，将这 1004 个偶数与 1004 个奇数两两分组巧算，正好可以分成 1004 组。

$(2+4+6+\cdots\cdots+2006+2008)-(1+3+5+\cdots\cdots+2005+2007)$
$=(2-1)+(4-3)+\cdots\cdots+(2008-2007)$
$=1 \times 1004$
$=1004$

四、图形分割中的 "2008"

例8：从图中剪出四个形状、大小完全一样的小图形，并且每个小图形中含有相同的数字2、0、0、8。

```
0 2 0 0 8 2
8 2 0 8 0 0
8 2 0 8 0 0
0 2 0 0 8 2
```

分析与解：从计算开始：图中共有 6×4＝24（个）数字，要分成的四个小图形中都含有四个数字2、0、0、8，所以可以分成 24÷4＝6（个）小图形，其中要有四个形状、大小完全一样的小图形。接着从对称入手：把原图形先平均分成四部分（如图1），每一个小部分都含有6个数字，除了2、0、0、8之外还有另外两个数字，图1左上部分的另外两个数字是2、0，图1左下部分的另外两个数字是2、0，图1右上部分的另外两个数字是8、0，图1右下部分的另外两个数字是8、0。最后观察：把图形中间多余部分的数字分割开来，在长方形四个角就出现了四个形状、大小完全一样的小图形，并且每个小图形中含有相同的数字2、0、0、8（如图2）。

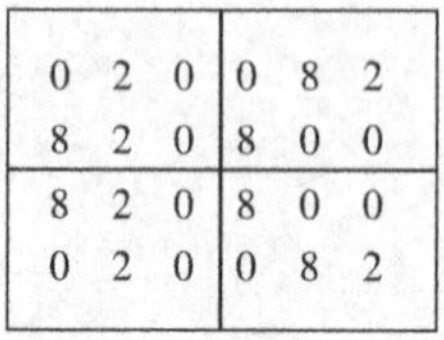

0	2	0	0	8	2
8	2	0	8	0	0
8	2	0	8	0	0
0	2	0	0	8	2

图1

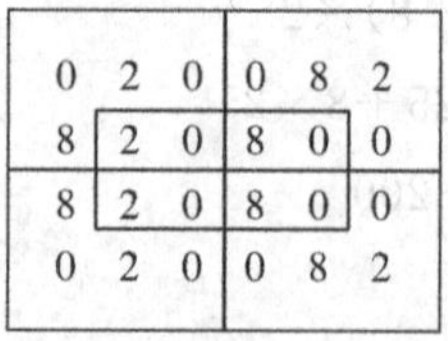

0	2	0	0	8	2
8	2	0	8	0	0
8	2	0	8	0	0
0	2	0	0	8	2

图2

具有特殊意义的年份入题，既新颖有趣，吸引学生的注意力，又能把各种知识巧妙组合在一起，开阔学生的视野；既能锻炼学生的思维能力，又能给学生思想教育。真正起到了一石多鸟的作用。

| 参考文献 |

[1] 中华人民共和国教育部. 义务教育数学新课程标准（2022年版）[S]. 北京：北京师范大学出版社，2022：1—98.

[2] 中华人民共和国教育部. 国家中长期教育改革和发展规划纲要（2010—2020年）[S]. 北京：人民出版社.

[3] 中华人民共和国教育部. 教育部办公厅关于加强义务教育学校作业管理的通知 [EB/OL].（2021-04-12）. http：//www. moe. gov. cn/srcsite/A06/s3321/202104/t20210425_528077. html.

[4] 蔡林森，邱学华. 走进蔡林森与洋思经验 [M]. 北京：国际文化出版公司，2005.

[5] 顾汝佐，王明欢，叶季明，彭淑妥. 小学数学教师手册 [M]. 上海：上海教育出版社，1988.

[6] 陶春成. 新课改背景下中小学课程教学有效性探析 [J]. 甘肃教育，2022（23）：81—85.

[7] 杨红孺，张文庆，雷冬飞. 建构主义教学理论与教学改革 [J]. 黑龙江教育，2006（1）：115—116.

[8] 张生春. 数学史与数学课程融合的现状分析 [J]. 数学通报，2008，47（5）：15—17.

[9] 顾沛. 数学文化 [M]. 北京：高等教育出版社，2008.

[10] 刁维国. 关于对教学模式研究的再认识 [J]. 教育探索，2008（12）：27—29.

[11] 王坦. 合作学习简论 [J]. 中国教育学刊，2002（1）：32—35.

[12] 刘旭. 听课说课上课 [M]. 成都：四川教育出版社，2005，14—22.

参考文献

[1] 中华人民共和国教育部. 义务教育艺术课程标准(2022年版)[S]. 北京:北京师范大学出版社,2022:1-98.

[6] 中共中共中央国务院印发《国家中长期教育改革和发展规划纲要(2010—2020年)》[S]. 北京:人民出版社.

[2] 中华人民共和国教育部.教育部办公厅关于加强义务教育学校作业管理的通知[EB/OL].(2021-04-12)[https://www.moe.gov.cn/srcsite/A06/s3321/202104/t20210425_528077.html.

[3] 齐易林. 音乐学、走进音乐事件的历史[M]. 北京:中国国际文化出版公司,2005.

[5] 顾黄初,李旭东,田本娜,蔡玉琴. 小学课堂教学设计手册(上册). 上海:上海教育出版社,1988.

[6] 陈静波. 新课程背景下中小学课堂教学有效性探讨[J]. 甘肃教育, 2022(8):81-82.

[7] 吴红耘,皮连生,曹承子. 浅论生本教育思想在作业中的应用[J]. 教育研究, 2006(1):115-118.

[8] 张志勇. 教学中学生创新思维能力的培养分析[J]. 数学通报,2008,47(5):15-17.

[9] 谢海涛. 教学文化[M]. 北京:中国教育出版社,2008.

[10] 刘建国. 关于创新教学模式的研究与分析[J]. 教育探索,2008(12):9-20.

[11] 王丽. 合作学习初探[J]. 中国教育学刊,2002(1):35-38.

[12] 刘琪. 新课程课堂上课[M]. 成都:四川教育出版社,2005:14-22.